辽宁省教育厅智库项目成果

2020 辽宁沿海经济带发展研究报告

渤海大学辽宁沿海经济带发展研究院
渤海大学海洋研究院
著

中国财经出版传媒集团
中国财政经济出版社

图书在版编目（CIP）数据

2020 辽宁沿海经济带发展研究报告 / 渤海大学辽宁沿海经济带发展研究院，渤海大学海洋研究院著．--北京：中国财政经济出版社，2021.9
ISBN 978 - 7 - 5223 - 0722 - 0

Ⅰ.①辽… Ⅱ.①渤… ②渤… Ⅲ.①沿海经济－经济带－经济发展－研究报告－辽宁－2020 Ⅳ.①F127.31

中国版本图书馆 CIP 数据核字（2021）第 161293 号

责任编辑：彭　波　　　　责任印制：史大鹏
封面设计：卜建辰　　　　责任校对：张　凡

中国财政经济出版社 出版

URL：http：//www. cfeph. cn
E - mail：cfeph@ cfeph. cn

社址：北京市海淀区阜成路甲 28 号　邮政编码：100142
营销中心电话：010 - 88191522
天猫网店：中国财政经济出版社旗舰店
网址：https：//zgczjjcbs. tmall. com
北京财经印刷厂印刷　各地新华书店经销
成品尺寸：170mm × 240mm　16 开　16.5 印张　283 000 字
2021 年 9 月第 1 版　2021 年 9 月北京第 1 次印刷
定价：68.00 元
ISBN 978 - 7 - 5223 - 0722 - 0
（图书出现印装问题，本社负责调换，电话：010 - 88190548）
本社质量投诉电话：010 - 88190744
打击盗版举报热线：010 - 88191661　QQ：2242791300

专著学术委员会

各专题研究人员

专题报告一：立足加快形成双循环新发展格局　推动辽宁沿海经济带高质量发展研究

课题组组长：李庆满

课题组成员：金彦龙　靖　飞　李　阳　李大庆　戴万亮　王　乐　张征超

报告撰写人：李庆满　金彦龙　李　阳

专题报告二：以科技创新为引领　加快推进辽宁海洋经济转型升级研究

课题组组长：李庆满

课题组成员：金彦龙　阎秀丽　王　乐　戴万亮　李一芳　李大庆　单丽娟

报告撰写人：李庆满　金彦龙　王　乐　单丽娟　李一芳

专题报告三：2020～2021 年辽宁沿海经济带旅游节庆研究

课题组组长：鲁小波

课题组成员：陈晓颖　张满林　单福彬　马淑红　邱　明　祁向文　韩小芳　程金阳

报告撰写人：鲁小波　陈晓颖　马淑红　韩小芳

专题报告四：关于健全辽宁沿海经济带新型城镇化投融资机制对策研究

课题组组长：马廷玉

课题组成员：马　猛　贾建生　李雯霏　孔一粟　马　健　韦　佳　金延龙　张红宇　马颖泽　金彦龙　单丽娟　靖　飞　孟　雷

报告撰写人：马廷玉　马　猛　贾建生　李雯霏　孔一粟　马颖泽　金彦龙　单丽娟　孟　雷

（研究单位：辽宁省城乡建设规划设计院有限责任公司）

专题报告五：新发展阶段辽宁自贸区高质量发展研究

课题组组长：高冰蕊

课题组成员：李　昕　周宝刚　刘　宏　刘岩峰

报告撰写人：高冰蕊

专题报告六：丹东市“十四五”时期全域旅游发展研究

课题组组长：郑辽吉

课题组成员：王焕宇　包大明　赵艳辉　赵爱华　孙晨佑　丛　婉　罗云艳　周晓莉　孙　悦

报告撰写人：郑辽吉　孙　悦

（研究单位：辽东学院）

专题报告七：锦州市“十四五”期间全域转身向海　加快海洋经济发展研究

课题组组长：李庆满

课题组成员：金彦龙　李　阳　李大庆　戴万亮　王　乐　张征超　单丽娟

报告撰写人：李庆满　金彦龙　李　阳　单丽娟

专题报告八：锦州市冰雪经济发展优势研究

课题组组长：王力尘

课题组成员：王春林　吕俊芳　王　洋　李　玉　何正玲　辛　双　张　影

报告撰写人：王力尘

专题报告九：“数字锦州”建设研究

课题组组长：褚跃龙

课题组成员：李　晗　杜　鹏　李国义

报告撰写人：褚跃龙

序

2020年是辽宁实施“十三五”规划收官之年，省委省政府积极推动辽宁沿海经济带新旧动能转换，大力发展海洋经济，港口、产业和城市加速融合发展。沿海城市主动融入共建“一带一路”，开放水平明显提升；中日（大连）地方发展合作示范区获批设立，金普新区成为国家进口贸易促进创新示范区；新增营口、盘锦两个跨境电商综合试验区；丹东启动国家边民互市贸易试点。沿海经济带各城市经济社会事业稳步发展。

展望未来，《辽宁省国民经济和社会发展第十四个五年规划和二〇三五年远景目标纲要》继续围绕“推进辽宁沿海经济带开发开放”提出建设海洋强省、扩大开放、数字化转型、发展冰雪经济等诸多举措，将为辽宁全面振兴和全方位振兴注入新活力。

基于上述背景，《2020辽宁沿海经济带发展研究报告》在梳理2019~2020年辽宁沿海经济带发展状况基础上，结合省委省政府“十四五”时期工作重点，立足构建新发展格局，确定了辽宁沿海经济带高质量发展、海洋经济转型升级、滨海旅游、新型城镇化、辽宁自贸区，以及城市转身向海、冰雪经济、数字城市等选题。全书包括九个分报告：

专题报告一：立足加快形成双循环新发展格局　推动辽宁沿海经

济带高质量发展研究。

专题报告二：以科技创新为引领　加快推进辽宁海洋经济转型升级研究。

专题报告三：2020~2021 年辽宁沿海经济带旅游节庆研究。

专题报告四：关于健全辽宁沿海经济带新型城镇化投融资机制对策研究。

专题报告五：新发展阶段辽宁自贸区高质量发展研究。

专题报告六：丹东市“十四五”时期全域旅游发展研究。

专题报告七：锦州市“十四五”期间全域转身向海　加快海洋经济发展研究。

专题报告八：锦州市冰雪经济发展优势研究。

专题报告九：“数字锦州”建设研究。

《2020 辽宁沿海经济带发展研究报告》的撰写得到了辽宁省政府和沿海 6 市政府相关部门、省政协及沿海各市政协、企事业单位和社会友人的大力支持，以及中国财政经济出版社的鼎力相助，在此一并表示衷心的感谢！由于时间仓促和自身水平限制，我们的研究成果可能还存在偏误，希望有关部门、专家学者、广大读者给予批评指正。

渤海大学

赵　晖

2021 年 7 月 1 日

目　录

| 专题报告一 |

立足加快形成双循环新发展格局　推动辽宁沿海经济带高质量发展研究

一、引　言

2020 年 5 月 14 日，习近平总书记主持召开中共中央政治局常务委员会时指出："要深化供给侧结构性改革，充分发挥我国超大规模市场优势和内需潜力，构建国内国际双循环相互促进的新发展格局。"此后，习近平总书记多次针对"双循环"新发展格局作出重要指示。党的十九届五中全会将"加快构建以国内大循环为主体、国内国际双循环相互促进的新发展格局"纳入《中共中央关于制定国民经济和社会发展第十四个五年规划和二〇三五年远景目标的建议》，并进行系统阐述。构建新发展格局是党中央面对国际政治经济环境新变化以及我国经济发展的新情况、新问题和新需要作出的重要判断，为我国经济社会高质量发展赋予了新的内涵。

在省委省政府的正确领导下，辽宁沿海经济带开发开放取得重要进展。基础设施经过大规模的投资和建设得到明显加强；产业体系初现雏形，优势工业整体实力进一步提升，竞争力不断增强；开放型经济水平大幅提高，国际国内经济合作进一步加强；沿海各市人均地区生产总值、城乡居民收入实现了大幅增长，人民生活水平不断提高。然而，辽宁沿海经济带地区生产总值占全省的比重从 2009 年的 50.05% 下降到 2019 年的 49.21%，表明沿海经济带的发展定位还没有充分体现，引领作用还没有充分发挥，在产业发展、科技创新、深化改革和对外开放与合作等领域仍有较大提升空间。

在辽宁省规划布局“十四五”发展的关键时期，有必要客观分析面临的新形势，进一步强化辽宁沿海经济带的战略定位和政策支撑，使之在以国内大循环为主体、国内国际双循环相互促进的新发展格局建设当中发挥先导作用，开启辽宁全面振兴和全方位振兴的新征程。

本专题报告采用定性分析方法，立足加快形成新发展格局对辽宁沿海经济带高质量发展问题进行了初步探讨。采用的数据主要来源于调研，其次是统计公报、政府工作报告及权威媒体。

二、辽宁沿海经济带开发开放现状和面临的新形势

（一）开发开放新进展

1. 基本情况

辽宁沿海经济带开发开放得到党中央、国务院领导的高度关注，习近平总书记、李克强总理多次作出重要批示指示。目前，辽宁沿海经济带开发开放建设稳步推进，各项工作取得积极进展。2019 年，辽宁沿海经济带地区生产总值实现 12259 亿元，增长 6.3%，高于全省 0.8 个百分点，占全省的 49.21%；沿海六市共拥有省级以上经济开发区 38 家，其中：大连市 12 家，丹东市 4 家，锦州市 6 家，营口市 6 家，盘锦市 5 家，葫芦岛市 5 家；省级以上经济开发区共实现地区生产总值 3078 亿元、工业总产值 8056 亿元、公共财政预算收入 382 亿元、税收收入 551 亿元、固定资产投资 1219 亿元、实际利用外资 3.2 亿美元、进出口总额 2807 亿元。

2. 产业结构与布局

辽宁沿海经济带开发开放已初步形成“一核（大连）引领、两翼（渤海翼、黄海翼）协同、多点（各类国家级和省级产业载体）支撑”的总体发展布局。具体情况如下：

（1）大连。是辽宁沿海拥有国家级产业载体最多的城市。拥有国家级经济技术开发区 2 个、国家级高新技术产业园区 1 个，拥有国家级新区（金普新区）、

国家自主创新示范区大连片区和辽宁自贸区大连片区。石化、造船、装备制造、电子信息四大支柱产业不断优化升级，战略性新兴产业和现代服务业快速发展。软件和信息技术服务、装备制造、船舶及配套、汽车及零部件、电子信息、生物医药、石油化工、精品钢材、新材料、农产品深加工、家具、轴承、服装、电力设备器材等产业集聚发展。2019 年，大连市信息技术服务产业集群和智能制造装备产业集群入选国家第一批 66 个战略性新兴产业集群名单。国家级新材料大数据中心落户沙河口区。英特尔（大连）公司生产规模居全国集成电路企业前列。军民融合产业加快发展，由大连建造的首艘国产航母正式列装。2020 年 5 月，大连市被国务院评为“大力培育发展战略性新兴产业、产业特色优势明显、技术创新能力较强、产业基础雄厚的地方”①。

（2）丹东。全市主导产业包括装备制造、食品、矿产资源开采与深加工、纺织服装等产业。现拥有丹东新区（国家级边境经济合作区）、丹东高新技术产业开发区、东港经济开发区、前阳经济开发区、凤城经济开发区、宽甸经济开发区、金山经济开发区等省级以上园区。汽车及零部件、仪器仪表、防护纺织制品、满族医药及健康等产业纳入省级特色产业集群。其中，汽车及零部件产业规模较大；仪器仪表产业基地被评为“测控仪器国家新型工业化产业示范基地”。

（3）营口。现拥有国家级开发区 2 个、省级开发区 5 个。其中，国家级经济技术开发区重点发展港航物流、装备制造、钢铁深加工产业；国家级高新技术产业开发区（与自贸区营口片区合并）重点发展装备制造、新材料、新能源、电子信息产业；营口沿海产业基地重点发展高端装备制造、新材料、电子信息产业；仙人岛经济开发区重点发展石化、港口物流、旅游产业；北海经济开发区重点发展文化旅游产业、医疗健康产业、现代高端商务产业；南楼经济开发区重点发展高端镁质产业。石化、镁产品及深加工、钢铁深加工、汽车保修装备等产业集群化发展势头较强。

（4）盘锦。拥有国家级开发区 1 个、省级园区 4 个。辽东湾新区是国家级经济技术开发区，已形成以石化及精细化工、临港物流及加工、特色装备制造为主导，以高新技术产业、旅游与现代服务业为补充的产业发展格局，全力打造世界级石化及精细化工产业基地，2019 年 5 月，跻身中国化工园区 30 强（位列 24）；辽河口经济区主要发展纸制品产业和旅游服务业；辽宁北方新材料产业园区重点发展新材料、新能源、高端装备制造、生物科技产业；高新技术产业开发区重点

① 国务院网站 http：//www.gov.cn/zhengce/content/2020－05/08/content_5509889.htm。

发展以石油天然气装备制造为龙头的能源装备、石油天然气工程技术服务和石油加工及润滑油等产业；精细化工产业园主要发展石油化工及精细化工产业。石化及精细化工、塑料新材料、石油天然气装备和海洋工程装备等省级重点产业集群发展较好。

（5）锦州。拥有国家级经济技术开发区和高新技术产业开发区各 1 个；拥有大有经济区、汤河子产业区、沟帮子经济技术开发区、七里河高新技术产业开发区等省级重点园区。锦州国家经济技术开发区重点发展精细化工、汽车零部件、光伏电子、化纤纺织和机械制造产业；锦州国家高新技术产业开发区重点发展生物医药、电子信息、汽车零部件、保健食品、商贸物流和商务会展等产业；大有经济开发区重点发展农副产品深加工、生态文化旅游、特种金属材料和新能源等产业。目前，全市正全力推进石油化工、铁合金、农副产品深加工三大传统产业转型升级，加快精细化工、光伏及新能源、汽车及零部件、生物医药、新材料及节能环保、装备制造、电子及半导体、大数据八大新兴产业培育和发展。

（6）葫芦岛。全市形成了以石油化工、有色金属、能源电力、船舶机械四大产业为支柱，涉核装备、数字信息、智能装备、软件产业、生物医疗及氢能六大新兴产业为补充的总体格局。沿海区域重点开发北港工业区、高新技术产业开发区、兴城滨海经济区、东戴河新区、打渔山泵业产业园区、葫芦岛龙港海洋工程工业区等载体。聚氨酯、海工装备、钼金属深加工、泳装、泵阀及数字技术产业集群发展初具规模。其中，兴城泳装产业集群成为葫芦岛的特色品牌，共有泳装生产及配套企业 1200 余家，产品远销俄、美、韩、东南亚等 140 多个国家和地区，国内市场占有率近 40%，国际市场占有率达 25% 以上。

（7）朝阳。现有北票、凌源、柳城、建平、喀左（经济技术开发区/高新区）、朝阳经济开发区和朝阳高新区 7 个省级开发区。冶金及铸锻、矿山机械、膨润土及非金属矿物制品、新能源电器、汽车及零部件、新材料等产业呈集群化发展。其中，新材料产业不断发展壮大，截至 2019 年朝阳市拥有主营新材料生产企业 30 余家，在金属新材料、半导体新材料、新型膜材料、石墨烯产业等领域发展潜力较大。

3. 科技创新情况

近年来，辽宁沿海经济带各市坚持新发展理念，持续推进创新驱动发展战略，在高新技术企业培育、科技平台建设、科技引领产业结构优化升级方面取得较大进展。截至 2019 年末，沿海城市（含朝阳）合计拥有高新技术企业数量超过 2500 家，拥有各类省级以上科技平台约 700 个。大连的科技资源实力远远领先省内其他沿海城市，2019 年，其高新技术企业数量已经突破 1700 家，全市 R&D 经费投入强度达到 2.68%，高于全国 0.45 个百分点，科技进步对经济增长的贡献率达到 59%。

4. 对外开放与合作情况

（1）区域合作不断深化。主动融入京津冀协同发展、长江经济带、长三角一体化、粤港澳大湾区等国家战略，强化干部人才交流、产业对接、平台共建，持续开展“点对点”招商活动，签订了一批重大招商引资项目合作协议。深化东北三省一区交通、文化、旅游、环保等领域合作。

（2）主动融入共建“一带一路”。以全面开放引领全面振兴，加快建设辽宁“一带一路”综合试验区，向西打造中国——中东欧“17+1”经贸合作示范区，向东创建东北亚经贸合作先行区，构建“一体两翼”对外开放新格局。目前，辽宁省与东北亚及中东欧国家合作不断深化。

（3）辽宁自贸区建设取得阶段性成果。2017 年 4 月 1 日，辽宁自贸试验区正式挂牌成立。经过三年的不懈努力，辽宁自贸试验区 123 项国家改革试点任务全部落地，创造了一批可复制可推广经验，复制推广工作取得明显成效。各项经济指标取得新突破，新增注册企业约 5 万户，新增注册资本近 7000 亿元。自贸区在制度创新、产业发展和开放合作等领域的引领示范效应正在形成。

（4）招商引资态势总体较好。内资引进业绩突出。2019 年，全省实际到位内资超过 4400 亿元。其中，大连、营口、盘锦、丹东、锦州到位内资额排名全省前 50%。从全省来看，京津冀、长三角、珠三角地区是资金主要来源。外资引进需要进一步加强。2019 年，全省新设立外商投资企业超过 550 家，实际利用外资超过 230 亿元。大连、营口、盘锦、朝阳、锦州引进外资额居于全省前列。

（5）外贸结构进一步优化。2019 年，辽宁省全年进出口总额 7255.1 亿元。其中，出口总额 3129.8 亿元；进口总额 4125.3 亿元①。辽宁沿海经济带进出口总额实现 5537.9 亿元，占全省的 76.3%。从城市来看，大连、营口、盘锦、锦州进出口总额在全省居于前列。从出口对象来看，全省对东北亚 5 国、东盟、“一带一路”国家出口态势强劲。进口方面，来自“一带一路”国家增幅较大。

① 来源：2019 年辽宁省统计公报。

5. 发展改革情况

（1）强化顶层设计并狠抓落实。近三年来，省委省政府相继出台《辽宁沿海经济带三年攻坚计划（2018～2020 年）》《关于科学统筹精准施策构建协调发展新格局的实施意见》等文件，召开辽宁沿海经济带落实“三年攻坚计划”工作推进会、五大区域落实三年计划工作推进会等，加快推动辽宁沿海经济带转型升级，构建协调发展新格局。

（2）加强沿海六市协同发展体制机制建设。推动召开辽宁沿海经济带六城市书记市长联席会议，沿海六市签署《辽宁沿海经济带六城市协同发展框架协议》《辽宁沿海经济带六城市协同发展行动计划（2018～2020 年）》，明确协同发展工作要点。推进辽宁港口资源整合，目前已经基本完成。各市共同参与“沪连”对口合作高端论坛等活动，整体开放能力与水平有所提升。

（3）持续优化营商环境建设。把优化营商环境作为体制机制创新的基础工程，深入贯彻实施《辽宁省优化营商环境条例》，积极推进“证照分离”“多证合一”等改革措施，政务服务不断优化，市场环境明显改善。

（二）存在的问题

1. 产业基础高级化、产业链现代化水平有待提高

石化、冶金、装备制造等传统产业仍居主导地位，产业高端化、成套化、智能化、数字化水平仍存在较大短板。新一代信息技术、大数据、人工智能、生物技术、新材料、高端装备等战略新兴产业占比不高。2019 年，大连市战略性新兴产业增加值占地区生产总值比重仅为 8.5%。海洋经济发展严重滞后，2019 年，辽宁省海洋生产总值占地区生产总值的比重为 13.91%，排在沿海 11 个省份（不包括港澳台）的中下游。现代服务业与农业和制造业融合发展不足。产业链条偏短，产业配套能力不强。

2. 科技创新能力不能适应高质量发展需要

创新链与产业链融合程度不够，基础创新投入不足、成果不多，关键核心技术掌控仍存短板；企业的创新主体地位需要提升，产学研协同创新效率不高，海洋科技资源利用不充分；科技平台结构布局需要优化，对产业发展的支撑作用需要加强；科技创新体制机制仍需完善，人才“引育用留”任务艰巨；金融体系对科技和产业支撑力度不足。

3. 区域协同发展能级需要进一步提升

大连作为核心城市的引领、示范和带动作用亟须加强，沿海城市协同发展水平与现实要求仍有差距，在平台、项目及推进机制等方面需进一步细化和落实。辽宁省与吉林省、黑龙江省及内蒙古自治区的协同发展思路有待细化，与国家重点区域战略对接还需加强，融入国内大循环的广度、深度和方式需要进一步拓展。

4. 对外开放与合作水平仍需进一步提高

沿海经济带面向东北亚的外贸、投资、通道和平台建设还有很大潜力。中蒙俄经济走廊陆海新通道建设亟须提速，“冰上丝绸之路”建设应该深入探索和推进；中国——中东欧合作既定项目需要加快推进，合作领域和空间需要进一步拓展；面向中亚、南亚、东南亚等地区的开放合作需要加强；对美国等个别国家和地区的开放合作需要考虑新对策。

5. 体制机制改革有待进一步深化

新阶段辽宁沿海经济带总体发展思路和举措需要重新设计。自贸区机制改革需要进一步深化；要素市场运行机制、交易规则和服务体系需要较多改进和完善；营商环境需要进一步优化，政府服务效能仍有提升空间；财税金融体制改革有必要继续深化，市场主体活力需要进一步激发；海洋经济管理体制机制需要完善。

（三）新机遇和新挑战

1. 新机遇

“当前和今后一个时期，我国发展仍然处于重要战略机遇期，但机遇和挑战都有新的发展变化。①”从国际看，全球人口和产业向海发展的大趋势越来越明显，新一轮科技革命和产业变革正在不断深化，生产要素的重组和流动进一步加

① 2020年10月29日，《中国共产党第十九届中央委员会第五次全体会议公报》。

快，为辽宁省加速经济转型升级提供了更多资源和强劲动力。

从国内看，党的十八大以来，以习近平同志为核心的党中央坚持新发展理念，着力推进创新驱动、海洋强国、区域协同发展等重大战略，加快信息网络等新型基础设施建设，支持东北地区深化改革创新和高质量发展。党的十九届五中全会审议通过《中共中央关于制定国民经济和社会发展第十四个五年规划和二〇三五年远景目标的建议》，提出“健全区域战略统筹、市场一体化发展、区域合作互助、区际利益补偿等机制，更好促进发达地区和欠发达地区、东中西部和东北地区共同发展”，为辽宁振兴提供了新思路和新动能。

从省内看，省委省政府积极融入共建“一带一路”，推动构建“一体两翼”对外开放新格局，为沿海城市在更广范围、更深层次上参与国际竞争合作拓展了新空间，为企业“走出去”提供了重要支撑。

此外，在后疫情时代，国内国际产业链、供应链将加速重构，为我国传统产业数字化、数字产业化和治理数字化带来重大发展机遇。

2. 新挑战

当前，国际环境日趋复杂，不稳定性不确定性明显增加。新冠肺炎疫情及美国的经贸科技霸凌政策给辽宁省发展带来一些新问题。2020 年上半年的主要情况如下①：

（1）居民消费受到影响。因新冠肺炎疫情影响，旅游、住宿、餐饮等服务性消费受到限制，就业压力增大，从业者收入降低，影响了消费预期；大型商贸企业经营受到冲击，成品油、汽车等重点商品销售下滑，消费增长动力放缓。

（2）招商引资遇到难题。主要受新冠肺炎疫情影响，实际到位内外资金都有所下降，大项目投资放缓，“走出去”招商活动受到影响。重点地区利用外资不景气，沿海区域的大连、营口引进外资降幅较大。

（3）外贸环境不确定性增加。疫情造成辽宁省平均空运成本上涨 2 ~ 3 倍、海运成本上涨 1 倍左右，保险企业风险增加。境外企业停工停产导致全球产业链和供应链运转不畅，企业开拓国际市场遇到困难。国际市场需求疲软，企业出口受到影响。

（4）产业链构建面临压力。对于装备制造、电子信息等行业，所需基础零部件、核心功能部件需要从国外购进的企业，进口替代压力较大；产业链和供应

① 2020 年下半年，相关问题开始缓解。

链的不稳定性增加；外资企业向外转移的风险增加；受订单取消影响，参与全球产业链与供应链分工的中小企业面临考验。

三、双循环新发展格局战略部署为新阶段辽宁沿海经济带高质量发展指明方向

（一）对以国内大循环为主体、国内国际双循环相互促进新发展格局的理解

2020 年 5 月 14 日，习近平总书记主持召开中共中央政治局常委会，提出“构建国内国际双循环相互促进的新发展格局”。此后，习近平总书记在不同场合多次阐述新发展格局的内涵和特征。10 月 29 日，党的十九届五中全会将加快构建新发展格局纳入“十四五”时期经济社会发展指导思想和必须遵循的原则，并提出具体要求。笔者在学习习近平总书记讲话和党中央文件的基础上，提出以下几点体会：

1. 构建新发展格局是中长期战略部署

“我们遇到的很多问题是中长期的，必须从持久战的角度加以认识，加快形成以国内大循环为主体、国内国际双循环相互促进的新发展格局。[①]”构建新发展格局已经写进《中共中央关于制定国民经济和社会发展第十四个五年规划和二〇三五年远景目标的建议》。

2. 构建新发展格局，扩大内需是战略基点，深化供给侧结构性改革是主线

国民经济过程始于消费，内需是国内大循环的基础动力，以国内大循环为主体需要不断完善内需体系，着力释放内需潜力，提升供给体系对国内需求的适配性，形成需求牵引供给、供给创造需求的更高水平动态平衡。

3. 稳定产业链和供应链，提高产业基础高级化、产业链现代化水平，建设现代产业体系，是构建双循环新发展格局、实现经济高质量发展的核心内容

主要应做好四篇文章：一是补短板，即集聚要素，协同攻关，攻克“卡脖

① 2020 年 7 月 30 日，习近平总书记在中共中央政治局会议上的讲话。

子”技术，把弱势变成优势（产业、科技等）；二是拉长板，即做强优势，突出特色，形成自主核心技术，打造大企业、大集群；三是打通堵点，连接断点，即着力打通生产、分配、流通、消费各个环节，加强国内外产业上下游协作，畅通产业循环和创新循环，稳定产业链和供应链；四是培育新动能，包括发展新技术、新产业、新业态、新模式、新载体和新平台等多种形式。

4. 对外开放是畅通国内国际循环的总闸门

开放是国内国际循环联通的枢纽和开关，以高水平对外开放可以使国内市场和国际市场更好联通，使国内国际两个市场、两种资源得到更好利用，打造国际合作和竞争新优势。

5. 科技创新是构建新发展格局的关键和支撑

产业链的关键环节、关键领域和关键产品保障能力归根结底依靠科技创新，否则就会形成短板、断链和梗阻。只有拥有核心技术，掌控产业标准制定权，才能助推国内大循环高效畅通，从而高质量地参与国际循环。

6. 深化改革是构建新发展格局的根本保障和持久动力

改革没有止境，深入开展体制机制改革，持续优化营商环境，是扩大内需、构建产业链、扩大开放和科技创新各项工作有效落实的抓手，是打通循环“堵点”“断点”提升循环效率的保障，也是双循环高质量运行的持久动力。

（二）加快融入双循环新发展格局是辽宁沿海经济带高质量发展的客观要求

1. 立足加快形成新发展格局，重新审视辽宁沿海经济带的地缘优势

辽宁沿海经济带东面与日本、韩国、朝鲜隔海邻江相望，西面接壤京津冀都市圈，南面比邻渤海和黄海，连接东南沿海省份，远眺南亚和东南亚等太平洋地区，北面与内蒙古、吉林和黑龙江三省区连接，与蒙古国和俄罗斯邻近，地处东北亚经济圈的关键地带，是构建国内大循环和国际循环的陆陆、陆海大通道和大平台。在融入新发展格局的背景下，辽宁沿海经济带的地缘优势越发突出，在产业结构优化升级和经济社会全面发展方面的先导先行意义更加重要。

2. 基于构建新发展格局加速新旧动能转换，是辽宁沿海经济带高质量发展的必由之路

进入新发展阶段，扩大内需，补短板、拉长板，加快产业协作和科技创新，深化改革和开放，将有力促进辽宁省与东北腹地、京津冀、长三角、长江经济带、粤港澳大湾区等区域互动发展，加快形成对外开放合作新优势，推动辽宁全面振兴和全方位振兴。因此，把辽宁沿海经济带作为辽宁省融入双循环新发展格局的先导区，实施新旧动能转换，努力成为国内大循环的重要节点和国内国际双循环的平台纽带，打造面向东北亚开放新前沿，是实现高质量发展的现实选择。

四、以扩大内需培育新增长点增长极是辽宁沿海经济带高质量发展的基石

“我们要坚持供给侧结构性改革这个战略方向，扭住扩大内需这个战略基点，使生产、分配、流通、消费更多依托国内市场，提升供给体系对国内需求的适配性，形成需求牵引供给、供给创造需求的更高水平动态平衡。[①]”

（一）以稳就业为基础，不断提高居民可支配收入和有效购买力

1. 做好稳就业工作

深入贯彻辽宁省《关于深入实施就业优先政策进一步做好稳就业工作的若干意见（2020 年 4 月）》，支持企业和个体工商户稳定就业岗位，促进劳动者多渠道就业创业，精准推进高校毕业生、农民工、就业困难人员等重点群体就业，加强公益性岗位管理和失业人员服务保障，做实就业创业服务。以应用型高校为依托，深化产教融合改革，推进学校与沿海六市的产业集群全方位合作，探索构建产教多维融合的人才培养模式，推动学生深度参与企业发展，毕业后留在省内就业创业。以财政资金引导企业和个人出资，创建“兴辽”创业扶助基金，参与资本市场运作，每年将一定比例投资收益用于支持低收入群体创业。

① 2020 年 8 月 24 日，习近平总书记在经济社会领域专家座谈会上的讲话。

2. 实施城乡居民“收入倍增计划”

提高职工工资收入。完善绩效工资制度，本着“多劳多得、多贡献多得”的原则，提高公务员及事业单位职工待遇；建立和完善政府、工会和雇主三方协商机制，稳步提高企业职工收入水平。根据财政收入状况，逐年提高离退休人员工资和养老金水平。提高城市和农村低保户补助限额。建立国有企事业单位、企业家和共产党员对口支援贫困人口创业、子女教育和大病医疗的救助机制。健全统筹城乡可持续的基本养老保险制度、基本医疗保险制度，放宽灵活就业人员参保条件，稳步提高保障水平。完善农村电商网络，打通快递服务“最后一公里”，普及农民线上销售，助推城市和农村之间的生鲜食品循环，促进农民增收。

（二）从需求和供给两侧多举措扩大有效需求

1. 从需求侧扩大消费需求

围绕疫情防控、绿色食品、健康环保和安全出行等领域提供新产品和新服务，刺激新消费，培育新市场。推动中高收入群体向质量型、发展型和享受型消费转变，激活和释放教育、养老、育幼、保健、旅游等服务消费潜能，更好地支撑消费结构和品质双升级。引导企业开展“轿车下乡”“家电下乡”“农资下乡”“农机下乡”等便民活动，拓展农村消费空间。引导企业创建辽宁（沿海）特色消费品线上交易平台和手机 App，整体展示丹东草莓、盘锦大米、盘锦河蟹、沟帮子熏鸡、锦州苹果等特色食品和其他消费品，破解信息壁垒和流通障碍，推动居民消费。推动金融机构支持发放消费券、开展惠民促销活动，推动工会助力节日促销，帮扶困难群体购买生活必需品。

2. 从供给侧创造新需求

大力发展战略新兴产业。发展新一代信息技术、生物、新能源、智能及新能源汽车、高端装备、新材料、节能环保等战略性新兴产业，形成供给创造需求的新局面。加快传统产业智能化升级，推进制造业数字化转型。以数字经济为突破口，将供给和需求全面有机结合，推动数据价值化、数字产业化、产业数字化、治理数字化，打造数字经济平台，催生数字经济融合实体经济的新业态、新模式。开展大众创业和中小微企业“数字化赋能”专项行动，推进企业管理全流程向数字化转型，推广建设工业互联网，为经济社会高质量发展提供新动能。培育发展冰雪经济。利用黄渤海北岸海域冬季结冰现象，以海冰为支撑，在锦州、葫芦岛和丹东等城市海岸线适宜区域大力发展滑冰、滑雪、冰雕、冰上垂钓等特色项目以及冰雪加工、冰雪服装、冰雪商贸、冰雪装备等关联产业，与滨海旅游业融合发展，加大宣传力度，构建海岸带冰雪经济体系，创造新需求。

（三）以港口新基建、新型城镇化和乡村振兴拉动投资需求

1. 以港口“新基建”升级集疏运能力

推动辽宁港口集团与华为、百度及电信运营商实施战略合作。建设港口云计算大数据中心，集中存储管理集团和子公司数据，实时查询港口生产调度、码头作业、货运收费、客户业务信息，提高客户服务水平。通过5G、大数据、云计算等数字技术，对港口操作系统进行改造，实现精准感知、在线处理和智能决策，重塑业务操作流程，提升港口运营效率。建设自动化无人码头。以部署5G基站为基础，构建远程智能装卸体系、岸边智能理货系统和无人运输车队系统，为畅通物流与供应链发挥加速器作用。

2. 以新型城镇化带动有效投资需求

推进以人为核心的新型城镇化。强化城镇形态轮廓、建筑景观与色彩、标志系统等要素建设引导，着力提升城镇基础设施品质、居住品质、基本公共服务品质、生态环境品质、社会治理品质，打造城镇居民高品质生活空间。加强城镇老旧小区改造，推进新基建和智慧化建设，实现5G网络城镇以上区域全覆盖、典型行业应用场景按需覆盖，建设一批具有辐射带动力的数字经济特色小镇。做大做强城镇经济，坚持港、产、城市、城镇和乡村融合发展，延伸产业链，提升价值链，培育壮大新动能。构建大中小城市和小城镇协调发展的城镇化空间格局，发挥沈阳、大连和锦州的中心城市和城市群带动作用，建设现代化都市圈，拉动投资需求。

3. 推动乡村振兴成为经济增长的重要引擎

加大农业、农村基础建设投资。加强农业路网、电网、农田、水利、农业园区、渔港、冷链物流、人居环境整治、供水保障、污水处理、智慧农业等项目建

设，推动生产消费“双升级”。探索推动数字乡村建设，进一步完善农村信息基础设施，积极发展乡村数字经济新业态，挖掘新的增长点，拓展农民增收空间。以深化土地流转改革为抓手，推动农业种植养殖专业化、规模化、机械化和智能化，带动农机服务、农资及农产品销售、农产品加工、农业技术培训等行业发展。引导乡镇大力发展乡村旅游，深入发展农业观光、采摘、农家乐等新业态，做大做强城乡循环，带动投资需求。

五、依靠科技创新提高产业竞争力、催生新发展动能是辽宁沿海经济带高质量发展的关键

“以科技创新催生新发展动能。实现高质量发展，必须实现依靠创新驱动的内涵型增长。我们更要大力提升自主创新能力，尽快突破关键核心技术。这是关系我国发展全局的重大问题，也是形成以国内大循环为主体的关键。①”

（一）加快科技自立自强，提高区域创新能力

1. 加强创新型企业和科技平台建设

实施创新型企业培育提升工程。鼓励个体经济转型注册为企业，培育引导创新能力强、成长性好的科技型小微企业“升规入统”，成长为高新技术企业。推动行业兼并收购，大力培育“专精特新”企业，打造一批细分市场的领军企业。实施沿海区域科技平台提升工程。支持企业研发、实验、应用场景等基础设施建设升级改造；重塑产业、学科和科技平台之间的结构布局，引导创新主体协同共建大平台，完善运行机制和支持政策，提高开放创新能力；集聚国内外高端创新资源，大力发展跨国创新机构、离岸创新中心、跨区域协同创新中心、技术转移中心、技术专利展示交易中心，拓展科技合作新空间。

2. 实施专项创新计划，突破“卡脖子”技术短板

组织开展高端装备、生物医药、电子信息等重大技术攻关工程，着力解决制

---

① 2020 年 8 月 24 日，习近平总书记在经济社会领域专家座谈会上的讲话。

约产业发展的技术短板问题。围绕由于现有技术方案不成熟或因客户指定要求而进口的关键零部件列出清单，作为“十四五”重点攻关课题，尽快实现自主可控和国内循环。支持重点企业牵头组建创新联合体，承担国家重大科技项目。大力发展工业互联网，提升先进制造业的竞争力。支持大连建设东北亚科技创新中心，强化沈大国家自主创新示范区和金普新区的示范辐射作用，与沿海各市国家级开发区联动发展，提升沿海经济带高质量发展的内涵和效能。

（二）推动科技创新与产业发展深度融合

1. 促进产业链、创新链和资金链精准对接

深入实施产业链协作工程。以沈阳、大连、锦州为基点，以城市群、产业带为支撑，全面建立产业协作关系；充分发挥龙头企业、重点企业牵引带动作用，特别是国有大型企业主力军作用，推动大中小企业上下游协作，以点带线、以线扩面，形成良好的产业互动合作格局。围绕产业链部署创新链。创新产学研深度融合的组织模式和运行机制，推动产业链上中下游、大中小企业融通创新，提高从基础研究到科技成果转化的全流程效率。根据创新链部署资金链。引导银行、投资基金、企业集团等社会资本瞄准创新链投资，支持重点产品、重要原材料和零部件自主设计和自主生产。

2. 推动“科技创新”向“产业优势”转变

实施领先创新计划。聚集创新要素，面向海工装备、精细化工、新材料、节能汽车与新能源汽车、海水养殖与高值化加工、海洋生物医药等领域加快科技创新，全面提升自主创新能力，尽快形成领先优势。在优势领域主导或参与国家标准、行业标准制定。支持兴城泳装产业打造全产业链，组建兴城泳装产业标准联盟，制定泳装及相关材料团体标准，争创国际标准，由产品输出转向标准输出和品牌输出，争夺产业竞争话语权。

（三）以5G应用及未来技术研究催生新动能

1. 推动“5G＋X”技术研发和应用

加快“5G＋医疗”“5G＋办公”“5G＋教育”“5G＋智能工厂”“5G＋工业

互联网”“5G＋智慧农业”“5G＋智慧交通”“5G＋智慧城市”等创新研究和应用，推进5G全面融入生产与生活，赋能经济社会高质量发展。扶持“5G＋X”国内应用市场。建议政府部门采购优先考虑本土产品替代进口产品，同时引导企业积极采用本土企业的新技术和新产品，探索实施对企业采用进口替代产品给予补贴的优惠政策。

2. 开展未来技术研究应用

强化重点高校、科研机构和龙头企业协同创新，在未来技术领域加快探索和突破。瞄准人工智能、量子信息、集成电路、生命健康、脑科学、生物育种、新能源、新型储能、新型材料、新型药物、空天科技、深地深海等前沿技术，实施一批具有前瞻性、战略性的国家重大科技项目，力争在人才培育、平台建设、科研产出和成果转化等方面形成新动能。

六、以深层次区域协作助力产业基础高级化和产业链现代化是辽宁沿海经济带高质量发展的核心内容

“要实施产业基础再造和产业链提升工程，巩固传统产业优势，强化优势产业领先地位，抓紧布局战略性新兴产业、未来产业，提升产业基础高级化、产业链现代化水平。[①]”

（一）加强沿海经济带与腹地区域产业合作

1. 以全域转身向海畅通陆海产业循环

强化陆海统筹发展。加强对海洋资源的开发与利用，做强做大海洋经济，为全省经济转型升级注入新活力。推动腹地城市与沿海六市实现城区联通、园区联动和产业协同。引导腹地企业与沿海经济带企业、东南沿海企业加强合作，共建供应链、创新链；推动腹地城市发展跨境电商业务，在沿海城市建设“飞地园区”；推动腹地企业扩大对外（海上）贸易，探索发展海洋业务，加强与国外企

① 2020年5月14日，习近平总书记在中共中央政治局常务委员会上的讲话。

业合作；推动“沈大经济走廊”建设，强化双核引领，牵引腹地转身向海。

2. 以“哈大”走廊牵动辽宁、吉林、黑龙江协同发展

以沿海经济带为桥头堡牵动“哈大”工业走廊建设，构建辽宁、吉林、黑龙江协同发展新格局。推动“哈大”铁路沿线政府部门、产业园区和企业深入合作，围绕轨道交通、新一代核电设备、特高压输电设备、数控机床、海洋装备、智能机器人等领域统筹规划，形成东北装备制造业产业循环，稳定产业链和供应链，整体提升东北装备制造业国际竞争能力。推动辽宁、黑龙江两省自贸区“北进”和“南向”，开展内陆港和边境口岸互建，完善物流设施和快速通关机制，加快形成东北对外开放的大通道、大平台和大布局。

（二）推动构建智慧渤海经济圈产业循环

1. 推动实施环渤海“一体化”新基建工程

以大连理工大学、东北大学、大连海事大学、辽宁大学、渤海大学、中科院相关研究所、东软集团、新松机器人等创新主体为依托，联合天津、河北、山东等环渤海高校、科研院所和龙头企业，组建环渤海新基建国家级重点实验室、协同创新中心和产业创新联盟，研究建设海洋物联网、海洋大数据中心、海洋人工智能、智慧港口链等新基建工程。

2. 培育发展环渤海重大海洋新兴产业集群

依托大连造船厂、渤海重工、锦州航星集团、东方集装箱集团，大连、锦州等地生物医药重点企业，联合山东等其他环渤海产学研主体，构建产业链和创新链，培育打造海洋高端装备制造产业集群、海水产品高值化加工产业集群、海洋生物医药产业集群、海洋新能源化工产业集群、蓝色粮仓和蓝色蛋白产业集群、海洋新材料产业集群，推动环渤海区域融合发展，打造环渤海蓝色大湾区。

（三）以深化对接国家重大区域发展战略共建国内大循环

1. 深入对接京津冀协同发展战略

以葫芦岛、朝阳和锦州三市为主体，打造区域联动节点城市。推动葫芦岛东戴河新区打造京津冀的“桥头堡”，建设数字产业基地和京津冀大都市休闲度假胜地；推动朝阳利用高铁开通效应，积极创建国家级辽西北承接产业示范区，承接京津冀冶金、化工、建材、装备制造等产业转移，吸引毗邻区域人口买房、租房、旅游度假，建设大首都生活圈延伸区；推动锦州建设飞地园区，吸引京津冀产业转移，弥补产业链发展短板，扩大主导产业产能。加强与京津冀科研院所创新合作，与“两院”及清北、南开等双一流高校以建链、补链、延链和强链为目标，开展全方位、多层次、宽领域交流合作，共建产业技术创新平台，促进重大科技成果在本地转化。

2. 加强与长三角一体化、长江经济带国家战略对接

引导企业主动嵌入长三角电子信息、生物医药、高端装备、汽车、绿色化工、纺织服装、智能家电等产业链，开展协同创新和产能合作，主动吸引承接长三角的产业链和科技资源转移。借助上海总部经济发达的优势，吸引上海企业将研发、生产、服务、管理等环节向辽宁沿海经济带延伸。开展专题招商推介活动，探索共建合作园区，共同拓展发展空间。充分利用上海大都市对外开放、贸易枢纽、航运高端服务功能源能力，强化与长三角地区港口和物流企业对接，深度融入长三角一体化战略。与长江中游城市群、成渝城市群发展对接，寻求资源优势互补和产业分工协作。

3. 加强与粤港澳大湾区产业链合作

强化沿海经济带装备制造、电子信息产业与珠江西岸先进装备制造产业带、珠江东岸电子信息产业集群协作发展；借助香港、澳门、广州和深圳创新和总部经济优势，建设飞地科技平台，吸引其产业链、创新链和服务链向沿海经济带转移；利用粤港澳国际金融枢纽地位，吸引其投融资主体进驻辽宁，补弥辽宁省发展资金短板；吸引粤港澳大湾区海洋生物医药、海洋高端装备制造、海水综合利用、海洋信息服务等新兴产业到辽宁投资。

七、以高水平对外开放打造国际合作和竞争新优势是辽宁沿海经济带高质量发展的重要途径

“我们认为，国际经济联通和交往仍是世界经济发展的客观要求。我国经济

持续快速发展的一个重要动力就是对外开放。对外开放是基本国策，我们要全面提高对外开放水平，建设更高水平开放型经济新体制，形成国际合作和竞争新优势。①”

（一）打造面向东北亚对外开放合作新前沿

1. 加强开放合作的载体平台建设

鼓励沿海城市与日韩俄共建高水平的地方合作产业园，加快中日韩循环经济示范基地建设，推动建设中日（大连）高端装备与新材料产业示范基地，加强全方位交流合作；优化丹东中朝边境经济合作区运行机制，推进丹东中朝国门湾互市贸易区建设，推动辽宁省与朝鲜经贸合作取得新突破；创建辽宁（大连）东北亚国际海洋论坛，围绕海洋经济与日、韩、俄加强合作，共建“冰上丝绸之路”，支持大连成为东北亚海洋中心城市；分国别举办辽宁出口商品展览会，助力沿海企业产品出口；加快建设太平湾合作创新区，打造东北亚合作经济新平台。

2. 推动中蒙俄经济走廊陆海新通道建设

提请国家层面推进“一带一路”与俄罗斯“欧亚经济联盟”、蒙古国“草原之路”对接，尽早协商解决蒙古国段铁路建设事宜；将锦州作为“通道和节点”方案纳入国家“十四五”相关规划，赋予锦州“国际性综合交通枢纽”地位，将锦州港航道改扩建和龙栖湾港区建设工程纳入国家重大项目并给予用海政策支持，将丹锡高速（G16）向南延伸至锦州港，阜锦高速（G2512）向南延伸至锦州湾机场；推动完善“陆海通道”沿线六市（盟）以及内蒙古东部地区的协调互动合作机制，促成通道沿线工业园区协同发展、主要路网的科学规划和连接，加快沿线保税物流中心等物流节点建设。

（二）提升“中国——中东欧”经贸合作效能

1. 加快“中国——中东欧”国家经贸合作辽宁示范区建设

支持沿海各市建设“中国——中东欧”合作产业园。推动建设锦州“中

---

① 2020 年 8 月 24 日，习近平总书记在经济社会领域专家座谈会上的讲话。

国——中东欧”汽车及零部件产业园、硅材料等新材料产业园、大连中英先进制造产业园、电子信息产业园、盘锦石油装备产业园等，加快建设“中国——中东欧”跨境电商平台。支持大连港吉布提自贸园区和中捷天呈产业园提档升级。完善“中国——中东欧”物流供应链，支撑合作园区发展。积极完善多式联运体系，参与中欧陆海快线海关通关便利化合作；加强辽宁沿海港口群与江苏连云港深度合作，推动辽宁货物经由新亚欧大陆桥销往欧洲。

2. 推动企业“走出去”，开拓中东欧市场

推动精细化工、农业机械、海工装备、医疗器械、机床工具等领域企业在中东欧国家开拓市场，合资建厂。强化沿海城市与中东欧国家在基础设施、交通、物流等方面的合作。支持相关企业以“投资—建设—运营”方式开展工程承包。积极参与“中国——中东欧国家科技创新伙伴计划”，为企业走出去提供有力支撑。建议大连牵头，联合承办“中国——中东欧国家创新合作大会”，共建“一带一路”联合实验室，协同创建“中国——中东欧”国家技术转移中心，打造“中国——中东欧”科技合作新空间。

（三）加强与东南亚、南亚、中亚和大洋洲等地经济合作

1. 深化对东南亚和南亚国家的开放与合作

充分利用中国——东盟投资合作基金和中国——东盟专项信贷资金，推动企业参与当地资源开发利用和基础设施建设，带动配套产品、成套设备出口；承办中国——东盟进出口商品交易会、中国——南亚合作分论坛，推动优势行业产品出口；鼓励沿海六市与东南亚国家合作共建产业园区，积极承接产业转移，支持有条件的企业在柬埔寨、老挝、印度、缅甸、尼泊尔等国家参与建设境外产业园区；推动大连新开或加密东南亚国际货运航线，发展全货机航空运输，畅通“空中丝绸之路”走廊；与广西、云南沿海沿边口岸合作，打通面向南亚、东盟的国际陆海物流通道，积极融入中国——中南半岛经济走廊和孟中印缅经济走廊。

2. 加强与中亚及大洋洲国家经贸合作

加强与乌兹别克斯坦在农业、冶金、装备制造、石油化工等领域的产能合作；与哈萨克斯坦在油气开采、化工、装备制造等领域开展经贸合作；与土库曼

斯坦加强投资、贸易及展销双向经贸合作，进口羊毛原料及纺织产品，出口机械设备、汽车及零部件等工业产品。推动与吉尔吉斯斯坦、塔吉克斯坦经贸、投资、农业等领域开展合作，进口农产品，出口工业技术产品。加强与大洋洲国家合作。利用国家外事机构平台，推动与其在矿产、农业和制造业等领域合作，承办中国——大洋洲交易博览会，加大装备制造等工业产品和消费品出口，扩大矿产、棉花、羊毛和乳制品进口。

八、依靠深化改革激发新发展活力是辽宁沿海经济带高质量发展的根本动力

“要继续用足用好改革这个关键一招，保持勇往直前、风雨无阻的战略定力，围绕坚持和完善中国特色社会主义制度、推进国家治理体系和治理能力现代化，推动更深层次改革，实行更高水平开放，为构建新发展格局提供强大动力[①]。”

（一）强化重大政策引领，加快新旧动能转换

1. 修订《辽宁沿海经济带发展促进条例》

当前，国内外环境条件已经发生重大变化，建议修订《条例》。建立监督考评机制，推动各市沟通合作长效化和法制化；强化大连的龙头带动作用，提升分工协作能级，推动产业发展、科技创新、对外开放、区域合作、海岸带管理、城市治理等方面一体化，协同参与对外合作与竞争。建议沿海相邻城市合作共建产业园区，创新跨区利益分配和共享机制，实现共赢发展。实施交通路网升级工程，推动滨海公路高效联通，修建完善沿线物流等配套基础设施。

2. 加快申报实施《辽宁沿海经济带新旧动能转换试验方案》

在《辽宁沿海经济带发展规划（2009～2020）》即将收官之际，加快制定、申报和实施《辽宁沿海经济带新旧动能转换试验方案》，立足加快形成新发展格局，发挥辽宁沿海经济带先导作用，全面对接国家重点区域发展战略，确立海洋

① 2020年9月1日，习近平总书记在中央全面深化改革委员会第十五次会议上的讲话。

强省重大发展战略，引领辽宁全域转身向海，构建多业融合的现代化经济体系，以高水平对外开放打造国际合作和竞争新优势，赋予辽宁沿海经济带高质量发展新使命，为辽宁全面振兴、全方位振兴增添新动能。

（二）加强重点领域关键环节改革，推动经济高质量发展

1. 加快辽宁自贸区制度复制推广和管理改革

加快自贸区制度复制推广。总结形成高质量改革创新经验和实践案例，加快试点经验的系统集成；推动各市和自贸区协同区主动对标自贸区改革创新经验，构建高效的自贸试验区与国家级产业载体“多园联动”机制。推动自贸区管理权限改革。积极争取国家赋予更大的系统化、集成化改革自主权，推动省级经济管理权限下放至自贸试验区，力争逐步达到省级层面无审批。

2. 加快要素市场化配置机制改革

探索农村宅基地流转机制，以土地流转为中心推进新型农村股份合作制改革，突破农业转型升级短板；研究建立统一规范的数据管理制度，依法合规开展数据交易，推动大连建立数据交易中心，建设数据资产交易市场，打造数字经济创新发展试验区。深化省级以上科技平台资源开放共享市场化改革，为中小微企业科技创新提供支持；进一步加强人才“引育用留”机制改革，推广“产学研政金”之间人才交叉挂职机制，探索实施“原岗位工资待遇＋挂职岗位奖金”的薪酬体系。

3. 推动干部管理机制改革

“撸起袖子加油干”是高质量发展的基础条件。探索建立以服务满意度为重要指标的绩效考核体系，持续推进干部作风转变，不断提高干部贯彻新发展理念、构建新发展格局的能力和水平。试行关键岗位竞聘制、年薪制，把对担当负责、能力强、贡献大干部的破格提拔常态化和制度化。

4. 深化开发区体制机制改革

发挥市场在资源配置中的决定性作用，深化重点园区实施“管委会＋公司”市场化改革，引进或组建开发公司，实行“公共管理”与“招商建设”两条线，

提升招商引资和开发建设效能。探索完善跨省域开发区之间关于产业共建的协商沟通机制和利益分配机制。

5. 推进金融供给侧结构性改革

创新完善省内金融企业服务实体经济国内大循环的支撑机制，探索实施“抵押/质押+信用”组合贷款模式，支持中小微企业可持续发展；支持金融机构设立科技、海洋分支机构，开展科技小贷、科技担保、海洋小贷、专利保险、涉海保险等特色服务。推动符合条件的省内和境外金融企业互设分支机构，强化境内外业务对接，提升服务国际循环的效率和质量。

专题报告二

以科技创新为引领　加快推进辽宁海洋经济转型升级研究

一、引　　言

2017 年 10 月，党的十九大做出了“坚持陆海统筹，加快建设海洋强国”的重大部署。2018 年 6 月，习近平总书记在山东考察时强调，“海洋经济发展前途无量。建设海洋强国，必须进一步关心海洋、认识海洋、经略海洋，加快海洋科技创新步伐。”辽宁省委省政府一直重视海洋经济发展，早在 1986 年，就提出了建设“海上辽宁”的战略设想，经过多年发展，海洋经济规模不断扩大。2009 年 7 月 1 日，辽宁沿海经济带开发开放上升为国家战略。2019 年辽宁省政府工作报告提出要“统筹六市联动，加强协同协调，大力发展临港产业和海洋经济，着力建设产业结构优化的先导区、经济社会发展的先行区。强化海陆统筹，促进陆域经济与海洋经济互动联动发展”。

当前，辽宁已经开启了全面振兴、全方位振兴的新征程。《中共辽宁省委关于制定辽宁省国民经济和社会发展第十四个五年规划和二〇三五年远景目标的建议》提出“大力发展海洋经济，建设海洋强省”。面对国内外复杂变化的新形势，把海洋经济作为“十四五”期间辽宁沿海经济带发展的新动能是一个重大课题，对于加快建设辽宁沿海经济带现代化经济体系、实现高质量发展具有重要的理论和现实意义。

本报告的数据来源主要是统计年鉴、统计公报、调研数据和权威媒体资料，采用了描述统计和定性分析相结合的方法。主体内容包括八部分：第一部分，介绍了辽宁海洋经济发展概况；第二部分，分析了辽宁海洋经济转型升级的迫切性，强调一定要以科技创新为引领，加快推进海洋经济转型升级；第三部分，分析了辽宁海洋科技创新的基础，以及要发挥引领作用仍存在的问题；第四部分，探讨了优化区域创新要素布局，提升海洋科技创新支撑能力的路径；第五部分，论述了实施关键领域科技攻关，加速海洋经济新旧动能转换问题；第六部分，提出完善科技成果转化体系，推动海洋创新创业项目落地；第七部分，提出要创新产业管理体制机制，提升海洋经济发展服务能力；第八部分，论述了以科技创新为引领推进辽宁海洋经济转型升级，构建现代海洋产业体系，打造辽宁沿海经济带升级版。

本报告得到了辽宁省政协，省发改委、自然资源厅、工信厅、科技厅、交通运输厅，沿海各市政协，沿海各市发改委、自然资源局、工信局、科技局、文旅广电局等单位的大力支持，在此表示由衷谢意。由于时间紧、任务重，本报告还存在诸多不完善之处，敬请各地区、各部门领导和专家批评指正。

二、辽宁海洋经济发展概况

2015 ~ 2019 年，辽宁海洋生产总值分别为 3529.2 亿元、3338.3 亿元、3284.1 亿元、3140.4 亿元、3315 亿元、3465 亿元[①]，占辽宁地区生产总值的比重分别为 12.36%、15.25%、14.03%、12.41%、13.09%、13.91%（如图 2 - 1 所示）。从三次产业占比来看，海洋第一产业先增后降，总体平稳；第二产业呈下降态势；第三产业呈上升态势（如图 2 - 2 所示）。

2019 年，辽宁滨海旅游业增加值为 839 亿元，海洋渔业增加值为 415 亿元，海洋交通运输业增加值为 226 亿元，三者合计占海洋生产总值的 42.71%；海洋船舶工业增加值为 114 亿元；海洋科研教育服务业增加值为 775 亿元；海洋相关产业增加值为 1033 亿元（如图 2 - 3 所示）。

① 第一部分“辽宁沿海经济发展概况”的数据来源：调研数据。

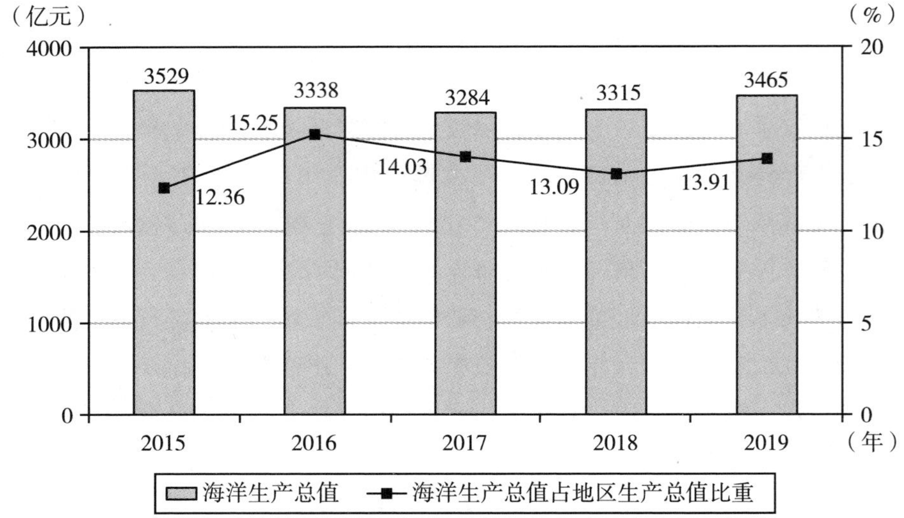

图 2－1　2015～2019 年辽宁海洋生产总值情况

总体来看，近五年来，受多重因素影响和制约，辽宁海洋经济发展较为迟缓，海洋经济的“新动能”作用还没有充分发挥，产业结构需要进一步优化，发展质量需要提高。

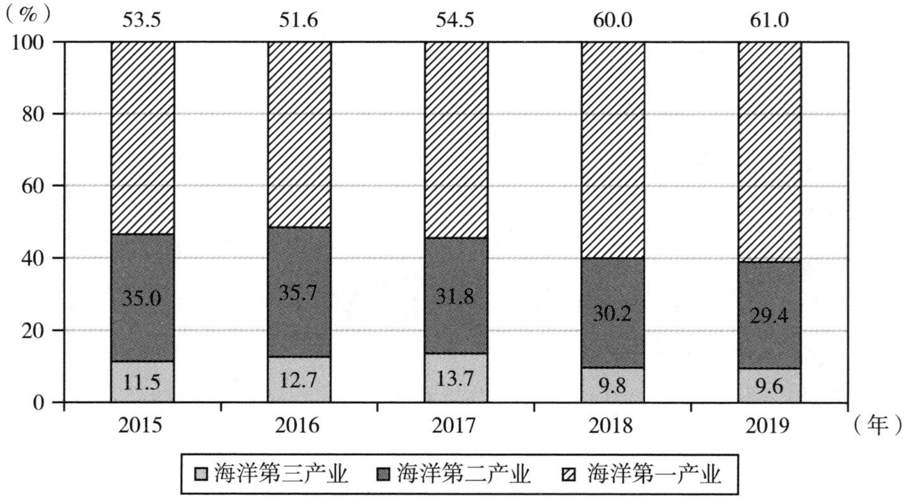

图 2－2　2015～2019 年海洋三次产业增加值占辽宁海洋生产总值的比重

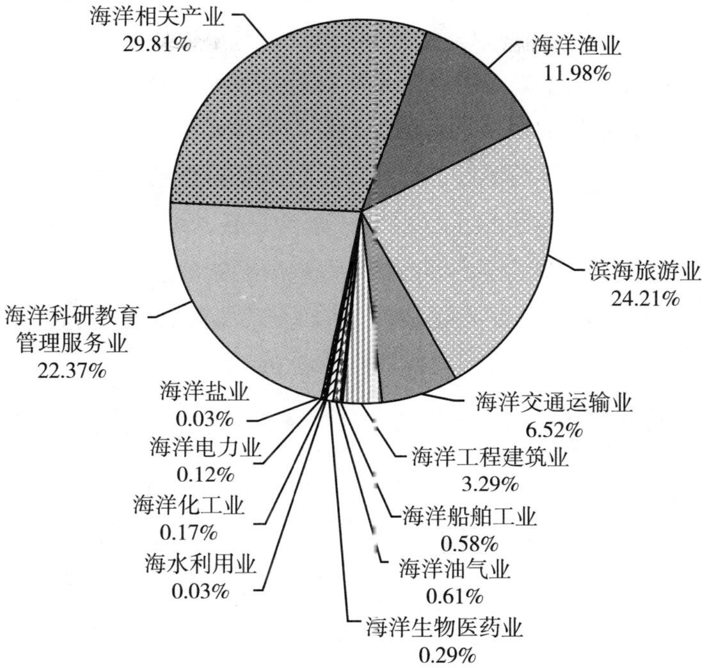

图 2 –3 2019 年辽宁海洋产业增加值构成

三、辽宁海洋经济亟须转型升级

（一）辽宁全面振兴、全方位振兴需要把海洋经济作为新动能

2018 年 9 月 28 日下午，习近平总书记在沈阳主持召开的深入推进东北振兴座谈会上指出，“新时代东北振兴，是全面振兴、全方位振兴”。他要求“以培育壮大新动能为重点，激发创新驱动内生动力。要依靠创新把实体经济做实、做强、做优，坚持凤凰涅槃、腾笼换鸟，积极扶持新兴产业加快发展，尽快形成多点支撑、多业并举、多元发展的产业发展格局。[①]”辽宁作为我国重要的老工业基地，装备制造、石油化工、冶金、航空航海等产业在国家产业布局中占有重要位置。辽宁地处环渤海和东北亚地区中心地带，陆地海岸线长 2292.4 公里，旅

① 东北网，https：//heilongjiang. dbw. cn/system/2018/09/29/058079780. shtml。

游和渔业资源丰富，是“一带一路”建设的重要节点。交通基础设施完备，公路、铁路、港口、机场和管道四通八达，具备发展海洋经济，实施陆海统筹战略的先天优势。当前，党中央、国务院正在进行“发展海洋经济，加快建设海洋强国”的战略部署，辽宁的全面振兴和全方位振兴应该抓住这一重大历史机遇，把自身优势和特色发挥好，利用好，传承好，把发展海洋经济作为新动能，助推辽宁经济高质量发展。

（二）相对于国内外海洋经济发展，辽宁海洋经济仍有较大发展空间

1. 国外发达国家和地区十分重视海洋经济发展

（1）美国。美国具有强烈的海洋战略意识，早在 20 世纪 70 年代就提出了“海洋 GDP”的概念。美国注重应用科技创新对海洋传统产业进行改造，形成了以海洋捕捞、海水养殖、水产品精加工为主要内容的现代海洋渔业；同时，在海洋船舶工业中广泛应用计算机、新材料和新能源等科技成果。海洋休闲旅游业是美国新的经济增长点，美国旅游业每年产值超过 7000 亿美元，而沿海各州的旅游收入达到全美旅游总收入的 85%[①]。滨海旅游业对游客的集聚效应进一步促进了海洋相关产业的集聚发展。

（2）欧盟。海洋及关联产业在欧盟的经济体系中占有重要地位，约有 50% 的 GDP 来源于沿海地区。2012 年 9 月，欧盟委员会发布了题为《“蓝色增长”计划——大洋、海洋和海岸带可持续发展的情景和驱动力》的发展报告，提出了“蓝色增长”的战略构想[②]，把蓝色经济分成海洋运输与造船，食品、营养品、保健品和生态系统服务，能源和原材料，休闲、工作和生活，海岸带防护，海洋监测与监视六大行业。为推动蓝色经济发展，欧盟十分重视海洋技术研发，启动了欧盟“地平线 2020”科研规划，加大海洋科技投入力度，并支持成立了“加拿大——欧盟——美国”大西洋海洋研究联盟，希望通过海洋科技与经济的融合发展，在海洋领域获取更大的利益。

（3）日本和韩国。日本作为岛国，其经济发展高度依赖海洋。20 世纪 60 年代以来，日本的经济发展重心开始从重工业、化工业转向发展海洋经济，目前

---

① 李懿，张盈盈．国外海洋经济发展实践与经验启示［J］．国家治理，2017（6）：44.

② 欧盟渔业及海洋事务委员会（编），杜琼玮等人（译）．蓝色增长——大洋、海洋和海岸带可持续发展的情景和驱动力［M］．海洋出版社，2014.

已经形成了以海洋交通运输、海洋生物资源开发利用、造船与海洋工程等高新技术产业为主导，滨海旅游、海水淡化、海洋电力、污染净化等多领域协调发展的现代海洋产业体系。日本注重海洋科技创新，建立了官、产、学、研一体化的联合研发体系，对于促进海洋经济发展发挥了十分重要的作用。韩国海洋水产部在1999年就提出了“21世纪海洋发展战略（2000～2030年）”，以实现海洋强国为发展目标，将发达国家主张的“蓝色革命”作为现实政策加以执行。

韩国的海洋产业十分发达，尤其是造船业，韩国现代重工、三星重工和大宇造船三公司具有很强的国际竞争力。2016年10月，韩国政府发布《造船产业竞争力强化方案》和《造船密集区域经济振兴方案》，其核心思想是“转型”，即：从事船舶建造的传统“造船业（Ship Building Industry）”转型成包含船舶各类服务于一体的“船舶产业（Ship Industry）”；船舶与海工产品在环保、智能化和大型化三个方面向高附加值化转型。

2. 国内沿海地区已经把发展海洋经济作为重要动能

我国沿海的11个省、直辖市、自治区（不包括港澳台）都十分重视海洋经济发展，广东、山东、福建等地海洋经济发展已经走到全国前列。以山东省为例，近年来，山东海洋经济发展十分迅猛，其发展特点可以用15字来概括：定位高、思路清、创新强、干劲足、发展快。

《山东省“十三五”海洋经济发展规划》提出，到2020年，构建起现代海洋产业新体系，海洋科技创新能力大幅提升，成为引领国家海洋经济开放合作的排头兵，以海洋生态系统为基础的综合管理体系更加完善，海洋经济可持续发展能力显著增强，建成具有较强国际竞争力的海洋强省。山东沿海七市科学谋划海洋强市发展布局，多措并举发展海洋经济，海洋综合实力迈上新台阶。全省海洋生产总值已经超过全省地区生产总值的20%，成为现代化强省建设的重要力量。《2019年山东省政府工作报告》明确提出“高标准推进海洋强省建设”，强调全面提速海洋强省建设十大行动，在海洋优势转化上下功夫、见实效，并在港口一体化、基础设施、现代产业体系、海洋牧场、海岸带综合保护与利用等方面提出具体要求。2019年4月，青岛发动了新旧动能转换“海洋攻势”作战方案（2019～2022年），要求打赢包括海洋产业转型跨越、海洋科技创新引领、高水平对外开放、海洋港口提质增效、海洋生态环境保护、滋养海洋文化根脉六场硬仗[①]，并开展“海洋攻势”作战方案公开答辩，在全市掀起发展海洋经济的攻坚战，可谓干劲十足。

对科技创新的高度重视和扎实推进产生了累累硕果。青岛蓝色硅谷、潍坊高新区建设国家科技兴海产业示范基地，烟台经济技术开发区、威海南海新区等地建设省级科技兴海产业示范基地。青岛、烟台、威海三个国家级创新示范城市建设进展顺利，实施了 80 个产业链条协同创新和产业集聚孵化项目。积极对接中国海洋大科学研究中心建设，打造高校开放共享的创新平台。完善科技创新平台体制机制，44 家省级海洋工程技术协同创新中心建设取得新进展。加强关键技术科技研发，海洋标准化管理迈出坚实步伐[②]。

3. 相对于国内外海洋经济发展，辽宁海洋经济转型升级仍有较大空间

（1）海洋经济战略层次亟待提高。目前，辽宁沿海城市仍有个别地方发展海洋经济的意识不强烈，存在“重陆轻海”观念。广东、山东、福建、上海、广西等沿海地区都制定了海洋经济发展“十三五”规划，并且已经制定或正在制定“十四五”规划，而辽宁缺少相关信息。事实上，辽宁在 2017 年出台了《沿海经济带三年攻坚计划》，提出大力发展海洋经济，但之前没有“十三五”发展规划，而且缺乏具体政策跟进。从最新情况来看，“海洋强省”在全省“十四五”发展规划当中被提出，海洋经济在辽宁振兴发展和新旧动能转换中的定位有所提高。

（2）海洋经济规模扩充空间巨大。2019 年，全国海洋生产总值为 89415 亿元，其中，北部海洋经济圈海洋生产总值 26360 亿元[③]。辽宁作为海洋大省，海岸线长度占全国沿海省份居前，但同期海洋生产总值却仅占北部海洋经济圈四省域的 13.14%，占全国的 3.88%。从海洋经济对地区经济总量的贡献度来看，2019 年，辽宁海洋经济占地区生产总值的比重为 13.91%，高于全国平均水平的 9.0%；但与天津、山东、上海、浙江、福建、广东和海南等沿海省份相比较，仍处于中下游水平。按提升到上游水平的 20% ~30% 计算，其可能产生的经济增量无疑十分可观，发挥的乘数效应也将十分显著。

（3）产业结构仍需优化，层次亟待提高。从三次产业结构来看，2019 年，

① 半岛网：http：//news. bandao. cn/a/255231. html。

② 新浪山东：http：//sd. sina. com. cn/news/2019 – 02 – 27/detail – ihrfqzka9515323. shtml。

③ 数据来源：国家自然资源部《2018 年中国海洋经济统计公报》。北部海洋经济圈由辽东半岛、渤海湾和山东半岛沿岸地区所组成的经济区域，主要包括辽宁省、河北省、天津市和山东省的海域与陆域。

辽宁海洋三次产业增加值比例为9.6∶29.4∶61.0，而同期全国三次产业结构为4.2∶35.8∶60.0，广东为1.9∶36.4∶61.7。相对来看，辽宁海洋第一产业贡献度较高，而海洋第二产业增加值较低。辽宁传统海水养殖业规模较大，而作为制造业大省，辽宁的传统特色优势还发挥不够，海洋第二产业不够发达。从主要海洋产业发展来看（见图2－3），辽宁海洋经济发展主要依靠海洋渔业、滨海旅游业和海洋交通运输业；海洋船舶工业发展较为突出，而海洋生物医药、海洋化工、海洋电力、海洋油气等产业相对落后，其他海洋新兴产业发展严重不足。总体来看，辽宁海洋经济仍以传统产业为主，海洋战略新兴产业发展滞后，产品科技含量和附加值有待进一步提高，海洋科技创新工作需要进一步加强。

（三）推动辽宁海洋经济转型升级，必须坚持以海洋科技创新为引领

2019年10月15日，习近平总书记在致中国海洋经济博览会的贺信中指出："海洋是高质量发展战略要地。要加快海洋科技创新步伐，提高海洋资源开发能力，培育壮大海洋战略性新兴产业。[①]"上述列举的发达国家和地区以及我国山东省正是依靠科技创新，才推动了海洋经济的快速发展。再以青岛西海岸国家级新区为例，该区以海洋经济为特色，以科技创新为引领，海洋经济总量从2014年的491亿元提高到2018年的1182亿元，年均增长19%，实现了翻番式增长。几年来，该区高标准建设智能制造基地、循环经济基地等"六大基地"和海洋活力区、实体经济总部中心等"七大中心"；集聚市级以上重点实验室和工程技术研究中心165家，国家级创新创业载体24家，高新技术企业563家；海洋物探与勘探设备国家工程实验室、轻型动力高空实验平台等一批高端科研平台投入使用，新区发明专利申请量和授权量居全省县市区首位，获批国家知识产权示范区；引进了中科院海洋大科学研究中心，整合了13家研究所的科研力量，在"智慧海洋"和"健康海洋"方面创新引领，助力海洋强国建设[②]。

青岛西海岸新区案例充分证明，只有依靠科技创新才能加快海洋经济转型升级。因此，辽宁海洋经济只有深入实施以科技创新为引领的创新驱动发展战略，才能真正朝着结构优、层级高、产品好、可持续的高质量方向发展。

① 人民网：http：//paper. people. com. cn/rmrbhwb/html/2019－10/16/content_1950424. htm。

② 大众网：http：//www. dzwww. com/shandong/sdnews/201906/t20190628_18882571. htm。

四、辽宁海洋科技创新初具基础，但对海洋经济转型升级的引领作用仍需加强

（一）海洋科技创新已经具备了初步基础

1. 大连在沿海城市中海洋科技创新能力相对较强①

大连拥有全国领先的大连理工大学、大连海事大学、大连海洋大学、中科院大连化物所、中船760研究所等多所涉海大专院校和科研院所，海洋人才汇聚，产业创新基础良好。我国自主设计建造的首艘国产航空母舰在大连造船厂下水，一批关键设备、关键大型设备等取得重大技术突破。

（1）将海洋科技创新作为重点工作。2017年9月27日，大连召开科技创新大会，出台了《关于全面实施创新驱动战略加快建设东北亚科技创新创业创投中心的意见》，明确提出“利用大连市得天独厚的条件，在海洋科研、海洋经济、海洋装备等方面取得突破”。大连将海洋经济作为先导型产业，以市政府办公厅文件形式下发了《大连市重点产业领域科技创新指南》，将高端船舶、海洋工程、海洋农业、海洋食品加工作为重点发展方向。《大连国家自主创新示范区三年行动计划》也将海洋科技及产业发展作为重点工作之一。目前，已经形成了与国家科技资金管理体系相衔接的科技创新基金、科技重大专项、科技重点研发计划、科技人才研发支持资金、科技成果转化政策资金等在内的多渠道科技资金支持体系。2018～2019年度实施的各类科技计划项目中涉海领域的科技项目合计有60余项，合同金额近亿元。

（2）整合提升海洋科技创新平台。突出海洋创新平台的旗舰作用，推动大连理工大学成立海洋学院，并以此为引领，整合大连海事大学、中科院化物所、大连海洋大学、大连工业大学、海军舰艇学院、中船重工760研究所、大连市水产研究所等涉海高校和研究机构，组建大连海洋科技创新联盟。突出问题导向，加强政府引导，以项目为牵动，建立重点实验室，支撑海洋科技跨越式发展。依托大连化物所、高新园区、海洋大学、海事大学等现有基础和资源，加快引进国

① 来源：调研资料，其他各市相同。

家重点实验室、工程实验室，提升海洋基础性研究和原始创新能力，开展颠覆性、关键共性技术的攻关与应用示范，构筑海洋科技创新策源地和蓝色人才高地。以项目为纽带，按照政府、科研院所、企业各出资 1/3 的模式，联合组建重点领域开放式创新平台。联合国家自然科学基金委定期举办水下机器人目标抓取大赛，取得初步成果。对于重点新型研发机构可给予每年 3000 万元的研发项目经费支持。对于引进的国内外重点研发机构，按照不超过其研发设备投入额 30% 的比例，给予最高 2000 万元的补助。

（3）强化海洋科技企业创新主体作用。健全以企业为主体的产业化创新体系，充分发挥企业在创新决策、研发投入、科研组织和成果转化中的主体作用。加大科技经费对企业创新的资助力度，支持涉海骨干企业建立自主研发机构及产业化创新平台，着力培育一批有国际竞争力的海洋创新型领军企业、“独角兽”“瞪羚”企业。将海洋经济全领域纳入高新技术企业培育范围。市、区两级对新认定的涉海高新技术企业给予 20 万～40 万元的支持，积极筹划对高成长性的涉海科技企业的支持政策，拟给予最高 1000 万元的研发经费和研发设备费支持。大力发展海洋科技型中小企业，完善配套服务，强化孵化功能，继续实施科技创新券制度，使科技型中小企业成为海洋科技创新主体之一。目前全市涉海科技企业数量达到 1000 余家。鼓励多种模式的产学研合作，引导和规范高等学校或科研机构的科技人才到企业兼职，鼓励高校以多种方式与企业合作，采取产业联盟、理事会、股份制、会员制等形式，设立一批由龙头企业承担的海洋科技产业化创新平台。积极争取各级政府产业引导基金，撬动社会投资支持相关产业发展。

（4）推动海洋科技成果转化。充分发挥市场化运作机制，推动企业、大学、科研机构跨学科、跨部门深度合作，推进海洋科研成果转化孵化试点，建设海洋技术转移中心和科技成果转化服务示范基地，鼓励企业、院校、社会团体和个人创办海洋科技孵化基地等服务平台。实施重大科技成果转化项目，按企业上年度研发投入的 50% 给予补助，金额可达 1000 万元；按技术合同实际发生技术交易额的比例对相关企业、高校院所、技术服务机构、技术经纪人分别给予 10%、5%、3% 和 1% 的补助；对具备一定规模和服务能力的新建技术转移机构，给予最高 200 万元支持。2017～2018 年，有 150 余项海洋科技成果转化。2019 年，进一步聚焦一批转让合同金额 500 万元以上，带动企业投资 3000 万元以上的大项目，通过大项目带动相关产业发展。大连海事大学的海上通信系统项目、大连理工大学的海洋小卫星项目和精细化工项目、化物所的催化剂项目等正在积极推进中，已经取得了初步成绩。

2. 沿海其他城市海洋科技创新也在积极推进

（1）丹东。海洋科技发展主要围绕海洋生物资源开发利用技术领域进行。近年来，在省市科技主管部门的大力支持下，在海水养殖和海产品加工等单位的努力下，开展了一批海水产品养殖技术和深加工技术研究，相继完成了“三疣梭子蟹良种繁育技术研究”及“海参西洋参胶囊开发”等科技项目，获得发明专利 15 项。

（2）营口。先后出台了《关于贯彻落实创新驱动发展战略建设科技强市的实施意见》《营口市科技强市工程（2017～2020 年）实施方案》和《营口市推动科技创新十项政策》等政策文件 12 个，还出台了科技成果转化项目后补助管理办法、企业研发投入后补助实施方案、企业·博士双创计划实施方案等配套政策。2018 年，全市共投入科技专项资金 1569 万元，同比增长 133%，极大地调动了企业的创新热情。组织相关高校院所针对海洋领域企业开展专项成果发布会，努力构建高校同企业间的桥梁，推进产学研深度融合，打通科技成果转化“最后一公里”。邀请大连海洋大学、沈阳农业大学等高校院所专家帮助海洋企业解决技术难题，加强产学研合作和科技成果转化。鼓励有条件的企业建设省、市级工程技术研究中心。营口白沙湾居多水产养殖有限公司与营口理工学院合作的海蜇高附加值产品的开发项目，获得 2018 年企业·博士双创计划 6 万元支持。按照省科技厅“高企三年倍增”计划的部署，加大对高新技术企业的培育。充分激发科技人才的创新活力和潜力，打牢科技创新的人才基础。探索开展政校企三方深度合作新模式，积极参与“海外学子创业周”活动，开展国际科技合作交流，引进高层次创新人才、高端复合型人才和创新团队，引导创新要素向海洋领域企业研发一线集聚。2018 年，营口重型机械公司作为营口市市级研发中心、营口市高新技术企业，海洋制造业研发经费约为 2000 万元，开发新产品 6 项。

（3）盘锦。海洋经济科技创新及关联产业发展取得新突破。依托大连理工大学盘锦校区的优质教育资源和科技研发能力，引进了一批科技类高端创业人才，产学研协同创新迈向深度融合。大连理工大学科技园成功入驻 9 家企业研发中心，正在申报省级大学科技园；光合蟹业等 3 个省级专业技术创新平台、水产业和海洋工程装备 2 个省级技术创新战略联盟成功组建；忠旺研究院和运橡胶研究院正在全力打造国家级工程技术研究中心，无人机、新材料等战略性新兴产业加快发展。同时，实施了一批重大产业创新战略项目，成功设计和建造了我国首座具有自主知识产权的CP－300自升式钻井平台，钻井平台、钻机、顶驱、抽油机等产品均达到国际先进水平，并已交付使用。

（4）锦州。充分发挥科技对产业发展的支撑和引领作用，积极推进海洋产业发展。一是积极搭建科技合作与交流平台，深化与高校院所务实合作。近年来，市政府先后与中国农业科学院、大连海事大学、大连海洋大学、辽宁省农科院等高校院所建立全面科技合作关系，在海洋经济发展规划、海岸带开发建设、海洋生态环境保护及海洋渔业产业发展等方面开展务实合作。邀请中科院青岛海洋研究所、辽宁省海洋水产科学研究院、大连海洋大学等高校院所的海洋渔业领域知名专家携带最新科技成果来锦参会，促成“刺参病害预警及防治技术”“南美白对虾高效养殖技术应用与示范”“浅海滩涂贝类资源修复及增养殖技术示范”和“贝类种质资源保护技术应用”等10余项科技成果在锦落地转化。推动航星集团、辽宁利达自动化设备等企业分别与中科院声学所、大连海事大学等高校院所联合开展了“舰船综合船桥系统”“自容式声学多普勒流速剖面仪”“无人船智能驾驶系统”等高端海洋装备的研发。二是发挥驻锦高校优势资源，助力海洋产业发展。推动驻锦高校在教学、科研、人才和设施设备方面的资源优势，围绕锦州沿海经济带建设发展，开展学科建设、产学研合作、人才培养和平台建设。2015年，渤海大学获国家教育部批准成立了航运学院，成为辽西地区的航运人才培养基地。以渤海大学励建荣教授团队为依托，先后组建生鲜农产品贮藏加工及安全控制技术国家地方联合工程研究中心、国家鱼糜及鱼糜制品加工技术研发专业中心等科研平台，并向全市企业免费或成本收费开放；2017年，渤海大学励建荣教授的“鱿鱼贮藏加工与质量安全控制关键技术及应用”成果荣获国家科技进步二等奖；渤海大学牵头组建了辽宁省生鲜食品产业技术创新战略联盟；渤海大学、辽宁工业大学与锦州笔架山食品有限公司、凌海市达莲海珍品养殖有限责任公司等企业联合开展“毛虾高值化加工关键技术及产业化”“解决鱿鱼丝甲醛含量超标技术”“辽宁西海岸生物技术CIS系统开发”和“笔架山风景区智能化广场技术开发”等项目研发，为市政府及相关部门提供了“辽宁沿海经济带科技产业发展方案”等智力支持。三是推动锦州国家农业科技园区建设，促进海洋产业集群化发展。2015年，市政府推动锦州龙海馨港科技有限公司组建了海河生物研究院、中科院成果转化凌海分院和龙海馨港郑绵平院士工作站，并以大有经济区为载体组建以现代海洋渔业为主导产业的“辽宁锦州农业科技园区”。同年，被国家科技部认定为第七批国家级农业科技园区。2018年，科技部等国家 9 部委联合印发《振兴东北科技成果转移转化专项行动实施方案的通知》（国科发创〔2018〕17 号），将“支持锦州市以国家农业科技园为依托，建设海珍品产业特色小镇”纳入行动方案。

（5）葫芦岛。推进高端船舶制造业发展。渤船重工 31 万吨干散货船已交用户，并列入国家首台套目录。锦龙游艇 2018 年建成投产。中船重工 719 所海洋核动力平台项目、中广核海洋核动力平台项目正在积极推进。开发了一批拥有自主品牌和附加值高的水产品。渤船重工分别投资 2800 万元和 1500 万元研发新一代节能环保超大型原油船产品和新一代节能环保 21 万吨散货船产品；中船重工（葫芦岛）特种电缆有限责任公司分别投资 430 万元和 135 万元研发水密电缆和舰用电力、控制、通信电缆。积极加强创新平台建设，中船重工特种电缆有限公司与上海至正道化高分子公司联合建设船舰线缆用新材料生产基地和海洋工程电缆国家实验室。

（二）海洋科技创新的引领作用仍需加强

辽宁海洋科技创新在要素布局、科技攻关、成果转化和体制机制等方面仍然存在制约海洋经济转型升级的短板。

1. 科技创新要素布局仍需优化

（1）海洋科技人才建设需要加强。目前，辽宁海洋科技人才无论在数量，还是在质量上，与国内海洋经济发达省份相比较，仍有差距。《2017 年中国海洋统计年鉴》显示，辽宁海洋科技机构从事科技活动人员总数为 1836 人，在全国排名第 6 位，虽然位置相对靠前，但绝对数与北京（6786 人）、广东（3870 人）、山东（3008 人）和上海（2280 人）差距较大。要建设海洋强省，在人才培养和引进方面，仍需继续努力。

（2）海洋科技金融发展不完善。海洋科技创新离不开金融体系的支持。金融发展与海洋产业结构优化之间具有相互渗透、相互作用、相互依存的耦合关系，上海海洋经济的快速发展正是得益于金融发展与海洋产业结构优化相互推动、互相促进的结果（邢苗，2016）①。辽宁现有海洋金融的政策体系还不全面、

① 邢苗，张建刚，冯伟民. 我国金融与海洋产业结构优化的耦合发展研究［J］. 经济与管理，2016，32（6）：728－734。

不系统，现有金融工具对海洋经济支持的力度有限，目前只有大连在金融支持海洋经济发展和科技创新方面出台了一系列政策，其他沿海城市还缺少完善的措施。因此，必须加快推动海洋金融体系建设，否则严重制约辽宁海洋经济转型升级。

（3）科技创新平台建设需要加强。据不完全统计，目前辽宁拥有各类海洋科技创新平台 150 多家①。但仍然存在几个问题：一是从分布主体来看，专业研发类平台主要分布在高校及科研机构，企业平台少；二是从层次来看，省级平台多，国家级平台少；三是从分布区域来看，大连市平台多，沿海其他城市少；四是从平台运行来看，平台投入少，科技研发与海洋产业对接仍需强化。

（4）海洋科技创新主体培育缓慢。辽宁发展海洋经济，尤其是海洋第二产业，必须有一大批涉海创新型企业担当科技创新重任。据不完全统计，2019 年，沿海城市拥有涉海高新技术企业数量情况为：大连 39 家、丹东 2 家、锦州 3 家、葫芦岛 2 家，全省涉海类高新技术企业数量不到 60 家②。涉海民企治理结构需要完善，创新能力需要提升；涉海科技型小微企业培育也需加速推进。

（5）海洋科技创新载体建设滞后。海洋科技创新载体是指承载海洋科技人才创新创业、海洋科技创新平台建设、涉海企业集聚发展的城市、园区和基地等地理区域。从 2016 ~ 2018 年，国家海洋局和财政部先后两次批复 15 个海洋经济创新发展示范城市③。2018 年 11 月，国家发改委、自然资源部又批复了 14 个海洋经济发展示范区④。两类示范项目共涉及 21 个城市，辽宁没有城市入选。此外，辽宁沿海的开发区、高新区及各类专业园区明确定位发展海洋经济的区域很少，海洋科技创新载体在定位和布局上亟须进一步强化。

2. 关键领域科技攻关仍需加强

根据《GBT 20794—2006 海洋及相关产业分类》，海洋及相关产业涉及 29 个具体产业，涉及众多科技领域。学者们研究发现，辽宁在全国 11 个沿海省份中海洋科技竞争力排名第 6 位，科技对经济带动能力排名第 7 位（刘超，2016）⑤；

---

①② 调研数据。

③ 2016 年（第一批），天津滨海新区、南通市、舟山市、福州市、厦门市、青岛市、烟台市、湛江市等 8 个城市；2018 年（第二批），上海市浦东新区、宁波市、威海市、深圳市、北海市、海口市 7 个城市。

④ 威海、日照、连云港、盐城、宁波、温州、福州、厦门、深圳、北海 10 个设立在市，天津临港、上海崇明、广东湛江、海南陵水 4 个设立在园区。

⑤ 刘超，崔旺来．中国沿海地区海洋科技竞争力评价及影响因素分析［J］．科技管理研究，2016，(16)：55 ~ 60.

海洋科技创新效率排名第 8 位（戴美艳，2018）[①]。辽宁在海洋渔业、海洋船舶、海洋生物医药、海洋化工、海洋设备制造、海洋环境保护等关键技术领域亟须开展科技攻关，以技术创新推动产业转型升级。

3. 科技成果转化体系需要完善

《2017 年中国海洋经济发展报告》显示，我国海洋科技成果转化率仅为 25%左右，远低于发达国家的 70%，实现产业化的不足 5%[②]。辽宁海洋科技成果转化和成果应用与上海、山东和广东存在差距，加剧了海洋产业发展的滞后性（李显显，2017）[③]。所以，构建完善的科技成果转化体系是辽宁海洋经济转型升级必须要解决的重点工作。

4. 产业管理体制机制需要改进

（1）管理体制有必要完善。和大多数沿海省份一样，当前辽宁海洋产业管理还处于“九龙治水”的局面。由于海洋产业跨度广，划分细，涉及发改、自然资源、工信、交通运输、文旅等多个部门。管理的计划、组织、领导和控制四大职能都不能形成合力，影响海洋经济政策的系统性、全局性和针对性。

（2）统计的支撑机制需要改进。目前，辽宁统计部门还没有把海洋经济统计纳入工作范畴，辽宁海洋经济发展数据统计还存在不全面、不系统、不及时、不对称等问题，统计数据支撑海洋经济发展决策的作用十分有限。

五、优化区域创新要素布局，提升海洋科技创新支撑能力

优化区域创新要素布局是实现区域创新的重要基础，也是推动海洋经济发展从要素驱动转向创新驱动的重要举措。一般认为，一个地区创新要素的集聚与优化程度与其经济增长之间存在密切联系，创新要素的空间分布对本地区创新绩效

---

① 戴美艳．中国沿海区域海洋科技创新效率测度及其影响因素分析［J］．新经济，2018（8）：35～40.

② 国家发展与改革委员会，国家海洋局．《2017 年中国海洋经济发展报告》［M］．北京：海洋出版社，2017.

③ 李显显．对中国沿海地区海洋科技与海洋产业耦合协调发展研究［J］．海洋经济，2017（2）：30～38.

存在较大影响。本报告在借鉴当前国内外推动产业发展实践经验的基础上，围绕创新人才、科技金融、创新平台、创新主体和创新载体五个方面进行分析。

（一）加快培养引进海洋科技人才

习近平总书记多次强调，人才是创新的第一资源。2018 年 5 月 28 日，他在中国科学院第十九次院士大会、中国工程院第十四次院士大会上讲话时指出，“要牢固确立人才引领发展的战略地位，全面聚集人才，着力夯实创新发展人才基础。[①]”辽宁要发展海洋经济，建设海洋强省，首先要培养引进海洋类科技人才。

1. 依托涉海高校培养高质量的海洋科技人才

辽宁是高等教育大省，涉海高校资源居于全国前列。大连理工大学、大连海事大学、大连海洋大学、渤海大学、大连工业大学、辽宁师范大学和大连大学都拥有涉海学科（研究生教育），在全国沿海省份中具有突出的比较优势。初步统计，上述高校涵盖与海洋经济相关的七个一级学科，涉及 40 个左右的研究方向（见表 2－1），基本上覆盖了海洋第一、二、三产业，每年培养大量的海洋类研究型人才。再加上东北大学、辽宁大学等省内其他高校相关学科支撑，可以为辽宁海洋经济发展提供较为充足的人才保障。关键是要重点做好以下三方面工作。

（1）开展专项调查，建立人才数据库。建议教育、人力资源管理等相关部门对涉海类高校人才培养情况进行摸底调查，建立海洋经济专项人才数据库，为各主要海洋产业提供详细的人才信息。

（2）提高人才培养质量和本省就业率。在确定“海洋强省”战略的前提下，建议教育主管部门制定《涉海学科和专业发展规划》，加大投入力度，强化海洋科技创新人才培养。同时，人力资源主管部门要完善人才政策，强化相关人才在本省创新创业的环境条件，把人才留住。

（3）加大校企合作力度。深化人才培养模式改革，使涉海高校学科专业与产业紧密对接，推进教学科研校企合作，实行订单式培养、委托培养等模式，培养适用型人才。

① 人民网：http：//politics. people. com. cn/n1/2018/0605/c1001－30036979. html。

2. 加快域外人才引进工作

下大力气从省外、国外引进海洋科技人才。把海洋科技人才引进列为辽宁人才引进专项计划。优先支持涉海高校学科专业、海洋制造业及各类新兴产业的人才需求。人才引进要与辽宁海洋产业结构布局相衔接，支持重点区域、重点学科、重点产业、重点企业和重点项目。建议在大连建设国家级海洋专业人才市场①，从事人事代理、人才配置、人才引进、人才培训、人才猎头等专业化综合性服务。

表 2-1　　　　辽宁涉海高校学科与研究方向

学校名称	一级学科名称	研究方向
大连海洋大学	水产	捕捞学、渔业资源、水产生物繁育、养殖水域生态学、水产健康养殖技术、水产集约化养殖、水产动物医学
	海洋科学	物理海洋学、海洋化学、海洋环境科学、海洋技术、近岸海洋生物学、海洋生物技术、实验海洋生物学、海洋生物资源恢复与生境修复
	生物学	动物繁殖和发育生理、环境及营养生理、水域生态学、鱼类生物学、水产无脊椎动物学、海藻生物学及渔业利用、水产养殖生物基因组学与基因工程、水产养殖生物分子生物学、水产动物繁殖调控、水产动物遗传育种、水产动物分子遗传学、水产动物饲料学、水产动物营养学
	生态学	水生生物生理生态学、生物多样性与生态系统生态学
	食品科学与工程	水产品加工及贮藏工程、食品科学、食品质量与安全
	船舶海洋工程	船舶与海洋结构物设计制造、轮机工程与船舶安全
大连理工大学	化学工程与技术	生物化工
	船舶与海洋工程	船舶与海洋结构物设计制造、轮机工程与船舶安全
大连海事大学	船舶与海洋工程	轮机管理工程、轮机自动化与智能化、船舶机电一体化、船舶动力装置与系统、船舶危管防污与节能

① 2013 年，山东青岛经人力资源和社会保障部批复成立首个国家级人才市场。

续表

学校名称	一级学科名称	研究方向
渤海大学	食品科学与工程	水产品加工及贮藏工程、食品科学、食品质量与安全
大连工业大学	食品科学与工程	食品科学与工程系、食品质量与安全、海洋资源开发技术系
辽宁师范大学	生物学	海洋生物学
大连大学	生物学	海洋生物技术

资料来源：查阅相关高校网站整理而成。

（二）加快培育发展海洋产业金融

2018 年 1 月，中国人民银行、国家海洋局等八部委联合印发《关于改进和加强海洋经济发展金融服务的指导意见》，指出要统筹优化金融资源，改进和加强海洋经济发展金融服务，推动海洋经济向质量效益型转变。海洋金融包括海洋信贷、基金、保险、信托、证券以及地区间的金融合作等金融手段，本质上是一种产业金融。海洋金融具有需求量大、融资周期偏长、融资风险较高、对政策的依赖性较强等特点。

1. 增加财政专项资金投入

积极申报国家级海洋经济示范项目，争取中央财政资金支持。增加省市财政预算资金支持海洋经济创新发展，主要投向海洋科技人才及团队经费补助、高校涉海学科与专业建设、海洋科技创新平台建设、海洋重点领域科技攻关、海洋科技成果转化、海洋基础设施、科技载体建设以及引导设立海洋产业发展基金等领域。

2. 强化银行信贷资金支持

强化政策引导，协同推进政策性银行、开发性银行和商业性银行实施产品创新，共同支持海洋经济发展。建议省市政府部门与各大银行驻辽宁省的分行支行签订战略合作协议，建设海洋经济金融服务中心或海洋金融分支机构，为海洋经济重点领域发展提供贷款。引导国家开发银行运用开发性金融产品支持海洋经济基础设施和重大科技项目建设，中国进出口银行运用服务贸易贷款和流动资金贷款等工具支持涉海企业参与“一带一路”建设，中国农业发展银行设立专项贷款支持海洋牧场建设。引导商业银行设立“海洋科技贷”服务，扶持科技型涉海中小企业创新发展。此外，引导银行完善信用评估体系，创新融资担保模式，开展“在建渔船”“海域使用权”“滩涂承包经营权”等抵押贷款，降低企业、渔民和商户贷款门槛，推动传统海洋渔业转型升级。鼓励村镇银行重点支持海水养殖户的资金需求。开展海域使用权、股权、知识产权、商标权、应收账款、存货等抵押、质押担保。建立和完善中小企业信用担保风险控制和补偿机制，设立涉海中小企业贷款补偿资金，为中小企业承担信用担保，为金融机构信贷服务提供必要的风险补偿，引导建立涉海融资担保和再担保机构。

3. 组建辽宁海洋产业发展基金

借鉴山东、浙江和广东等地经验，利用财政资金、国有资本引导设立一支100 亿元以上规模、金融机构及投资公司等社会资本广泛参与的海洋产业投资基金，以股权投资方式支持海洋战略新兴产业发展，扶持创新型涉海企业成长壮大，成为上市公司。同时，还可以考虑建立海上粮仓投资基金、海洋电力产业投资基金、海洋设备制造产业投资基金等专项基金，支持相关产业及上下游产业链发展。

4. 引导风险投资支持海洋初创企业

政府部门要加大宣传力度，向外推介辽宁沿海经济发展前景。召开辽宁海洋产业“创投、风投”大会，推动投资公司与海洋初创企业对接。努力拓宽募资和退出渠道，加强海洋科技孵化器建设，优化投资创业环境。

5. 支持涉海企业进入资本市场

提高涉海企业直接融资比重。引导涉海企业完善公司治理，加强企业上市辅导，引导企业兼并收购，实施股份制改组，推动优质企业到主板、创业板、新三板和科创板上市融资，实现可持续发展。支持企业发行债券融资，支持企业实施股权重组，引进战略投资者，探索开展涉海企业项目的资产证券化试点。

6. 加强省内外海洋金融合作

引导东南沿海涉海企业和金融机构到辽宁投资，开展海洋业务；吸引“一带一路”沿线国家财团、跨国公司通过组建合资企业、独资企业的形式，将资金投向辽宁海洋基础设施建设和海洋战略新兴产业。积极争取世界银行等国际金融组织支持海洋环境保护的贷款，强化涉海保护区域建设。

7. 积极发展海洋保险业

鼓励保险公司建立涉海保险服务中心或专营机构，引导保险公司设计适合海洋产业经营特点的、多元化的避险产品，建立完善海洋养殖险、海洋灾害险、滨海旅游险、海洋污染责任险，发展完善政策性渔业保险和渔业互助保险，扩大出口信用保险在海洋领域的覆盖范围。

8. 设立海洋产权交易平台

建立海洋产权交易平台，推动涉海产权流转和金融服务便利化。开展和完善海域使用权、无居民海岛使用权、海洋资源开采权、海洋排污权、股权、债权、海洋知识产权等交易业务，建立健全海洋产品定价、交易和投融资功能。支持符合条件的金融机构和企业发起设立金融租赁公司，开展涉海企业融资租赁资产交易，重点支持海洋船舶及装备制造、港口码头建设、海洋基础设施等领域投资。

（三）优化提升海洋科技创新平台

海洋经济是高技术经济、开放型经济、综合性经济，要十分重视技术进步和人才培养，加强区域海洋科技创新平台建设，着力提高自主创新能力①。海洋科技创新平台是针对区域海洋科技创新需求，由政府主导，或在公共政策支持下由企业或科研院所主导，通过整合区域内外创新资源，组建而成的专兼职从事海洋科技创新的重点实验室、工程中心、技术中心、创新中心、创新联盟、产业研究院等组织载体。海洋科技创新平台作为从事海洋科技创新的中坚力量，在特定的政策环境下，按照一定的运行规则，由科技人员利用场所和设备等相关资源开展科技创新活动。辽宁必须加快建设重大基础设施和海洋技术创新平台，优化海洋科技创新基地布局，构建具有辽宁特色的区域海洋科技创新体系。

1. 调查全省海洋科技创新平台建设情况

掌握全省海洋科技创新平台的具体情况是推动海洋科技创新的基础和前提。

① 2005 年 12 月 26 日，习近平在舟山调研时的讲话，人民网：http：//politics. people. com. cn/n1/2018/1009/c1001 - 30330641. html？form = rect。

目前，全省海洋创新平台分散在科技、工信、发改和教育等多个主管部门。部门之间缺少横向沟通，科技平台建设缺乏统一规划和统筹管理。建议由科技主管部门牵头，对全省专职或兼职从事海洋科技创新的平台进行摸底调查。调查内容至少应该包括：①全省海洋科技类的总数、名称；②平台承建或挂靠的单位；③省级平台数量；④国家级平台数量；⑤平台功能、研究方向和对应的海洋产业领域；⑥平台的主体构成、组织形式、人才团队和运行机制；⑦平台科研投入情况；⑧平台创新的成果及转化情况；⑨平台运行存在的问题。只有把上述信息弄清楚了，才能对照产业链建设创新链，形成“创新平台——海洋产业”协同发展模式，才能据此引进人才，配置资源，才能真正发挥海洋科技创新的引领效应。

2. 对接海洋产业定位，大力发展高校创新平台

辽宁拥有丰富的海洋科技创新资源。大连海洋大学、大连理工大学、大连海事大学、渤海大学、大连工业大学、辽宁师范大学和大连大学等涉海高校拥有涉海一级学科 7 个，拥有省级创新平台 46 个，国家级平台 19 个[①]，这是辽宁省发展海洋经济的一个显著优势。见表 2－2，辽宁省涉海高校的涉海科技创新平台大致覆盖了海洋渔业、海洋船舶工业、海洋化工业、海洋生物医药业、海洋电力业、海水利用业、海洋工程建筑业、海洋设备制造业、海洋环境保护业、海洋环境监测预报服务业、海洋科学研究业、海洋信息服务业、海洋技术服务业及海洋教育业等海洋核心产业及相关产业。把高校平台优势用足，实施校企融合发展，是辽宁省推动海洋经济转型升级的必由之路。

表 2－2　辽宁省高校海洋科技创新平台与海洋产业的对应关系

海洋产业	高校	平台	级别
海洋渔业	大连海洋大学	北黄渤海渔业资源养护与利用协同创新中心	省级
		辽宁省水产设施养殖与装备技术工程研究中心	省级
		水生生物学重点实验室	省级
		海洋生物资源可持续利用重点实验室	省级
		水生生物学重点实验室	省级

① 调研数据。

续表

海洋产业	高校	平台	级别
海洋渔业	大连海洋大学	辽宁省北方鱼类应用生物学与增养殖重点实验室	省级
		农业部北方海水增养殖重点实验室	国家级
		农业部刺参遗传育种中心	国家级
		辽宁省刺参良种繁育及健康养殖工程技术研究中心	省级
		辽宁省贝类良种繁育工程技术研究中心等科研平台	省级
		辽宁省水产品加工及综合利用重点实验室	省级
		辽宁省水产品分析检测综合技术服务中心	省级
		大连市海洋生物资源综合利用及加工技术工程实验室	市级
		大连国家科技兴海生物产业示范基地水产品加工副产品综合利用中心	市级
		国家海藻加工技术研发分中心研究开发平台	国家级
		大连市水产品质量安全工程技术研究中心	市级
		辽宁省现代海洋牧场开发与应用技术工程研究中心	省级
		辽宁省海洋牧场工程技术研究中心	省级
		大连市现代海洋牧场工程技术研究中心	市级
	大连工业大学	国家海洋食品工程技术研究中心	国家级
		国家食品工程技术转移中心	国家级
		海珍品精深加工国际合作创新基地	国家级
		辽宁省海洋食品科学与技术重点实验室	省级
		辽宁省水产品深加工工程技术研究中心	省级
	渤海大学	国家鱼糜及鱼糜制品加工技术研发专业中心	国家级
		生鲜农产品贮藏加工及安全控制技术国家地方联合工程研究中心	国家级
		食品贮藏加工及质量安全控制工程技术研究中心（辽宁省高校重大科技平台）	省级
		辽宁省生鲜农产品贮藏加工及安全控制协同创新中心	省级
		辽宁省食品安全重点实验室	省级
		辽宁省生鲜农产品贮藏加工及安全控制工程研究中心	省级

续表

海洋产业	高校	平台	级别
海洋化工业、海洋环境保护业	大连海洋大学	大连海洋大学化学实验中心	校级
海洋环境保护业		近岸海洋环境科学与技术重点实验室	省级
海洋环境监测预报服务、海洋科学研究业		辽宁省海洋生物物理重点实验室	省级
海洋设备制造业		辽宁省渔业装备工程技术研究中心	省级
		辽宁省现代设施渔业生产过程与装备工程平台	省级
		辽宁省渔业装备工程技术研究中心	省级
		国家渔业船舶检验局渔船安全研究中心	省级
海洋信息服务业、海洋技术服务业		辽宁省海洋信息技术重点实验室	省级
		大连市海洋科学与检测技术重点实验室	市级
海洋生物医药业	大连理工大学	大连市海洋生物化工重点实验室	市级
	大连工业大学	海洋活性多糖开发应用技术国家地方联合工程实验室	国家级
	辽宁师范大学	海洋生物制药国家地方联合工程技术研究中心	国家级
		海洋基因工程药物与天然活性产物工程研究中心（辽宁省高校重大科技平台）	省级
		海洋生物功能基因与蛋白质组学研究及其应用研究团队	省级
		海洋生物功能分子研究及创新药物的设计研究团队	省级
	大连大学	海洋微生物工程技术研究中心	省级
		辽宁省海洋微生物工程技术研究中心	省级

续表

海洋产业	高校	平台	级别
海洋电力业	大连理工大学	海洋能源利用与节能教育部重点实验室	国家级
海水利用业		辽宁省海水淡化重点实验室	省级
海洋工程建筑业		海洋工程研究所	省级
		海岸和近海工程国家重点实验室	国家级
		海岸和近海工程国家重点实验室	国家级
		海底工程技术与装备国际联合研究中心	国家级
海洋船舶工业、海洋工程建筑业、海洋设备制造业		船舶与海洋工程实验室	省级
	大连海事大学	海底工程技术与装备国际联合研究中心	国家级
		航海动态仿真与控制交通行业重点实验室	国家级
		辽宁省轮机监控与仿真工程技术研究中心	省级
		救助打捞工程交通运输行业研发中心	省级
		船舶机电一体化重点实验室	省级
		船机修造工程交通运输行业重点实验室	省级
		辽宁省船舶装备维修工程技术研究中心	省级
		航海动态仿真和控制实验室	国家级
		辽宁省船舶安全与污染控制重点实验室	省级
		海湾生态国际科技合作基地	国家级
		轮机科学与运用工程辽宁省高校重点实验室	省级
		辽宁省重点实验室“船舶自动化工程”	省级
		航海动态仿真与控制实验室	国家级
		辽宁省高校重点实验室“港航机电控制工程”	省级
		“船舶先进控制技术”学科实验室	省级
		辽宁省救助与打捞工程重点实验室	省级
		辽宁省船用小型燃气轮机技术重点实验室	省级
	大连工业大学	辽宁省海洋食品机械装备与配套技术工程研究中心	省级
海洋教育业	涉海高校		

3. 推动涉海企业海洋科技创新平台建设

涉海企业是海洋科技创新最重要的主体，只有企业积极打造或参与创新平台建设，才能有效推动海洋经济转型升级。

（1）分类推进涉海企业科技创新平台建设。行业骨干企业具备科技平台建设实力，要致力于独立或联合高校等其他主体共同建设；对于中小微企业，其创新模式应该是合作创新或参与创新。以葫芦岛泳装产业为例，2018 年，葫芦岛共有泳装生产企业 1200 余家，年产泳装约 1.9 亿件，年产值超 140 亿元人民币。全球每销售 4 件泳装，就有 1 件产自葫芦岛①。虽然企业数量众多，但大多从事泳装产品加工制作，单个企业缺乏足够的创新能力，只有依托上下游企业、同行企业及高校进行合作创新，组建泳装产业创新联盟或产业研究院等创新平台，才能进一步提升泳装产品科技含量和品牌价值，才能在打造泳装产业标准上有所突破，进而确立在全国乃至全球的话语权。

（2）加强区域新型创新平台建设。辽宁要建设海洋强省，必须加强区域创新体系建设，建立以企业为主体、市场为导向、产学研深度融合的技术创新体系。在原有基础上，力争创建一批涉海协同创新中心、科技创新中心、产业研究院、技术创新联盟等。条件较好的城市，例如大连，应该以产业园区为载体，建设海洋科技城，集高校教育、产学研合作创新、成果转化、创业孵化、投资融资、产业发展于一体，发挥引领、示范和带动效应。加强与山东、广东等省重大海洋科技创新平台合作，在人才培养和科研项目上开展合作，或将科研项目外包，实现“借鸡生蛋”或“借鸡孵蛋”。引进中国海洋大学、哈尔滨工程大学等省外知名高校到辽宁独立建设或合作建设实验室、研究院和众创空间等平台。

4. 推动国际合作科技平台共建

2017 年 5 月，习近平总书记在首届“一带一路”国际合作高峰论坛上提出启动“一带一路”科技创新行动计划，开展科技人文交流、共建联合实验室、科技园区合作、技术转移 4 项行动②。辽宁应该持续深化“一带一路”之“辽满欧”“辽蒙欧”“辽海欧”国际大通道及中国——中东欧经贸合作示范区建设，

---

① 中新网：https：//www.chinanews.com/shipin/cns/2019/04－23/news812780.shtml。

② 新华网：http：//www.xinhuanet.com/politics/2017－05/14/c_1120969677.htm。

结合自身及相关国家重大科技发展需求、科研基础条件与合作意愿，在海洋经济重点领域建设联合实验室或联合研究中心，提高海洋科技创新国际化水平。

（四）培育壮大海洋科技创新主体

海洋科技创新主体主要是企业，还包括高校、科研机构及相关服务性组织。

1. 大力培育创新型企业

要加快涉海国有企业产权结构（混合所有制）改革和决策体制、机制创新，提升海洋科技创新活力。推动民营企业创新发展，引导企业建立现代企业制度，构建科学管理体系，强化企业家创新意识，培育企业家创新精神，为民营企业提供良好的发展环境。推进国有企业和民营企业协调发展、融合发展。

实施涉海科技企业培育行动，建立“涉海小微——千帆企业——科技小微——规上企业——高新企业”梯次培育体系。继续优化营商环境，创新招商引资和项目支持等一揽子政策，吸引知名海洋企业到辽宁创业投资。鼓励尚未涉海的企业拓展海洋业务，支持重点涉海企业上市。大力培育“瞪羚”企业、“隐形冠军”企业、“单项冠军”企业和“独角兽”企业。

2. 加速发展涉海中介组织和高校建设

大力发展涉海信息服务、专业技术服务、环境监测及治理服务、科技培训、科技咨询、人才市场、知识产权及相关法律服务、科技成果转化服务等服务业，为涉海制造业企业提供创新支撑。进一步推动辽宁涉海高校涉海学科发展，加快人才培养，提高创新能力，打造成为支撑辽宁海洋科技创新的重要力量。面向海洋强省战略，对涉海高校学科专业结构进行优化调整，重点打造一批对全省海洋经济发展具有重要支撑作用的一流学科、一流专业。全面对接海洋渔业、海洋造船与装备制造业、海洋生物医药、海洋化工、海洋电力及其他战略性新兴产业，主动适应新技术、新产业、新业态、新模式对人才和科技的新要求，实现人才链、创新链与产业链精准对接，大力提升涉海高校学科专业的核心竞争力。

（五）打造优化海洋科技创新载体

辽宁沿海经济带作为辽宁发展海洋经济的主要区域，应该做好海洋科技创新载体的布局和建设，这是推动海洋经济转型升级的重要内容。要充分依靠现有产业载体，探索“一区多园”或“园中园”发展模式，设置海洋科技创新载体，推动海洋产业发展。

1. 大连要建设国际海洋科技创新城市，发挥引领和示范作用

相对于辽宁省其他沿海城市，大连在海洋资源、海洋产业等方面有独特优势，已经具备科技兴海的良好基础。目前，大连正在积极建设海洋中心城市，未来应该进一步强化海洋强市战略，充分利用海洋科技人才和平台优势，强化海洋科技创新。第一，对标建设国家级海洋经济创新发展示范城市、海洋经济示范区和科技兴海示范基地；第二，在金普新区、高新区及其他园区基础上，建设大学海洋科技园、海洋渔业科技园、海洋生物科技园、海洋化工科技园、船舶与海工装备科技园等专业科技创新载体，聚集产学研创新主体，融合人才链、资金链、创新链和成果转化链条，形成“创新主体——科技载体——科技平台——产业园区”协同发展格局，发挥模式示范和技术扩散效应，带动整个辽宁沿海经济带海洋经济发展。

2. 沿海其他区域也要依托现有载体和产业，强化科技载体建设

丹东、营口、盘锦、锦州和葫芦岛要建设省级科技兴海示范基地。丹东可以考虑在丹东新区、前阳经济开发区建设海洋食品科技园、海洋生物科技园，开展食品精深加工、“海参西洋参胶囊”等技术开发，推动产业化；营口依托经济技术开发区，建设造船与海工装备科技园，推动海洋造船与装备制造业发展；锦州依托渤海大学及大连等高校资源，在滨海新区建设海洋食品精深加工、海洋生物制品科技园区；盘锦辽东湾新区建设海工装备科技园，推动海洋石油装备制造业创新发展；葫芦岛依托高新区和兴城滨海经济区，建设泳装材料科技园，推动泳装产业转型升级，同时围绕造船和海洋装备制造业加快推进军民融合示范园区建设。

六、实施关键领域科技攻关，加速海洋经济新旧动能转换

要紧密结合辽宁海洋产业结构定位，围绕基础研究和应用技术两个领域，通过产学研深度融合，攻克一批支撑产业发展的基础理论和新技术，加速产业化，

形成新动能。

（一）开展绿色养殖基础理论和应用技术研究

构建环境友好型海水绿色养殖新模式。研发高效营养饲料、流行病快速检测与病害防治技术；加强育种理论方法、品种检测和制种扩繁等技术研究，突破重要海水动物育种技术；加强增殖放流、海藻场构建、人工鱼礁建设等相关研究；开展亲本及放流苗种品质评价技术和标准研究；开发绿色海洋水产品加工与高值化利用技术——研发保鲜保活和精深加工新技术，建立绿色海洋食品加工技术标准体系，研发一批高质量、高附加值的现代海洋功能食品；研发海洋食品全产业链安全控制技术；开展海水产品加工饲料新技术研究。

（二）推动海洋设备制造技术创新

加强海洋渔业专用设备研发——研发海洋渔业增养殖设施与装备、深海养殖平台装备与监测系统、养殖病害预警信息平台、种质资源数据共享平台；推动海水产食品加工设施装备开发，研发海洋食品高质、高值化加工绿色制造设备。加强海洋船舶设备技术开发——研发海洋船舶发动机及推进设备、甲板机械、电器设备、导航及通信设备、救生设备等。加强海洋油气生产设备开发——研发海洋油气勘探设备及仪器、深水钻井平台、控制系统。加强深海采矿设备、深海探测设备、海环境质量监测及预警系统、海洋化工设备、海洋电力设备、海洋制药设备、海水利用设备、海洋交通管理设备、海洋环境保护设备等技术研发与应用。加强智能港口智能技术研究，提升港口设备运行效率。

（三）加强海洋生物医药基础理论和应用技术研究

加强近海生物资源开发与保护研究——研究近海生物资源多样性及生态保护技术、近海渔业资源可持续发展技术。开展深远海生命科学前沿与应用研究——研发深远海生物资源勘探、获取、培养和保藏技术；开展深远海生物生命过程及多样性演替机制研究；推动深远海生物及其基因资源的应用潜力评价与产品开发。加强海洋药物与高端生物制品研究与开发——研究海洋生物药品、海洋化学药品制剂、海洋中药，开发生物酶、生物材料、生物疫苗和生物农药等生物制品，推动海洋生物制品、海洋保健品、海洋药物、海洋医用材料等关键技术产业化。

（四）加快海洋生态环境保护技术研发

生态环境部发布的《2018 年中国海洋生态环境状况公报》显示，2018 年辽宁沿海经济带 6 个城市的近岸海域水质，锦州、葫芦岛为优，丹东、大连为良好，营口为差，盘锦为极差；辽宁入海河流断面水质为轻度污染；其他方面也都不同程度存在问题。可见，近年来辽宁海洋生态环境保护工作虽然取得显著成绩，但任务依然繁重，必须加强海洋生态环境修复与保护研究。包括研发海洋自然环境保护、海洋生物物种保护、海洋自然遗迹和非生物资源保护、海洋环境治理、海洋生态修复与污染控制、海洋生态灾害防控、海洋预报与防灾减灾、海岸综合管理等技术。以锦州湾、大连湾、复州湾等海湾为重点，开展水质污染治理和环境综合整治，实施“蓝色海湾”综合治理工程。

（五）强化其他领域海洋技术创新与应用

加强海洋化工领域科技创新——推动海盐化工、海藻化工、海水化工、海洋石油化工领域新技术、新产品研发。开展海水直接利用、海水淡化领域科技创新。加强海洋工程建筑领域科技创新——推动海上工程建筑、海底工程建筑、近岸工程建筑等领域新技术研发。加强涉海产品与材料制造业技术研发——推动海洋渔业相关产品、海洋石油专用产品、海洋化工产品、海洋药物原药、海洋电力及通信器材、海洋工程建筑材料、海洋旅游工艺品、海洋环境保护材料等新技术、新产品开发与应用。加强海洋农作物种植、经济作物种植、海洋林业等领域新技术研发。

七、完善科技成果转化体系，推动海洋创新创业项目落地

就整个海洋科技创新链而言，科技成果转化是直接对接海洋实体经济的关键节点，辽宁要推动海洋产业转型升级，必须完善科技成果转化体系。

（一）构建区域性海洋科技成果转移转化网络

以海洋科技创新平台建设为依托，优先在大连布局建设海洋科技成果转化辽宁中心，进而在丹东、营口、盘锦、锦州和葫芦岛建设分中心，形成以大连为示范带动、各市积极参与的“一总多分”式规划布局。面向海洋渔业、海洋生物医药业、海洋工程装备制造产业等专业领域建立技术转移分中心，完善海洋技术交易市场、信息服务平台、共享数据中心建设，构建产学研协作机制，打造线上与线下相结合的海洋科技成果转化网络环境，支持海洋科技成果信息发布、公开挂牌、竞价拍卖、咨询辅导等专业化服务，推动涉海高校、科研院所和企业的科技成果转化。同时由辽宁沿海城市接续举办“辽宁省海洋产业科技成果转化对接”系列活动，推动省内外涉海高校、科研院所与行业企业深入合作，进一步提高对海洋渔业、海洋药物、生物制品、海洋工程、海洋服务业等领域的服务能力。

（二）加强科技中介服务管理和人才建设

引导科技中介服务机构开展海洋科技成果转化服务，引进国内外知名知识产权服务机构来辽宁发展。进一步完善知识产权管理政策，强化激励和约束机制，推动海洋领域知识产权创造、应用、保护和管理。发挥专家智库决策在海洋科技创新领域的咨询作用。学习青岛，推广“主协调人”“做市商”等技术交易模式在海洋科技成果转化领域的应用。引导高校设立科技成果转化课程，鼓励高校教师兼职技术转移工作。加强技术经纪人培训，引进和培养高水平的技术经纪人和团队，提高科技中介队伍人才质量。

（三）完善海洋创业孵化服务载体建设

加快海洋创业孵化服务平台建设，支持多元化主体投资建设众创空间、孵化器和加速器。鼓励涉海高校建立以“导师 + 研究生”为主体、以海洋经济为主题的众创空间。引导政产学研合作建立海洋产品开发平台，承接海洋科技成果转化为产品的开发中试服务，突破海洋科技成果转化瓶颈，促进海洋科技转化为现实产品。实施“千帆计划”，完善涉海中小企业政策支持体系，优化创业环境，推动创业孵化型蓝色园区发展，培育孵化一批以海洋经济为特色的科技型中小企业。

八、创新产业管理体制机制，提升海洋经济发展服务能力

实现创新驱动要坚持双轮驱动，即科技创新和体制机制创新两个轮子相互协调、持续发力①。因此，科技创新引领产业转型升级必须要有与之相适应的管理体制机制，创建创造良好的制度环境。

（一）构建海洋产业协同管理的体制机制

从国内来看，山东青岛为优先发展海洋经济，成立了“海洋经济发展局”②，拥有 11 项职能，对海洋经济实施全面管理，是海洋产业管理体制创新的典范。当然，其效果仍需实践检验。辽宁如果不能在部门设置上有所突破，至少应该推动海洋产业从“分散管理”转向“协同管理”，具体有两个选项：一是不对现有部门进行调整，但要在省市两级层面组建“海洋经济发展委员会”，由省、市主要领导任主任，发改、自然资源、工信、交通运输、文旅广电、金融管理等部门机构主要领导任委员。委员会作为一个跨部门、跨行业的虚拟组织，负责对海洋产业发展的战略规划、政策细则、产业推进、海洋科技、海域使用与海岛利用、渔政和渔港、海岸带保护等事项进行集中研讨，形成系统的海洋经济的政策体系并推动实施；二是建立省市两级海洋经济发展联席会议制度，由省市主要领导作为会议召集人和主持人，相关部门机构主要领导作为会议成员，就上述管理项目定期开会研讨。

（二）建立与山东、青岛对口合作机制

辽宁和山东都处于环渤海经济圈，隔海相望，地缘关系紧密。山东拥有丰富的海洋科技资源，海洋经济发展走在全国前列，青岛海洋经济在沿海城市当中又

① 中共中央、国务院：《国家创新驱动发展战略纲要》，2016 年 5 月。

② 青岛海洋经济发展局官方网站：http：//ocean. qingdao. gov. cn/n12479801/index. html。

属于排头兵。辽宁是制造业大省、教育大省，拥有良好的海洋经济发展潜力，大连是辽宁沿海经济带的核心城市，海洋经济实力较强。建议辽宁学习山东，大连学习青岛，双方建立对口合作机制，共谋发展，在人才、平台、科技、产业、载体等方面深化全方位合作，努力推动优势互补、良性互动、协同发展、互利共赢。

1. 推动项目对接

积极与山东省、青岛市在海洋经济领域开展全产业链合作；双方共建合作园区，采用“飞地经济”模式，引进山东涉海企业到辽宁、大连投资；大力引进山东海洋金融资源；开发山东和辽宁之间的特色滨海旅游线路；加强双方在港口物流领域合作，在融入“一带一路”线路上进行节点连通和布局优化；联合举办“辽鲁（或环渤海）海洋产业投资贸易洽谈会”，推动招商引资。

2. 开展人才交流

定期举办“辽鲁海洋经济发展论坛”‘辽鲁海洋人才交流合作活动周”等活动，组织开展山东海洋科技人才“辽宁行”活动；围绕海洋产业、海洋科技、海洋金融等重点领域，选派优秀干部互相开展挂职交流。

3. 共建创新平台

深化科技创新合作，推动辽宁与山东、大连与青岛在科技创新平台、成果转化平台建设上深度合作。建议在大连建设青岛海洋科技园，积极吸引青岛海洋科技创新资源集聚创业。拓展两地高校与科研机构在培养人才、共建实验室、创新中心等方面加强合作。

（三）完善海洋经济决策支撑机制

公共决策是科学活动，要有数据支持，有智库支撑。海洋经济统计数据缺位，给相关部门发展海洋经济决策和智库参与造成较大障碍。

1. 完善海洋经济统计体系

要做好以下几项工作：一是推动统计部门根据《GBT 20794—2006 海洋及相关产业分类》全面系统地开展海洋经济统计工作；二是及时发布统计公报；三是加强产业相关主管部门之间的横向联系，确保统计工作质量。

2. 推动统计数据与智库共享

党的十八届三中全会通过的《中共中央关于全面深化改革若干重大问题的决定》明确提出，加强中国特色新型智库建设，建立健全决策咨询制度。目前，东南沿海各省发展海洋经济十分重视智库专家意见。建议辽宁省委省政府以红头文件的形式，赋予政府认定的省级智库以海洋经济统计数据共享权，即智库有权在第一时间获得有关海洋经济发展的最新统计数据信息，为课题研究提供基础信息，提高成果质量，更好地服务党委和政府决策。

九、构建现代海洋产业体系，打造辽宁沿海经济带升级版

以科技创新为引领推进海洋经济转型升级的过程就是构建现代海洋产业体系的过程。基于区位、资源和产业基础，通过产业细分，实现错位发展、特色发展，加快转型升级海洋传统产业，提质升级海洋服务业，扩能升级海洋新兴产业，构建辽宁现代海洋产业体系（见表 2-3），推动海洋产业与临港产业融合发展，打造辽宁沿海经济带升级版。

（一）推动海洋传统产业转型升级

海洋传统产业主要包括海水养殖业、海洋捕捞业、海洋水产品加工业、海洋船舶工业、海洋化工业、海洋盐业、海洋油气业、海洋工程建筑业、海洋设备制造业、涉海产品及材料制造业。

在传统海洋产业中注入新理念、新技术、新工艺和新模式，提高科技要素的贡献率。其中：海水养殖业，从传统粗放型生产方式向“生态优先、绿色养殖”的方向转变，大力拓展离岸海洋空间，发展现代海洋牧场、深水养殖，拓展海洋渔业新的增长点；海洋捕捞业，严控近海捕捞强度，加大远洋捕捞投入，提高装备技术水平，积极参与以南极磷虾渔业为代表的全球渔业资源开发；海洋水产品加工业，从传统的粗加工、低附加值向依靠科技创新的精深加工、高附加值转变；海洋船舶及装备工业，坚持走高技术船舶设计、高附加值船舶发展路线，积极开拓环保、绿色、深海、大型化、智能化产品；海洋化工业，延长产业链，丰富产品谱系；海洋工程建筑业，提高近岸海上、海底工程建筑活动技术含量，向

保护生态环境转型，积极开拓跨海桥梁和隧道、港口、填海工程、人工岛等大型工程业务；海洋油气业浅海向深海作业转型；海洋设备制造业、涉海产品及材料制造业，积极推进两化融合，向智能制造、绿色制造方向转型。

（二）推进海洋服务业提质升级

海洋服务业主要包括滨海旅游业、海洋交通运输业、海洋科研教育管理服务业、涉海批发与零售业、涉海服务业。

通过科技创新、业态创新和商业模式创新，推动海洋服务业提质升级。其中：滨海旅游业，由单一的岸线、海岛旅游，向“生态旅游+文化旅游+海洋体育旅游+休闲渔业旅游”融合发展转型，依托海岛开发、人工岛建设、海洋牧场、深水工程平台、邮轮游艇等新载体，大力开发海上运动、休闲渔业、情境体验、高端度假等高附加值特色产品，推动滨海旅游向海洋旅游跨越。海洋交通运输业，利用物联网、大数据、云计算等新技术提高港口航运效率，建设“智慧港口”；深入落实“一带一路”倡议，加强合作融通和海洋信息化建设，打造“智慧海洋”，构建新一代海洋交通运输体系。海洋科研教育管理服务业，实施学科专业整合，加大资金投入，加强平台共建、联合办学，提高人才培养质量，提高科技创新能力。涉海批发与零售业、涉海服务业，依靠“互联网+”实施商业模式创新，与海洋一、二产业融合发展。

（三）加快海洋新兴产业扩能升级

海洋新兴产业主要包括海洋生物医药业、海洋电力业、海水利用业、海洋文化及创意服务业、海洋金融业、海洋体育业等产业。

重点突破核心技术，探索具有自主知识产权的技术体系，创新商业模式，扩充产能，尽快形成对海洋经济全局和长远发展具有重大引领作用的战略性新兴产业，形成新动能。其中：海洋生物医药业，面向消费者健康需求，强化中试和预商业化环节，打通从基础研究到商业应用的瓶颈，扩大海洋生物化学药品、保健品、基因工程药物及其他生物制品等技术研发和应用领域。海洋电力业，推进从滨海电力到海洋电力的转变，大力发展海洋风电，加快海洋能开发及商业化步伐。海水利用业，以海水淡化为重点，着力满足沿海高耗能耗水企业用水及海岛、海上平台、船用海水淡化需求。

海洋文化及创意服务业，要加大海洋意识与海洋科技知识的普及与推广力度，建立一批海洋科普与教育示范基地；发掘、保护和展示海洋文化遗产，积极推进“海上丝绸之路”文化遗产专项调查和研究，举办“辽宁海洋文化节”“辽宁海洋周”等活动，宣传具有地域特色的海洋文化。依托海洋博物馆、海洋水族馆、科技馆等场馆，以“文化+创意+产业”模式，建设海洋文化创意产业示范区。

海洋金融业，引导域内外金融机构开展海洋金融业务，构建“财政、信贷、基金、担保、保险、风投、上市融资”融合发展的海洋金融体系，支持海洋产业转型升级。

海洋体育业，积极推进高等学校设置海洋体育课程，培养海洋体育人才；完善大连湾、锦州湾海洋体育场地设施建设，提高帆船帆板等赛事层次和水平，延伸产业链条，与滨海旅游、社会体育、涉海批发零售、产品制造等产业融合发展。

结　语

综上所述，发展海洋经济是推动辽宁全面振兴、全方位振兴的重要动能，以科技创新为引领，是加快推进辽宁海洋经济转型升级的必由之路。当前，辽宁沿海经济与其他沿海 10 个省份相比，还存在较大发展空间；辽宁海洋科技创新虽然已经具备了一定基础，但仍然存在诸多问题，必须采取措施加以解决。首先，坚持把“海洋强省”作为省级重点战略，尽快出台辽宁海洋产业发展规划，对全省海洋经济进行空间布局，明确辽宁沿海经济带各产业发展区域的海洋产业定位（见表 2－3）。然后，优化区域创新要素布局，实施关键领域海洋科技攻关，完善海洋科技成果转化体系，创新产业管理体制机制，从而构建现代海洋产业体系。未来 10 年以至更长时间，辽宁沿海经济带要以海洋产业为重点，通过海洋产业与临港产业融合发展，打造辽宁沿海经济带升级版。

表 2－3　　　　辽宁沿海经济带海洋产业布局

产业＼城市	大连	丹东	营口	盘锦	锦州	葫芦岛
海水养殖业	▲	▲	▲	▲	▲	▲
海洋捕捞业	▲	▲	▲	▲	▲	▲
海洋水产品加工业	▲	▲	▲	▲	▲	▲

续表

产业＼城市	大连	丹东	营口	盘锦	锦州	葫芦岛
海洋化工业	▲		▲	▲		
海洋工程建筑业	▲		▲	▲		
海洋船舶工业	▲		▲			▲
海洋设备制造业	▲		▲	▲		▲
涉海产品及材料制造业	▲					▲
滨海旅游业	△	△	△	△	△	△
海洋交通运输业	△	△	△	△	△	△
海洋科研教育管理服务业	△				△	
涉海批发与零售业	△	△	△	△	△	△
涉海服务业	△	△	△	△	△	△
海洋生物医药业	⊿					
海洋电力业	⊿	⊿	⊿		⊿	
海洋盐业	▲	▲	▲		▲	
海水利用业	⊿	⊿				
海洋文化及创意服务业	⊿				⊿	
海洋金融业	⊿	⊿	⊿	⊿	⊿	⊿
海洋体育业	⊿		⊿		⊿	

注：表中符号，▲表示转型升级；△表示提质升级；⊿表示扩能升级。由于产业细分复杂，关于海洋设备制造、涉海产品及材料制造业资料掌握不全。

专题报告三

2020～2021 年辽宁沿海经济带旅游节庆研究

一、引　　言

党的十八大以来，习近平总书记就文化和旅游工作发表了一系列重要论述，明确了文化建设和旅游发展的方向性、根本性、全局性问题。为了推动文化和旅游高水平融合、高质量发展，把文旅融合这篇大文章做深、做实、做精彩，2018 年 3 月，国家旅游局和文化部合并成立文化和旅游部，文旅融合上升为国家层面战略思维。文旅部强调：文化是旅游的灵魂，旅游是文化的载体。文化使旅游的品质得到提升，旅游使文化得以广泛传播。通过文化和旅游融合发展，文化更加富有活力，旅游也更加富有魅力。旅游节庆是旅游业重要的组成部分，也是文旅融合的有效途径。2021 年恰逢“渤海大学辽宁沿海经济带发展研究院”成立“十周年”，回首十年弹指一挥间。在 2011～2020 年“辽宁沿海经济带发展研究院旅游研究团队”分别完成了“辽宁沿海经济带旅游竞争力研究报告”“辽宁沿海经济带旅游业发展趋势研究报告”“辽宁沿海经济带旅游服务质量研究报告”“辽宁沿海经济带县域旅游研究报告”“辽宁沿海经济带旅游景区研究报告”“辽宁沿海经济带旅游产品研究报告”“辽宁沿海经济带旅游产品与资源基础对比研究报告”“辽宁沿海经济带乡村旅游发展研究报告”“辽宁沿海经济带文旅融合研究报告”9 个旅游主题研究报告。今年我们慎重地选择了喜气洋洋的“旅游节庆”作为研究主题，并顺利完成了“辽宁沿海经济带旅游节庆研究报告”作为一份小小的礼物，为“渤海大学辽宁沿海经济带发展研究院”十周年诞辰献上我们衷心的祝福。

本年度研究报告在回顾 2019 年辽宁沿海经济带 6 市旅游业发展一般情况的基础上，对大连市、丹东市、锦州市、营口市、盘锦市和葫芦岛市的旅游节庆现状进行了梳理和总结。大连市有大连国际服装节、大连中国国际啤酒节、大连槐花节、大连烟花爆竹迎春会等 17 个主要旅游节庆；丹东市有中国·丹东鸭绿江国际旅游节、丹东杜鹃花节和丹东河口桃花节等 16 项主要旅游节庆；锦州市有中国·锦州古玩文化节、锦州北镇梨花节等 15 项主要旅游节庆；营口市有望儿山母亲节、中国·营口国际海滨温泉旅游节、辽宁冰雪温泉旅游节等 11 项主要旅游节庆；盘锦市有中国盘锦国际湿地旅游节、辽宁盘锦蟹文化节、盘锦稻草艺术节等 10 项主要旅游节庆；葫芦岛市有葫芦岛国际葫芦文化节、中国国际泳装文化节、建昌县梨花旅游文化艺术节等 13 项主要旅游节庆。在旅游节庆现状梳理的基础上，本研究采用问卷调查的方式对辽宁沿海经济带 6 市的旅游节庆发展水平进行了调查与评价。结果显示：（1）大连市的旅游节庆综合水平明显高于辽宁沿海经济带其他 5 市；（2）丹东市、盘锦市、营口市、葫芦岛市和锦州市的旅游节庆综合水平及各方面的差距十分微弱，几乎重叠在一起；（3）大连市旅游节庆的 6 个评价方面中，数量、规模和知名度相对比较一致，特色较为突出，与其他 5 市的差距显著，效益方面也有较大的优势，但大连市旅游节庆的创新性与其他 5 市的差距最小，说明辽宁沿海经济带旅游节庆的创新性较弱，这是他们共同性问题；（4）辽宁沿海经济带整体的旅游节庆水平处于“优秀”“良好”“中等”“及格”之后的第五层次“一般”，发展水平较低；（5）大连中国国际啤酒节（认可度 18.82%）、盘锦国际湿地旅游节（认可度 9.23%）和大连国际服装节（认可度 7.75%）是当前辽宁沿海经济带知名度最高的三项旅游节庆；（6）综合来看，辽宁沿海经济带的旅游节庆市场认可度低，知名度小，发展动力不足，调查中绝大多数受访者说不出本地知名的旅游节庆。

辽宁沿海经济带旅游节庆的综合水平不高，规模偏小、知名度低，亟待通过创新发展、突出特色、扩大规模、适度增加数量、提升综合效益，打造更多、更大、更好、更受大家欢迎的旅游节庆，来带动辽宁沿海经济带旅游节庆水平提升，旅游产业发展，旅游经济快速提质增效，乃至地方社会经济全面振兴。不要认为这是“大话”“空话”“套话”，如果大家仅仅是一看了之（或一笑了之），那么上述表述就真的成了“大话”“空话”“套话”。但是，如果我们真能够静下心来思考“该怎么发展旅游节庆”，大家都能够认真努力探索辽宁沿海经济带旅游节庆的创新发展、特色发展、持续发展之路，将“小小”的节庆办出了“大特色”，搞出了“新花样”，实现了持续发展，那真的会有奇迹发生的！让我们共同努力，共同期待吧！

二、辽宁沿海经济带旅游发展回顾

（一）2019 年辽宁沿海经济带旅游总体态势

2019 年，辽宁沿海经济带共接待国内外旅游者 28810.6 万人次，比上一年增长 12.5%，增长率较上一年提高 1.1 个百分点。其中，接待国内旅游者 28657 万人次，增长 12.6%，增长率较上一年提升 1.2 个百分点；接待入境旅游者 153.51 万人次，较上一年增加 3.2%，增长率较上一年下降 6.8 个百分点。旅游总收入 3274.5 亿元，比上一年增长 15.4%，增长率较上一年提升 3.1 个百分点。其中，国内旅游收入 3210.49 亿元，增长 15.5%，增长率较上一年提升 2.8 个百分点；旅游外汇收入 9.7433 亿美元，增长率为 10.5%，增长率较上一年提升 16.6 个百分点（见表 3－1）。

表 3－1　2019 年辽宁沿海经济带旅游业发展对比分析

对比项目		辽宁沿海经济带	沈阳经济圈	辽西北地区	辽宁省	全国
国内旅游	游客数（百万人次）	286.57	348.824	74.847	638.756	6006
	增长率（%）	12.6	13.7	14.3	13.6	8.4
	旅游收入（亿元）	3210.49	2959.8	541.6	6102.7	57251
	增长率（%）	15.5	16.5	18.4	16.1	11.7
入境旅游	游客数（万人次）	153.51	148	8.4	294.1	14531
	增长率（%）	3.2	2.2	3.0	2.22	2.9
	旅游收入（百万美元）	974.33	929.26	59.37	1740	131300
	增长率（%）	10.5	2.47	4.8	0	3.3
旅游总体	游客数（百万人次）	288.106	350.1	74.931	641.697	6151.3
	增长率（%）	12.5	13.6	14.3	13.6	8.3
	旅游收入（亿元）	3274.5	3021.67	545.5	6222.8	65798
	增长率（%）	15.4	16.1	18.3	15.9	10.2

数据来源：根据辽宁省统计年鉴与 2020 年发布的各地社会经济统计公报整理。

纵观2019年的各项数据，辽宁沿海经济带旅游业发展保持了良好的增长态势，国内旅游、入境旅游和旅游总体情况的增长率全面高于全国水平。但在辽宁省内仅仅是入境旅游的接待游客人次和入境旅游收入的增长率高于全省的平均水平。国内旅游人次、国内旅游收入和旅游总接待人次和旅游总收入的增长率都低于辽宁省、沈阳经济圈与辽西北地区。由于国内旅游依然是辽宁省以及辽宁沿海经济带旅游业的主体，所以国内旅游的竞争是主要竞争力的体现。应该重视国内市场开发，打造适合国内游客的旅游项目和旅游景区，形成辽宁沿海经济带旅游联动发展，增加吸引力。不仅要在辽宁省内保持较强的竞争力，还应该在全国范围内保持强劲的竞争力，要赶超旅游强省的旅游增长速度，才能加快国内旅游经济循环，打造全国知名旅游热点地区，发挥旅游业的综合优势为东北老工业基地振兴做出贡献，带动辽宁沿海经济带以及辽宁省的社会经济全面振兴。

（二）2019年辽宁沿海经济带6市旅游发展情况

上面的统计数据介绍了辽宁沿海经济带在2019年的总体旅游发展情况，并与辽宁省、沈阳经济圈、辽西北地区以及全国的平均水平和旅游发展态势进行对比，可以从宏观上对辽宁沿海经济带在2019年的旅游业发展情况有一个整体的认识。为了更加深入、清晰了解过去一年（2019年）里辽宁沿海经济带范围内的大连、丹东、锦州、营口、盘锦和葫芦岛6市在旅游产业发展方面的最新动态，以下对6市旅游业重大事件和相关情况进行梳理。

1. 大连市文化和旅游局正式挂牌

大连市2019全年接待国内游客10268.3万人次，比上年增长10.6%；接待海外过夜游客114.4万人次，增长3.7%。旅游总收入1657亿元，增长15.1%。2019年末拥有旅游星级饭店（宾馆）119家，旅行社474家，国家A级旅游景区56个。全年举办展会141个，比上年增长7.6%；展出面积149.2万平方米；参观人数1029.7万人次。

2019年1月25日上午，大连市文化和旅游局正式挂牌。这是大连市委市政府贯彻落实习近平新时代中国特色社会主义思想和党的十九大精神，推动文化和旅游融合发展的重大举措。这也是大连市坚持中国特色社会主义文化发展道路，统筹文化事业、文化产业发展和旅游资源开发，提高城市文化软实力和影响力的重大举措；还是大连市委市政府及全市广大人民对以往全市文化旅游事业辉煌成绩的充分肯定；更是对未来滨城文旅事业蓬勃发展的美好期望。大连市文化和旅游局，整合了原市文化广播影视局（市文物局）的文化、广播电视和文物管理职责，以及原市旅游发展委员会的职责，作为市政府组成部门，加挂大连市广播电视局、大连市文物局牌子，不再保留大连市文化广播影视局、大连市旅游发展委员会。大连市文化和旅游局将切实贯彻落实习近平总书记关于文化和旅游融合发展的一系列重要论述，坚持“宜融则融，能融尽融”，以文促旅、以旅彰文，和合共生，着力推动大连市文化和旅游在理念、职能、产业、市场、服务及对外和对港澳台交流六大方面上融合，为大连市文化建设和旅游发展提供新引擎新动力，形成发展新优势。

2. 丹东打造“山海江田、灵秀丹东”品牌旅游形象

2019年，丹东全市接待国内游客比上年增长12.2%，接待入境游客增长2.2%，创汇增长0.2%，旅游总收入增长15.3%。2019年末丹东全市共有A级旅游景区27处，其中4A级景区9处、3A级景区17处、1A级1处。全市共有国家级风景名胜区3处、国家级自然保护区2处、省级自然保护区1处、国家级森林公园1处、省级森林公园5处。全市拥有星级饭店34家，旅行社119家。

2019年丹东市服务业增加值占GDP比重达到53.5%。安东老街入选省级步行街特色街区、万达广场新商圈日益繁荣、全域旅游创建步伐加快、蒲石河风景区升级为国家4A级旅游景区、赛马溶洞等一批亿元以上旅游大项目开工建设、开通了东北首趟“高铁+旅游”专列。大梨树村、獐岛村入选全国首批乡村旅游重点村，中国房车旅游大会、桃花节、枫叶节等节庆活动成功举办，“山海江田、灵秀丹东”品牌影响力不断扩大，旅游总收入增长15%。

3. 锦州成为2019年国内十大红色旅游目的地

锦州市2019全年旅游总收入253.0亿元，比上年增长15.6%。其中，国内旅游收入244.8亿元，增长15.9%；入境旅游收入11871.0万美元，增长1.5%。全年接待国内外旅游者3385.0万人次。其中，接待国内旅游者3375.3万人次，增长15.0%；接待入境旅游者9.8万人次，增长0.5%。全市星级饭店20家，其中五星级旅游饭店2家。旅行社41家，旅行社分社20家，旅行社网点69家。全市A级旅游景区31个，其中4A级旅游景区13个。

2019年锦州市有7种特色产品获评“辽宁礼物”，具体包括沟帮子熏鸡、“百合”小菜、“绿色常兴”牌有机杂粮、锦州小菜、“弹多多”水晶皮蛋、“扶营”甘薯、“春满农家”牌纯小麦面。岩井寺森林公园获批国家AAAA级旅游景区，国家帆船帆板训练基地落户锦州。举办锦州市首届全民冰雪运动会等旅游节庆活动，承办全国帆船、帆板锦标赛。完成牤牛屯东野前线指挥所和配水池战斗遗址保护性维修改造，牤牛屯入选首批全国乡村旅游重点村目录，锦州成为2019年国内十大红色旅游目的地。大数据显示，2019年，全国最受用户关注的十个红色旅游目的地分别是嘉兴、徐州、延安、安顺、遵义、锦州、赣州、枣庄、信阳和抚顺。

4. 营口市被评为“首批中国最佳品质旅游胜地”

2019年全年营口市国内外旅游人数3094.9万人次，比上年增长12.0%。其中，国内旅游人数3086.7万人次，增长12.0%；入境旅游人数8.2万人次，增长1.9%。全年旅游总收入305.5亿元，比上年增长16.0%。其中，国内旅游收入301.0亿元，增长16.2%；旅游外汇收入6820.2万美元，增长2.1%。

2019年末营口市拥有星级以上宾馆20家，其中五星级旅游饭店5家（含温泉五星级3家）。年末有旅行社及旅行社分公司共计114家，其中设立社74家（含4家国际旅行社），分社40家。国家A级旅游景区23个。

2019年营口市开展首届大辽河口鸟浪节等30余项旅游节庆活动。大辽河口鸟浪节由营口市人民政府主办，以“鸟飞湿地　花开营口”为主题，4月22日～23日，2019辽宁（营口）春季赏花观鸟季启动仪式暨首届大辽河口鸟浪节开幕式拉开帷幕。2019年营口市有14个投资超亿元旅游项目建成运营，辽河老街被确定为省级试点步行街。营口市获评省旅游产业发展优秀市，荣获“首批中国最佳品质旅游胜地”“新时代·中国最佳生态康养旅游名城”称号。“新时代中国品质旅游营销峰会暨2019锦绣中国榜发布盛典”于2019年12月24日在京举行。本次峰会由中国互联网新闻中心（中国网）主办，中国网事业发展部、北京华闻印象传媒文化有限公司承办。会议以“发现和分享”为主题，围绕旅游品质提升、品牌营销、文旅农旅融合发展、旅游扶贫、特色小镇建设等当前热点进行了广泛深入探讨。原国家旅游局党组成员、副局长杜一力，世界旅游城市联合会首席专家魏小安，中国互联网新闻中心副主任、中国网副总裁李富根，住房和城乡建设部村镇建设司原司长李兵弟，原国家旅游局巡视员、著名旅游营销学者邵春等业内领导、专家以及来自全国部分优秀旅游城市、景区、村镇和旅游业相关机构近200人出席峰会。营口市被评为“首批中国最佳品质旅游胜地”和“新时代中国最佳生态康养旅游名城”。营口市全年旅游总收入实现305.5亿元，增长 16%。

5. 盘锦市红海滩风景廊道晋升为国家 5A 级景区

2019 年全年盘锦市接待国内外旅游者 3597 万人次，比上年增长 18.1%。其中，接待国内旅游者 3594.9 万人次，增长 18.1%；接待入境旅游者 2.11 万人次，增长 2.9%。全年旅游总收入 292.6 亿元，比上年增长 15.6%。其中，国内旅游收入 291.8 亿元，增长 15.6%；旅游外汇收入 1159.5 万美元，增长 2.3%。

2019 年末盘锦市有星级旅游饭店 10 家，旅行社 63 家。年末全市有国家 A 级旅游景区 20 个。

红海滩风景廊道晋升为国家 5A 级景区，湿地观光游、休闲度假游、冬季冰雪游和主题灯会游撑起旅游主打品牌，东北快递物流园加速项目集聚和业务量提升，23 个特色地产项目落地实施。盘锦市 9 个名牌产品获评“辽宁礼物”，具体包括“永兴厚”河蟹豆腐、叁亩田大米、水飞蓟籽油、红锦大米、光合河蟹、正兴合油茶、义林烤鸭蛋、宝发祥五仁月饼、远航手工船。

美丽乡村建设提档升级。组织开展审计调研摸清底数，综合实施农村改厕等人居环境整治五项工程，完成 170 多公里“四好农村路”建设任务，建成 50 个园林新村，41 个行政村跻身省级美丽示范村行列。盘山县、大洼区成为国家农村人居环境整治专项项目县（区），大洼区美丽乡村标准化试点顺利通过国家验收。

6. 葫芦岛举行 2019 辽宁冬季旅游启动仪式

2019 年全年葫芦岛市旅游总收入实现 246.4 亿元，比上年增长 20%。接待国内外旅游者 2855.9 万人次，增长 16%。全市现有 AAAA 级旅游区 8 处，AAA 级旅游区 14 处，AA 级旅游区 1 处。旅行社 60 个，其中国际社 2 个，国际分社 9 个。星级宾馆 26 个，其中：五星级 1 个、四星级 3 个、三星级 21 个、二星级 1 个。

由辽宁省文化和旅游厅、葫芦岛市人民政府主办的 2019 辽宁冬季旅游启动仪式暨关东民俗雪乡冰雪节开幕式在葫芦岛市葫芦山庄举行。2019 年 8 月 16 ~ 18 日，2019 中国（葫芦岛兴城）国际沙滩泳装文化博览会暨中国国际泳装展在兴城市比基尼国际会展中心举行。本届泳装展历时三天，举办了中国国际泳装展开幕式 + 巡展、泳装趋势发展论坛、兴城泳装产业发展座谈会、2019 中国泳装设计高端人才创意成果转化推介会，一批合作项目在展会期间签约。实施旅游项目 18 个，旅游总收入达 246 亿元，增长 20%。葫芦岛苹果、白梨和刺参成为国家地理标志产品，菊花女水饺、馨予水果罐头、北方牛人手撕风干牛肉、三奇泳装、要路沟小米、玉和土猪肉、鸡冠山苹果7个名牌产品获评“辽宁礼物”。“七彩绥中”推进了“农业＋旅游”项目的发展。

三、旅游节庆的定义、特点与类型

（一）旅游节庆的定义

20世纪60年代初，西方学者就开始对旅游节事开展了研究，研究内容涉及节事的定义、概念体系、节事活动对当地地方品牌化的作用、节事活动的经营和产品化、参与节事活动的旅游者、节事策划、节事管理、节事活动影响及评估等方面。根据戴光全、保继刚对国外文献的分析，西方最早从旅游角度研究节日（festival）、特殊事件（special event）、体育（sports）和仪式（ritual）的文献分别出现在1961年、1963年、1966年和1972年（Catrice P，1961；Lindheim R. D.，1963；Petrak B.，1966；Jeu B.，1972）[1-3]。1983年，河南洛阳市创办了新中国最早的旅游节事——牡丹花会。此后，1984～1985年，山东省和黑龙江省在当地民俗活动的基础上分别创办了潍坊国际风筝会和哈尔滨冰灯节[4]。从1987年开始，石家庄开始每两年举办一届中国吴桥国家杂技艺术节，并于1990年成为河北省专项旅游项目。1989年9～10月间，山东省创办了首届孔子文化节。这些活动是根据当时的民间活动基础，由政府主导，保留传统文化，扩大举办规模，提高影响力。而1988年大连市举办的第一节大连服装节（1991年开始，由大连服装节改名为大连国际服装节）是创新性的旅游节事，没有历史渊源[5]。见表3－2：

表3－2　旅游节庆的相关定义

序号	学者	时间	对节事的定义	备注
1	吴必虎	2001	广义的旅游节庆等同于旅游节事，狭义的旅游节庆是指周期性举办的（一般1年1次）节日等活动，不包括各种交易会、展览会、博览会、文化体育等一次性结束的特殊事件	广义与狭义之分

续表

序号	学者	时间	对节事的定义	备注
2	罗秋菊	2002	事件旅游是以各种节日、盛事的庆祝、举办为核心吸引力的一种特殊旅游形式，也称其为节事旅游或节庆事件旅游	吸引力
3	吴书锋	2003	大型节事旅游是指以大型事件为依托的，针对大型事件的参与者及观赏者提供的旅游相关服务形式	事件
4	戴光全	2003	西方学者常常把节日（festival）和特殊事件（special event）合在一起作为一个整体来进行研究，称为“节事”，英文简称为 FSE（Festival & Special Event）	节日与事件
5	刘俊	2004	节庆是一个地区的标志性事件，即依托目的地社区的社会经济、历史文化、风俗民情等方面的独特资源，加以整合包装，能够产生具有目的地标志性的独特形象和吸引力，在相对固定的时间、地点重复举办的事件旅游活动	标志性事件
6	辜应康，楼嘉军	2005	节事旅游是指依托某一项或某一系列旅游资源，通过开展丰富的、开放性强与参与性强的各项活动，以吸引大量受众参与为基本原则，以活动带动一系列旅游消费进而带动地方经济增长为最终目的的所有活动总和	资源为基础
7	季群华	2006	节庆是指那些可以作为旅游吸引物，从民族文化、民间节日、当地特色发展起来的，能够吸引大量旅游者和公众前来的大型节日庆典活动	吸引物
8	黄翔	2007	旅游节庆也称旅游节日盛事活动，是指规模不等、有特定主题、在特定的时间和同一区域内定期或不定期地举办，能吸引区域内外大量的游客，不同于人们常规的生活路线、活动和节目的各种节日庆典、集会、交易会、博览会、运动会、文化生活等	节日盛世
9	陶伟	2014	节庆活动是在固定或不固定的日期内，以特定主题活动方式，约定俗成、世代相传的一种社会活动	社会活动

续表

序号	学者	时间	对节事的定义	备注
10	许忠伟	2019	节事活动是借助当地历史、文化或经济资源而组织的一次性或重复举办的，主要目的在于加强外界对旅游目的地的认同，增加其吸引力、提高其经济收入的活动	促进旅游

数据来源：马聪玲．中国节事旅游研究——理论分析与案例解读［M］．北京：中国旅游出版社，2009.

（二）节庆活动的特点

综合梳理旅游节庆的国内研究成果，可以将旅游节庆的特点概括为以下几个方面。

1. 时间性与周期性

节的原始含义包含有周期性，而固定的时间性有利于旅游节庆的举办、安排、营销和游客接受准备工作等方面。旅游节庆的时间性和周期性是由其主题所决定的，有的每年举办一次、有的两年举办一次、四年举办一次或有更长的时间间隔。相当一部分旅游节庆沿用了原来的节庆节令（如由民间庙会演变过来的旅游节或少数民族的传统节日），或者在形式中包含了季节性的因素（如哈尔滨的冰雪节，云南罗平的油菜花节，洛阳牡丹——花节等），有的则与特定时间的神话传说的纪念性有关（如岳阳的龙舟节与屈原传说有关），还有的是考虑到在特定时间容易安排节日活动（如漂流节的举办对枯水季和涨水季有要求）。

2. 核心的稳定性

尽管旅游节庆的许多活动内容随时代而发生相对变化，但其核心内容通常保持相对稳定。以那达慕大会为例，骑马、摔跤、射箭是那达慕大会的主要内容，也是那达慕大会的精髓，历时数百年保持不变；那达慕大会的其他活动则常变常新，随时代发展相应变化，如表演活动等。

3. 综合性

这里的综合性是多方面的，包括旅游节庆活动内容的综合性（节庆旅游是集中表现地方特色如民俗、美食、文化、历史等的最佳载体)；组织活动部门的综合性（是一项涉及交通、卫生、医疗、安全、城管、文化、旅游等多个部门的系统工程)；功能的综合性（旅游功能、经济功能、庆典功能、区域形象塑造功能的综合)。

4. 地方性

旅游节庆通常是以地方特色文化、习俗、物质与精神文明成果为基础的，因而它的存在有赖于其他资源与环境要素的陪衬和协调。不同的节庆旅游分布都有各自相适应的环境，带有强烈的地方色彩，离开了必要的环境条件，其个性化的特殊吸引力就消失了。可以说，地域特色是节庆旅游的魅力所在。能否最大限度地展现地方精神的独特性是关系到节庆旅游的成败关键，也是节庆旅游举办者应首先考虑的问题。

5. 参与性

参与性是旅游节庆的显著特性之一，它摒弃了传统旅游中把人排斥在旅游吸引物外的做法，而是让参与者融入其中，亲身体验各项活动。旅游节庆中的游行、狂欢等活动需要大量参与者来制造节庆旅游的氛围，各种比赛和展览也需要相关人员和商家的参与，否则这些活动就无法开展。旅游节庆参与者来自各个地域及不同的领域，既有社区居民，也有旅游者，众多的参与者给旅游节庆带来了活力，给目的地带来了经济收入。参与性也是旅游节庆吸引游客的原因之一，他们通过参与各种活动满足了自己的兴趣和爱好，展示了自己的特长，或者可以学到当地特有的技艺。北京大学旅游研究发展与规划中心主任吴必虎教授曾说："一些成功的旅游节庆，如西班牙的奔牛节、云南泼水节，之所以长盛不衰，最重要一点是当地居民自己玩得尽兴"。但国内多数旅游节庆，公众参与度不太理想，80%的旅游节庆参与度在30万人以下，与当地居民数量比例极不相称。

6. 多样性与交融性

节庆的多样性是指节事活动的内涵非常广泛，其开展形式可多元化，开展内容可丰富多彩。节事活动的多样性和大众参与性决定了其必然有强烈的交融性，许多节事活动都包含会展活动，从而成为带动当地经济发展的引擎。

7. 传统性和文化性

节庆，是民族艺术的重要载体，是民族文化延续和传播的重要途径。它是人类社会各个族群普遍传承的一宗重大的显性文化事项，它紧密地伴随着各民族的生产与生活实际，在传承过程中又不间断地延续着、变异着、丰富着、发展着。少数民族特别重视节日和各种庆典活动，一方面它能充分展示其民族的特点、民族的美、民族的精神，每一节日和庆典都是展示民族精神文化的集大成活动。另一方面，能通过节日带动经济、政治、文化、宗教活动，其庆典过程既是仪式化过程，又是身心愉悦的过程，少数民族的节日和庆典最能体现民族精神和民族文化的特征。

文化是旅游节庆中最重要的特征之一，它是真正吸引旅游者的深层次因素。通过拓展旅游节庆的空间，不仅可以活跃旅游市场、丰富旅游资源，还能加强国家和地区间文化的交流。比如，江西省先后开发了庐山国际旅游节、景德镇国际陶瓷节、龙虎山道教文化节、赣州宋城文化节、大余梅关古驿道赏梅节等一大批定型旅游节庆活动和专项旅游项目，不仅提高了江西的知名度，而且对于加强江西省与其他兄弟省市的进一步交往以及走向世界起到了巨大的推动作用。

8. 可持续性

节庆活动作为一种经济、文化活动，只有做到可持续发展，才能做到继承与创新。实践也证明，凡是具有特色的节庆活动，都将持续发展作为推动节庆活动出规模、创特色、打品牌的重要举措，并且从空间上、产业上、效益上增强节庆活动的可持续发展能力。

（三）旅游节庆的分类

旅游节庆活动类型多样，种类繁多，从不同角度可以划分为不同的类型。从目前的研究来看，一般从三个角度对旅游节庆进行化分：第一种是从节庆的规模和影响力来划分；第二种是从游客的角度出发，以旅游节庆活动的主体和目的来分类；第三种是根据旅游节庆开展的资源基础（吸引物）来分类。具体分类如下。

1. 根据规模和影响力划分节庆

按照规模和影响力可以把节庆划分为三类。第一类为标志性节庆活动：节庆活动规模大、档次高，每年（或几年）举办一次，如北京奥运会、上海世博会等。第二类为大型节庆活动：节庆活动规模比较大，以高档、中档为主，兼顾低档，如南宁国际民歌节、国际孔子文化节、潍坊国际风筝节等。第三类为小型节庆活动：这类节庆规模比较小，以中档为主，兼顾低档和大众，如北京大兴西瓜节、圆明园荷花节、香山红叶节等[6]。见表3－3：

表3－3　　根据规模和影响力划分的节庆类型

序号	类型	特点	举例	备注
1	标志性节事	节事活动规模大、档次高，每年（或几年）举办一次	北京奥运会 上海世博会	世界关注
2	大型节事	节事活动规模比较大，以高档、中档为主，兼顾低档	南宁国际民歌节 国际孔子文化节 潍坊国际风筝节	国内外有一定影响力
3	小型节事	这类节事活动规模比较小，以中档为主，兼顾低档和大众	北京大兴西瓜节 圆明园荷花节 香山红叶节	地区范围的影响力

资料来源：马聪玲．中国节事旅游研究——理论分析与案例解读［M］．北京：中国旅游出版社，2009.

2. 根据节庆活动的主体和目的分类

按照节庆活动的主体和节庆目的的不同可将节庆活动划分为文化庆典类、艺术文艺类、商业贸易类、体育竞技类、教育和科技类、娱乐类、政治/国家类、私人活动类八种类型[6]，见表3－4：

表3－4　　根据节庆活动的主体和目的划分的节庆类型

序号	类型	特点	举例	备注
1	文化庆典类	包括节日、嘉年华、宗教活动、游行、文化遗产和庆祝	春节、中秋节、佛祖诞辰、国庆节	传统节庆
2	艺术文艺类	包括音乐会、各类表演、展览和颁奖礼	北京新年音乐会、吴桥国际杂技艺术节、台湾电影金马奖	艺术主题

续表

序号	类型	特点	举例	备注
3	商业贸易类	包括展销会、集会、销售会、消费品和贸易展示会、博览会、会议和公众活动	广州博览会 中国国际进口博览会 中国国际旅游商品博览会	商贸活动
4	体育竞技类	包括专业竞技和业余竞技	全国运动会、中国家庭帆船赛、大连国际马拉松赛	体育比赛
5	教育和科学类	包括讲座、研讨会、代表会和说明会	里约可持续发展峰会、世界生态旅游高峰会议	学术研讨
6	娱乐类	包括游戏和体育	武汉趣味运动会、农民趣味运动会、泼水节	趣味活动
7	政治/国家类	包括就职典礼、受职仪式、VIP访问和舞会	国庆大阅兵 上将授衔仪式	政治仪式
8	私人活动类	包括庆祝人生新阶段的活动、纪念日和社会活动	生日宴会、婚礼、毕业典礼、结婚纪念日	人生仪式

数据来源：本研究团队整理获得。

3. 根据节庆活动的吸引物分类

根据开展节庆活动依靠的主要吸引物将节庆活动划分为自然环境类、文化艺术类、历史人物类、物品类、民俗风情类、旅游类、饮食类、运动赛事类、花卉类、经贸博览类等十大类型[6-8]，见表3－5。

表3－5　　根据节庆的吸引物划分的节庆类型

序号	类型	特点	举例	备注
1	自然环境类	以当地自然地理环境为依托，综合展示当地旅游资源、风土人情、社会风貌的节庆活动	哈尔滨国际冰雪节、吉林雾凇冰雪节、本溪枫叶节	自然资源为主
2	文化艺术类	开展文化、艺术类活动为主题的节庆	中国长春国际电影节、中国吴桥国家杂技艺术节	文艺活动
3	历史人物类	依托当地的历史传承和文脉开展的节庆活动	曲阜国际孔子文化节、天水伏羲文化节、关公文化节	历史人物

续表

序号	类型	特点	举例	备注
4	物品类	依托当地特产、特色商品为主题，带动其他参观、表演等活动	大连国际服装节、潍坊国际风筝节、浏阳花炮节	物产
5	民俗风情类	以各民族独特的民俗风情和生活方式为主题的节庆活动	那达慕大会、傣族泼水节、敖包文化节、穆斯林开斋节	民族风情
6	旅游类	以带动更多游客前来本地旅游、参观、游玩的节庆活动	上海旅游节、北京国际旅游文化节、中国昆明国际旅游节	旅游主题
7	饮食类	以本地餐饮文化为主题，举办的餐饮节庆活动	太原国家面食节、中国龙虾节、青岛国际啤酒节	美食
8	运动赛事类	以各种大型的体育赛事、竞技活动为形式，辅以其他相关的参观、表演等而开展的节庆活动	奥运会、亚运会、全运会、厦门国家马拉松赛	体育运动
9	花卉类	以花卉为主题的参观、展览和交易等节庆活动	洛阳牡丹花会、菏泽国际牡丹节、开封菊花会、广州迎春花市	花卉主题
10	经贸博览类	依托城市的经济地理条件，以交易会、博览会为形式，辅以其他相关参观、研讨和表演等而开展的节庆活动	无锡太湖国家经贸节、广州博览会、中国国际进口博览会	经济贸易

数据来源：本研究团队整理获得。

四、旅游节庆的作用分析

（一）塑造旅游形象，提高地方知名度

节庆活动作为特殊的旅游产品与其他旅游产品迥然不同的是，它能在较长时间内引起公众的关注，甚至可以在一段时间内成为公众注目的焦点，这会使旅游

地的形象得以迅速提升。如“大连国际服装节”经过多年的举办，在公众心目中将“服装节”与大连的城市形象等同起来，使大连市在公众中的形象成为美丽、浪漫、精彩纷呈的象征。

同时，通过举办节庆旅游活动，可促使旅游地的环境不断改善，使旅游地在游客心中的形象不断提升。如城市绿化面积的增大，档次的提高，市政管理的加强，城市的形象标志逐步形成，景区的软件、硬件环境得到改善等。现代的节庆活动早已走出了自娱自乐的地域性小圈子，办得好的、有声势的节庆活动，往往能够吸引大量外地人、甚至外国人参加。这类节庆活动也是广受各路媒体关注的，例如，国际赛事、展会、节庆，到会记者往往数以百计，甚至多达上千人，可以掀起宣传报道的“媒体战”。在当下互联网、自媒体非常发达的情况下，参与节庆活动的每个游客，往往就是一个对外宣传的媒体端、发布源。因此，凡是经常举办节庆活动的地方，往往知名度也是比较高的。例如，举办火把节的楚雄和凉山彝族地区、举办三月三歌会的云南大理、举办泼水节的西双版纳、举办国际电影节的法国小镇戛纳、举办国际服装节的意大利米兰、举办亚洲论坛的海南琼海博鳌小镇。

举办有特色的城乡节庆活动，对于挖掘、整理城乡文化资源，打造城乡文化品牌，提高城乡文化品位具有重要作用。特色节庆文化活动既塑造了一个区域的形象，也成为一个区域的名片，可以说，她是城乡千百万市民共同拥有的无形资产。办好一个特色传统节庆文化活动，不仅能促进优秀文化的交流，还可以提高城镇的知名度。人们在不同的国家、区域、城市，按照自身的资源与需求，开发出各种各样的节庆文化活动，是市场经济的要求和社会发展的必须。随着区域经济、文化的发展和城乡知名度的提高，其地方或区域的无形资产也在不断聚积和增值，进而不断增强一个城市、乡镇的实力。

（二）丰富地方旅游产品，增加旅游消费

从旅游产品的分类来说，节庆是旅游产品的一种，对目的地旅游发挥着丰富产品种类、完善产品结构的作用。传统的旅游目的地大多是以观光产品为主，休闲度假、专项产品则是当前和今后旅游市场需求的潮流。节庆作为富有人气的一种专项旅游产品，有利于提升气氛、烘托氛围，让目的地动静结合、自然与人文结合、其他与“+旅游”结合，有利于弘扬目的地的传统文化、地域文化、民俗文化，树立良好的旅游形象。2018年的端午又恰逢父亲节，港中旅（宁夏）

沙坡头旅游景区为更好的传承和发扬中华民族的传统佳节，精心策划组织了“欢乐‘粽’动员”“感恩母亲河，端午放河灯”等免费体验的主题节庆系列活动，为游客朋友创造出欢乐、祥和、感恩的节日氛围，三天假期共计接待游客近三万五千余人次，同比增长10%。

（三）带动相关产业发展，增加经济收入

节庆活动除了汇聚客源和人流，明显拉动短期的即时消费，从长远来看，更有利于培育当地节庆经济。如果举办地有这个意识，按照节庆市场规律去组织、筹备、开拓和运作，就有可能培育成巨大的市场空间，形成“节庆+演艺”“节庆+会展”“节庆+商贸”“节庆+旅游”“节庆+服务”等有机的产业关联，进而促进节庆经济、节庆产业的发展。世界各国已有大量成功的案例，例如，西班牙的奔牛节、西红柿节，巴西狂欢节，慕尼黑啤酒节；我国有些地方也培育了节庆经济，例如，青岛啤酒节、洛阳牡丹节、潍坊风筝节、自贡花灯节、寿光蔬菜节等。既收获了宣传效应，也明显拉动了相关产业，为城乡居民创造了就业和增收机会，显示了节庆经济的独特优势[7]。

（四）促进旅游基础设施改善，优化旅游环境

一个城市，一个乡镇举办节庆文化活动，对交通设施、公用设施、环保、绿化、卫生等都有相应的标准和要求。如上海的世界博览会，政府对上海市环境的美化，自然与人文景观的完善，上海市改造与管理水平的提高，为上海市的可持续发展打下了坚实的基础。节庆文化活动的世界性、艺术性、高科技性特征，使城乡人民的眼界更开阔，艺术欣赏水平更高，追求科技进步的欲望更强。在文明礼貌、待人接物、迎来送往的节庆活动中，人们的文化素质不断得到提高，创新进取、勇于奉献、团结协作的精神也得到进一步弘扬。

（五）平衡旅游淡旺季的差异，填补淡季需求不足

旅游业存在明显的“淡季”和“旺季”。通过对本地旅游资源、民俗风情、特殊事件等因素的优化组合，举办独树一帜、丰富多彩的节庆活动，一方面可以吸引游客；另一方面为旅游业提供新的机遇，并能较好地解决旅游淡季市场需求

不足的问题。节庆活动具有一个"黄金周"的即时效应和持久的经济效益。一个节庆活动的举办，数以万计人流的涌入，对当地的旅游、餐饮、购物、住宿、交通、广告、通讯、娱乐等行业起着拉动性效应，能有效地激活举办地各行各业消费需求的增长，从而形成了以节庆活动为核心的"同心圆"式经济圈，使生产、消费各要素在一定时空内得以有序、高效、持续地流动，达到最佳经济配置状态。如哈尔滨国际冰雪节，有超过百万人次的游客在冬季前往哈尔滨体验冰雪节，哈尔滨住宿业普遍提高30%~50%。这样的旅游"淡季"节庆活动，既充分利用了当地的旅游资源，又解决了旅游淡季需求不足、设施与人员闲置的问题。

（六）促进传统优秀文化传承，增加民族文化自信

丰富多彩的民俗节庆活动是民俗文化直观体现的平台和载体，可以陶冶人们的情操，培养人们的情趣，让人们在身心放松中回味传统文化的魅力。民俗节庆中的文化设置特别注重情感的沟通与交流，就是为了帮助人们消除精神上的紧张、疲劳，减少甚至消除行为的精神阻力、改善人的心境、平衡人的心理、鼓舞人的激情、增进人际关系的融合，从而使人们以更好的精神状态投入到生产生活中去。这也是民俗节庆能够代代相传的魅力所在。对于作为华夏历史文明传承创新示范区的开封，如何借力情感的培养来促进华夏历史文明的代代相传、不断创新，也是我们必须深入思考的问题。要想传承创新，势必要从孩子着手，以潜移默化的方式让其从小就亲近传统文化、熟知传统文化、喜爱传统文化，这样才能使文化更好地传承下去，才能因为情感的注入而在传承的过程中不断创新，从而增强传承的生命活力。2015年以来开封市举办的大宋上元灯会，通过增强灯会期间的活动参与性，掀起了一场学习传统文化、保护文化遗产的热潮。通过举办民俗节庆活动，吸引更多群众参与，激发群众热爱中华文明的情感，也是传承节庆文化的重要手段。

（七）扩大对外文化交流，增进国家之间的和平友好关系

"文化搭台，旅游唱戏""旅游搭台，经贸唱戏"已成为各地各界的共识。如今，"节庆搭台、经贸唱戏"也已为越来越多的人所认同。为了办好一届节庆活动，当地都是提前营造招商环境，展示最新建设成就，展望广阔发展前景，推

出招商引资目录，亮出优惠招商条件，期盼得到各路客商青睐。每个举办节庆活动的地方，场馆和展位只是展示与交流的主体平台，而招商引资的活动远不局限于此，节庆和展馆之外还有无数的“馆外会”“台下会”“会中会”，各路参会者、参展商抓住各种机会，都在相机开展商务洽谈、经贸交流、文化宣传、旅游推介等。因此，无论是何种主题的节庆活动，实质上都是在当地开展招商引资[9]。

节庆文化，是产生于劳动人民日常生产和生活中的一种民间文化，它是世界文化体系的重要成分。节庆文化中的精华部分，体现着一个民族的文化风貌，是民族文化中最有代表性和典型性的组成部分。节庆文化，往往涉及不同地域和民族人们的服饰、饮食、仪式等方面的习惯，是特定地区人民展示自身风采的窗口。我国的传统节庆文化中，包含着许多地方特色生活方式和思想情感，是维系民族感情的重要纽带。近年来，随着文化交流日趋国际化，节庆文化也开始走出国门，与不同国家的文化习俗相融合，相互交流、相互沟通、相互了解。“国之交在于民相亲，民相亲在于心相通”，通过丰富多彩的旅游节庆活动，不仅能够吸引世界各地游客前来观光游览，还能通过交流，增加了解；通过沟通，增加互信；通过对话，形成共识，增加中国与世界各国的相互了解、互信，达成共识，建立长久稳定的友好合作关系，维护世界和平与发展。

（八）增强民族团结进步，维护国家统一稳定

我国各族人民在长期的劳作生活中，不断形成并保留着独具民族特色的传统节日，如瑶族的盘王节、藏族的望果节、维吾尔族的古尔邦节、彝族的火把节、蒙古族的那达慕大会、壮族的三月三等。我国少数民族具有“大分散、小聚居”的特点，少数民族传统节日具有多民族参与性和强大包容性。推动民族团结进步应利用节日融洽氛围搭建民族平等交往交流平台，将各类有特色的少数民族节日，精心开发为独具特色的旅游节庆，吸引全国各地游客参加，并积极开展节庆共度、民俗同尊、生活互助、语言互学等教育活动，充分利用不同传统节日主题内容和运行规律，不断丰富和完善民族团结宣传教育内容，建立健全民族团结教育的长期化和常态化机制，实现增进民族团结，维护祖国统一的目标。[10]

（九）提高了地方的经济管理水平

成功举办一次节庆活动，并非轻而易举之事。节庆规模越大，参会人员越

多，展示项目越全，筹备、组织和保障的难度就越大，对领导团队、工作团队、保障团队都会是一种考验。尤其是大型的高规格的节庆活动，人数多、场面大、要求高，涉及安全、交通、外事、供应、服务、协调、保障等诸多方面，承办方必须具有国际化、专业化、标准化的组织、运作与保障能力。因此，凡是承办过国家级的重大节庆活动或经常举办节庆活动的地方，都有一支善于筹划、调度、协作的工作团队，有了这样一支整体工作水平较高的团队，就可以办下难事、干成大事。所以，节庆活动的举办不仅提高了当地的知名度，增加了收入，更重要的也是锻炼了当地政府及相关企业的管理能力，很大程度地提高地方的经济管理水平。

（十）丰富民众文化知识，提高地区人民的素质

现代节庆是城市或地区树立和展示良好形象的重要契机，从政府到普通民众，从机关到社团，无不努力改善自身形象，提高自身素质，努力将一个文明、开放、欣欣向荣的现代化城市和地区形象展示在世界面前。现代节庆的举办可以优化社会环境、陶冶市民情操、提高市民素质、提升文化品位、营造良好的精神道德氛围；还可以促进民众的沟通、增进了解、树立民众的文化认同。特别是由于节庆的综合性和国际性，可加大地区文化的兼容性，为地区的进一步对外开放打下了良好基础，促使本地居民既增长了知识，又开拓了眼界，更是从多方面潜移默化地提高了人们的综合素质。

五、2020中国最具影响力的节庆活动

2020年12月26～27日，经文化和旅游部批准，由中国报业协会指导，中国旅游报社、吉林省文化和旅游厅主办的第八届中国旅游产业发展年会在吉林省长春市举办。会上，揭晓了2020年中国旅游产业影响力风云榜。自12月12日开始，中国旅游新闻发起“中国旅游产业影响力风云榜”——2020年度中国旅游影响力节庆活动投票，30场全国各地的旅游节参与投票。这30个节庆可以划分为新兴节庆6项，运动主题节庆3项，民族文化节庆4项，旅游综合节庆6项，景区旅游节庆6项，自然景观节庆2项，历史文化类节庆3项（见表3－6）。

表 3－6　　2020 年中国最具影响力的旅游节庆评选名单

类型	序号	节庆名称	举办地	主题	活动内容
新兴型节庆	1	2020 年独库公路通车节	新疆克拉玛依	“荒野之旅，独库有路”	克拉玛依区域旅游特色主题线路（自驾游）
	2	甘肃文旅致敬医务人员健康休养活动	甘肃	“你是人间四月天”	诚邀“白衣战士”疫情后福利游甘、休养生息
	3	“致敬祖国”长江灯光秀	湖北武汉市	“致敬祖国致敬英雄”	国庆中秋长江灯光秀每天晚上在两江四岸展播
	4	《星空朗读》走进宁夏	宁夏回族自治区	“美丽宁夏·星星故乡”	《星空朗读》走进宁夏第二季活动在贺兰山东麓志辉源石葡萄酒庄举办
	5	青岛国际啤酒节	山东省青岛市	“云上啤酒节”	以啤酒为媒介，集融旅游休闲、文化娱乐、经贸展示于一体的大型节庆活动
	6	山水重庆夜景文化节	重庆市	“文旅大舞台·点亮山城夜”	从“夜景、夜游、夜秀、夜读、夜市、夜娱、夜养”七个角度打造系列夜景及惠民主题活动，内容涵盖旅游、文创、音乐节、演艺、博物馆、灯会、民宿、温泉等多个领域
运动主题节庆	7	国际山地旅游户外运动大会	贵州省黔西南州	“天人合一·文化旅游大健康融合发展”	国际山地旅游暨户外运动大会
	8	武汉水上马拉松	湖北省武汉市	以体育之名，向英雄的城市、英雄的人民致敬	本届水马全程 2020 米，600 名抗疫、防汛英雄和 32 名专业竞技“泳”士逐浪东湖
	9	第十二届沙雅胡杨节暨第二届沙雅群英会	新疆阿克苏地区沙雅县	“胡杨群英会，秘境沙雁洲”	胡杨节以世界胡杨公园为依托，以特种旅游为基地，沙雁洲越野跑定向挑战赛、山地自行车越野挑战赛

续表

类型	序号	节庆名称	举办地	主题	活动内容
民族文化节庆	10	“魅力乌拉特”西部民歌会	内蒙古自治区	“魅力乌拉特”	融合旅游、非遗、体育赛事、国际文化交流的民歌会
	11	“牛战三江”牛王争霸赛	广西壮族自治区	“牛战三江”	侗族独特竞技项目——“牛战·三江”斗牛赛
	12	“壮族三月三·八桂嘉年华”文化旅游活动	广西壮族自治区	“壮族三月三·八桂嘉年华”	“桂风壮韵浓”“民族体育炫”“相约游广西”“e网喜乐购”“和谐在八桂”五大版块21项活动
	13	黔东南州苗年文化旅游节	贵州省黔东南州雷山县	“决胜脱贫攻坚·欢度雷山苗年”	“土编导”“土专家”“土演员”来举办苗年文化活动，使苗歌、苗舞、苗绣、苗族银饰锻制技艺表演等“非遗”文化得到了展示和传承
旅游综合节庆	14	2020兴城冬季旅游节	辽宁省葫芦岛市	“古城冬韵，泉心为你”	首山湖公园、张作霖别墅、宁远驿站、兴城海滨旅游景区及水调歌头温泉体验五个旅游项目
	15	辽宁·阜新玛瑙文化旅游节	辽宁省阜新市	“旅游+玛瑙”	召开“城市旅游宣传推介会”，“旅游项目招商说明会”，推出“旅游+玛瑙”的多条旅游体验线路
	16	龙岩市文化和旅游产业发展大会	福建省龙岩市	“红色圣地·客家祖地，养生龙岩”	红色魅力、客家神韵、畅游龙岩和文旅融合
	17	西宁河湟文化旅游艺术节	青海省西宁市	“绿水青山·幸福西宁”	举办了两大高端主题云论坛、10大类展示展览活动及150余项县区配套活动，22条美食街的“火力全开”
	18	中国镇江金山文化旅游节	江苏省镇江市	“水韵江苏·山水镇江”	举办了“文化镇江”“云游镇江”“寻味镇江”“夜游镇江”等6大版块共30项子活动
	19	2020常州乡村过大年暨金坛茅山道养文化旅游节	江苏省常州市	“去乡村寻年味”	品年味、购年货、赏年韵、找年趣，重温传统中国年

续表

类型	序号	节庆名称	举办地	主题	活动内容
景区旅游节庆	20	清明上河园端午文化节	开封清明上河园景区	“国潮端午·宋韵清园”	融合特色演出、园区布展、互动体验、优惠活动等打造出了一场传统又潮范十足的端午盛会
	21	平遥国际雕塑节	平遥古城	以“生态美学”为主展单元策展主题	通过邀请全球雕塑艺术家，运用欧洲主流艺术圈的国际资源与平遥古城的非遗名城的优势，推动中西方当代雕塑艺术交流
	22	仙女湖七夕文化旅游节	江西省新余市仙女湖	“中国七仙女传说之乡”	推出十大特色活动和七大文化旅游消费主题夜：七夕晚会、中国（新余）七夕民俗文化研讨会、主题夜活动、抖音挑战赛、全网体验热潮、仙女湖七夕节路亚邀请赛、七夕文化公共艺术展
	23	云台山电音节	河南省焦作市	到云台山“观美景、品美食、住美宿、共狂欢、赏夜游、逛小镇”	开启了45个夏日狂欢之夜，获得了全国各界的广泛关注和参与，入场观众24万人次，收入1500万元；抖音相关话题播放量超3亿次，微博话题阅读量3000多万次，全网曝光量高达5亿多次
	24	中国·溧阳茶叶节暨天目湖旅游节	江苏省溧阳市	自在茶香，美丽溧阳	云端采茶、15个重大项目签约、溧阳与乌克兰利沃夫州特鲁斯卡韦茨市缔结友好城市等丰富内容
	25	美好如期　欢乐同行——2020华侨城文化旅游节	深圳、北京、上海、成都、武汉、天津、重庆、南京八地	自然康养、文化艺术、欢乐休闲、历史民俗、美食潮玩	推出“自然康养、文化艺术、欢乐休闲、历史民俗、美食潮玩”5大体验、400多场主题活动
自然景观节庆	26	阿拉善胡杨节	内蒙古自治区	额济纳已成为西部最具人气赏秋目的地	将金秋胡杨生态旅游节办成文化的盛宴、开放的盛会、交流的盛典，让大家在盛会中品味额济纳的文化、感受魅力
	27	吉林冰雪产业博览会	吉林省长春市	“冬奥在北京·体验在吉林”	设置室内8大主题展馆、室外冰雪体验区

续表

类型	序号	节庆名称	举办地	主题	活动内容
历史文化类节庆	28	齐文化节	山东省淄博市	齐文化节以“泱泱齐风”为主题，围绕“祭姜、蹴鞠、招商、探宝、闻韶、寻古、惠民”等主题	每年固定举办齐文化与稷下学高峰论坛、世界足球文化高峰论坛、姜太公诞辰周年祭礼活动、齐文化博览会暨民间收藏展等品牌活动
	29	秭归县屈原故里端午文化节	湖北省宜昌市	“屈原故里端午习俗”	举办开幕式、端午诗会、龙舟竞渡、龙狮巡游、民俗展示与体验等活动，营造出浓厚的节日氛围
	30	中国丹寨非遗周	贵州省黔东南苗族侗族自治州	“黔地守艺——贵州传统工艺展”	开幕式、中国非遗与旅游融合论坛、全国非遗旅游线路首次发布、中国非遗文创大赛颁奖活动和丰富多彩的非遗展演活动，9天时间五大单元、超过30场活动轮番上演，呈现一场顶级文旅融合盛宴

数据来源：本研究团队整理获得。

经文化和旅游部批准，12月26～27日，以“高水平复苏，高质量发展”为主题的第八届中国旅游产业发展年会在在吉林省长春市举办。本届产业年会上发布了“2020年度中国旅游产业影响力案例”，揭晓了“2020年度文明旅游为中国加分优秀案例”“2020年度非遗与旅游融合发展优秀案例”“2020年度旅游扶贫典型案例”“2020年度数字文旅创新发展案例”“2020年度中国旅游影响力品牌案例”“2020年度中国旅游影响力营销案例”“2020年度中国旅游影响力节庆活动案例”“2020年度中国文旅融合发展名县（区）案例”“2020年度中国乡村旅游发展名县（区）案例”“2020年度中国康养旅游目的地案例”“2020年度中国旅游影响力社会责任企业案例”“2020年度中国高铁旅游名城案例”“2020年度中国冬游名城案例”“2020年度中国夜游名城案例”。最终入围“2020年度中国旅游影响力节庆活动案例”的分别是：“致敬祖国”长江灯光秀、吉林冰雪产业博览会、中国丹寨非遗周、华侨城文化旅游节、《星空朗读》走进宁夏系列活动、青岛国际啤酒节、山水重庆夜景文化节、独库公路通车节、中国·溧阳茶叶节暨天目湖旅游节、仙女湖七夕文化旅游节。

六、辽宁沿海经济带旅游节庆发展现状

(一) 大连市旅游节庆发展现状

大连市是改革开放以来崛起的会展节庆名城，2009 年的“新中国成立 60 周年·中国节庆会展（评选）颁奖典礼”上，大连市获得“新中国成立 60 周年·中国节庆会展名城”荣誉，中国大连进出口商品交易会暨大连国际工业博览会获得“新中国成立 60 周年·中国最具影响力的品牌展会暨政府主导型展会百强”殊荣，大连市贸促会会长、市展览办主任李泊洲获得“新中国成立 60 周年·中国会展风云人物”称号。2012 年度中国会展产业论坛暨第九届“中国会展之星”颁奖盛典在上海举行，大连市再次获得城市、个人、展会 3 个奖项。大连市被评为 2011 ~2012 年度“中国十大会展名城”；市贸促会会长、展览办主任李泊洲获得 2011 ~2012 年度“中国会展经济突出贡献奖”；中国大连进出口商品交易会暨大连国际工业展览会获得 2011 ~2012 年度“中国十大政府主导型展会奖”。在 2016 年 12 月举行的第十三届中国会展行业年会年度评选活动中，大连市荣获“2016 年度中国十大会展名城”称号，大连市贸促会获得“2016 年度全国会展工作先进单位”称号，大连国际汽车展览会获得“2016 年度中国十佳品牌展览会”称号。2017 年 6 月 30 日，由中国会展经济研究会、《第一会展》杂志、中国会展联盟、各省市会展行业协会在杭州联合举办的“第十四届中国会展业高峰论坛·中国会展产业发展大会”2017 年度“中国会展之星”颁奖盛典上，大连市荣获“中国十佳会展名城”称号，大连进出口商品交易会荣获“2017 年度中国品牌展览”金奖。从 1996 年大连星海会展中心投入运营以来，自办和承接 APEC 高官会、世界华商大会、服装博览会、进出口商品交易会、海事展、软交会、计生展、扶贫展、旅游展等国际性和全国性各类展会 800 多个，在国内二线城市里会展经济发展名列前茅。2019 年，大连市成功跻身“中国十佳会展名城”。近年来，大连会展集团先后获得中国会展业“中国十大影响力会展企业”、中国会展业展馆财富推荐榜 20 强、中国会展十佳展馆、中国最佳会展中心、“中国会展行业领军企业”“改革开放 40 年，40 个品牌会展企业”“2018 年度中国十佳会展

服务商”、2019年中国会展产业年度“新中国成立70周年·70个品牌会展中心金手指奖”等荣誉称号。大连市每年举办各类会展100多项，各类节庆活动多达60多次，通过搜集整理出具有代表性的节庆活动，见表3－7。

表3－7　大连市代表性旅游节庆统计

地区	序号	节庆	举办时间	始创时间	举办地点	备注
大连市旅游节庆	1	大连国际服装节	9月	1988年	大连市区	新兴
	2	大连中国国际啤酒节	8月	2002年	大连星海广场	新兴
	3	大连槐花节	5月	1990年	大连市区	自然
	4	大连烟花爆竹迎春会	正月初二至初六	1997年	大连星海广场	节日
	5	大连购物节	11月—1月	2018年	青泥洼大商步行街	新兴
	6	大连国际马拉松赛	每年10月的最后一个星期日	1987年始创，1997年，经国际田联认可，大连国际马拉松赛已正式成为国际赛会	大连市区	运动
	7	大连国际沙滩文化节	7月	2004年	大连金石滩国家旅游度假区	新兴
	8	中国大连国际冬泳节	10月	2002年	大连金石滩国家旅游度假区	运动
	9	大连国际樱花节	4月20日至5月10日	1998年	旅顺区	自然
	10	中国大连国际温泉滑雪节	12月	2007年	普兰店市	运动
	11	大连冰峪沟冰灯会	1月	1995年	庄河市	自然
	12	庄河歇马杏文化节	7月	2018年	庄河太平岭满族乡歇马村	物产

续表

地区	序号	节庆	举办时间	始创时间	举办地点	备注
大连市旅游节庆	13	庄河石城岛海灯文化节	2 月	2007 年	庄河市石城岛	民俗
	14	大连长海国际钓鱼节	8 月	1997 年	长海县	运动
	15	大长山“渔家风情”旅游节	7 月	2005 年	长海县大长山岛	物产
	16	獐子岛渔民节	8 月	2000 年	长海县獐子岛	物产
	17	大连·广鹿马祖文化旅游节	7 月	2001 年	长海县广鹿岛	民俗

数据来源：本研究团队整理获得。

在大连市代表性的 17 项节庆活动中，新兴的节庆活动为 4 项，体育运动类节庆活动为 4 项，自然景观类节庆活动为 3 项，特色物产类节庆为 3 项，民俗文化类为 2 项，还有一项是在传统节日的基础上演化而来的“大连烟花爆竹迎春会”。从大连市的节庆中可以看出，大连市一个年轻的城市，发展活力十足，新兴节庆和体育运动类节庆活动是其主要的节庆活动类型，也很好地与大连市的旅游产业发展特色相吻合。

（二）丹东市旅游节庆发展现状

丹东市特殊的地理位置，具备发展节庆会展的良好条件。为了促进丹东市旅游节庆与会展的发展，2015 年发布了《丹东市人民政府办公室关于促进丹东市会展业发展的意见》（丹政办发〔2015〕53 号）。按照国发〔2015〕15 号和中办发〔2015〕33 号文件要求，以建设“东北东部会展中心城市”为目标，抢抓新一轮国家振兴东北老工业基地、辽宁“一带一路”开发开放及丹东被列入全国重点开发开放试验区的多重机遇，更好发挥政府作用，激发市场活力和内生动力，推动会展资源配置实现效益最大化和效率最大化。积极坚持“专业化、国际化、品牌化、信息化”的发展方向，壮大市场主体，重点培育具有一定国内外影响力和行业影响力、对丹东经济拉动作用较大的展览、会议和节庆活动，努力将会展业打造成丹东市新的经济增长点。到2020年，每年接待大型会议、展览活动数量达到20个以上，举办规模在1万~3万平方米以上的展会10个以上，规模在3万平方米以上的大型展会5个以上，全市会展业及相关行业收入达到100亿元以上。努力将丹东建设成为继沈阳、大连之后辽宁新兴会展城市，打造中国东北东部城市会展之都，经贸合作、旅游交流重点城市，辽宁会展业的新增长极。重点扶持、培育一批品牌节庆与会展活动：（1）全力办好中朝博览会。在历届中朝经贸文化旅游博览会的基础上，进一步扩大规模、丰富内容、创新形式，并将展会更名为"中朝博览会"。大力发掘中朝博览会的发展潜力，作为丹东市的一张名片，举全市之力，力争三年内办成国家级会展盛会，五年内办成具有国际影响力的会展品牌。（2）加快文化旅游展会发展。以朝鲜绘画、文艺、朝鲜族风俗及朝鲜族文化、满族文化、非物质文化遗产为主题，举办专业性展会活动。以突出地域特色产品为宗旨，培育一批重点消费类会展品牌。继续办好中国（丹东）鸭绿江湿地国际观鸟活动、中国（丹东）国际工艺美术品暨旅游商品展览会、河口桃花节等活动。以中朝边境游为主题，举办特色旅游活动，宣传丹东山水特色及各种旅游资源，形成专业节会的品牌，设计载体，丰富活动，扩大影响。（3）促进对优势产业和新兴产业具有引领作用的专业会展业发展。以宽甸山珍、北黄海水产、特色农产品等独具地域特点的产品为主体，组织专业展会进行宣传推介，逐步形成品牌优势。对有较强市场影响力的老工业品牌、优势产业及在市场经济发展中脱颖而出的新兴产业、高科技项目，通过产品展示，经贸洽谈、研讨论坛等形式，广泛造势，扩大市场覆盖率。经过5年的发展，丹东市旅游节庆和会展有了很大进步，目前比较有影响力的节庆有16项，见表3-8。

表3-8　　丹东市代表性旅游节庆统计

序号	节庆名称	举办时间	始创时间	举办地点	备注
1	中国·丹东鸭绿江国际旅游节	9月	2001年	丹东市区	新兴
2	丹东市朝鲜族民俗游园会	6月	1984年	丹东市区珍珠公园	民俗
3	丹东杜鹃花节	5月	1992年	丹东锦江山公园	自然
4	辽宁丹东东方丝绸节	5月	1993年	丹东市区	物产
5	丹东鸭绿江冬泳节	1月	1988年	丹东鸭绿江公园	运动
6	丹东国际旅游商品博览会	4月	2013年	丹东体育馆	新兴
7	中朝经贸文化旅游博览会	10月	2012年	丹东市区	新兴

续表

序号	节庆名称	举办时间	始创时间	举办地点	备注
8	丹东鸭绿江徒步大会	4月	2006年	丹东市区	运动
9	丹东东港海鲜文化节	9月	2003年	东港市	物产
10	“东港草莓”文化节	12月	2019年	东港市	物产
11	丹东凤凰山登山节	10月	2007年	凤城市凤凰山景区	运动
12	青山沟满族风情月	9月	2011年	宽甸县青山沟景区	民俗
13	天桥沟枫叶节	9月末至10月中旬	2003年	宽甸县天桥沟景区	自然
14	宽甸满族非遗文化节	7月	2017年	宽甸县青山沟满族寨区	民俗
15	东港市大孤山杏梅花旅游节	4月	2018年	东港市大孤山	自然
16	丹东河口桃花节	5月	2006年	宽甸县下河口村	自然

数据来源：本研究团队整理获得。

在丹东市代表性的16项节庆活动中，自然景观类节庆活动为4项，新兴的节庆活动为3项，体育运动类节庆活动为3项，特色物产类节庆为3项，民俗文化类为3项。丹东市位于山水秀丽的辽东山地，森林覆盖率高，自然景观为其主要旅游资源之一，旅游节庆多以此为基础，所以自然景观类节庆较多。另外，丹东隔鸭绿江与朝鲜人民民主共和国相望，且是满族传统聚集地，所以丹东市的朝鲜族、满族民俗文化丰富，少数民族民俗节庆也是丹东的一大特色。

（三）锦州市旅游节庆发展现状

节庆会展是各种类型的节庆、交流会、洽谈会、展览会、博览会等的总称。作为一种新型业态和经济发展的新兴增长点，会展经济备受各地关注。锦州市更把会展业看成是城市经济的发动机和催化剂，提升城市知名度的重要载体，并将“大力发展会展经济”列入锦州市“十四五”规划中。仅以2019年“五一”前开幕的锦州北镇医巫闾山梨花节、3月下旬的中国锦州北方农展会、4月中旬的锦州古玩节三大节庆为例，来自国内外的参展商和各地游客就达到1.6万家、26万余人次，人数均比去年增加50%以上。2013年锦州市世界园艺博览会于2013年5月10日~10月31日在锦州龙栖湾新区举办，为期5个多月。本届世园会以

"城市与海，和谐未来"为主题，突出海洋特色，彰显海洋文化，宣传海洋文明。历时180余天的本届世园会共接待中外游客1200余万人次，向世界展示了"花开大海"的美丽景象。北镇医巫闾山梨花节、北方农展会、锦州古玩节、锦州文化节等多个展会经过多年培育，已成为锦州名牌节庆，见表3－9。

表3－9　　锦州市代表性旅游节庆统计

序号	节庆名称	举办时间	始创时间	举办地点	备注
1	中国·锦州古玩文化节	6月	2006年	锦州市区古玩城	文化
2	锦州北普陀山采桑节	6月	2002年	北普陀山景区	物产
3	全国冰上帆船公开赛	1月	2019年	锦州凌河水上公园	运动
4	锦州古塔庙会	正月	2003年	锦州市区	民俗
5	锦州海洋文化旅游节	6月	2019年	滨海新区	新兴
6	中国家庭帆船赛·锦州站	8月	2018年	滨海新区	运动
7	中国·锦州国际冰雪温泉节	1～3月	2016年	东方华地城	自然
8	锦州北镇梨花节	4月	1991年	北镇市	自然
9	中国·北镇葡萄文化节	9月	2018年	北镇市	物产
10	青岩寺春季庙会	农历二月十九	1985年	北镇市	民俗
11	中国·义县攀岩节	4月	2016年	义县瓦子峪镇碾盘沟村圣旨峰岩场	运动
12	义县伏羊节	8月	2007年	义县	民俗
13	义县蜜蜂文化节	9月	2018年	义县稍户营子镇铁河嘴子村韩家大院	物产
14	义县民俗文化节暨奉国寺庙会	1月	2012年	义县奉国寺	民俗
15	黑山乡村旅游节	8月	2018年	黑山县白厂门镇	新兴

数据来源：本研究团队整理获得。

在锦州市代表性的15项节庆活动中，民俗文化类节庆为4项，特色物产类节庆为3项，体育运动类节庆活动为3项，自然景观类节庆活动为2项，新兴的节庆活动为2项，还有1项为借助历史文化资源的留存物——古玩而开展的节庆活动。锦州市地处辽西走廊的重要节点，从古至今是东北乃至朝鲜半岛与我国中原地区联系的交通要冲，且是辽代契丹族活动的重要区域，遗留了大量的历史文化遗产，所以历史文化与民俗文化类节庆是锦州市旅游节庆的最主要的内容。另外，锦州市靠山面海、地形多样、物产丰饶，特色物产类节庆也较多。近些年来，锦州市利用特殊的地理位置和丰富的运动资源，开展各类体育运动项目，体育运动类节庆活动也比较多。

（四）营口市旅游节庆发展现状

从 1995 年起，每年 5 月的第二个星期天，营口便邀天下宾客，与全城百姓相约古镇熊岳，相聚“望儿山母亲节”。母亲节已成为当地特有的文化元素，这里有庄重肃穆的拜母仪式，有情深意浓的敬母宴，有精品不断的明星演艺，还有群众自发的载歌载舞；既有知名专家、学者作客的母爱文化论坛，又有万人参与的游园活动。获得连续举办届数最多的母亲节大型节庆活动世界认证的望儿山母亲节，已连续举办 26 届，不仅传承着这座百年港城的悠久文明，而且体现着这座城市的道德高度。冰雪温泉、海滨温泉、森林温泉等特色温泉众多的营口，多次成功举办国际海滨温泉旅游节、国际温泉文化论坛、红酒温泉节等大型温泉旅游节庆活动，把营口的温泉品牌推向世界。“国际最佳温泉休闲旅游胜地”“中国十大特色休闲城市”“中国十大温泉养生基地”“中国最佳旅游资源城市”“中国优秀生态旅游区”等多项殊荣，凝聚着世人对营口以及营口温泉的充分肯定和高度赞誉，见表 3 – 10。

表 3 – 10　　营口市代表性旅游节庆统计

序号	节庆名称	举办时间	始创时间	举办地点	备注
1	辽河老街群众文化艺术节	10 月	2015 年	营口市辽河大街西段	文化
2	辽河老街新春庙会	正月	2020 年	营口市辽河大街西段	民俗
3	营口市天后行宫（西大庙）庙会	农历四月二十八	2001 年	营口市区西部	民俗
4	中国·营口国际海滨温泉旅游节	8 月	2009 年	营口鲅鱼圈区	自然
5	中国营口望儿山母亲节	5 月	1995 年	鲅鱼圈区熊岳镇	文化
6	辽宁冰雪温泉旅游节	1 ~ 2 月	2007 年	鲅鱼圈区	自然

续表

序号	节庆名称	举办时间	始创时间	举办地点	备注
7	营口滨海槐花节	5月	2008年	盖州市仙人岛	自然
8	营口美丽乡村文化旅游节	1～2月	2019年	盖州市小石棚乡毡帽峪村源晟山庄	新兴
9	盖州苹果节	10月	2019年	盖州市	物产
10	大石桥市淡水鱼文化节	11月	2019年	大石桥市高坎镇	物产
11	中国·营口农民丰收节（营口海蜇节）	9月	2018年	营口鲅鱼圈	物产

数据来源：本研究团队整理获得。

在营口市代表性的11项节庆活动中，自然景观类节庆活动为3项，特色物产类节庆为3项，民俗文化类节庆活动为2项，文化类节庆活动为2项，新兴的节庆活动为1项。营口市位于大辽河口，又是滨海之地，熊岳镇的温泉资源丰富，自然景观类旅游节庆活动较多。但营口市最有名的旅游节庆还要数“望儿山母亲节”，依靠历史遗产——青砖塔，挖掘中国传统孝道文化，打造的“母亲节”，内涵丰富，享誉中外。营口望儿山，是中国最具影响力的敬母祈福圣地。其山峰陡立，平地拔起，山顶有一藏式青砖塔，名曰望儿塔，建于明末清初，远看如一位母亲伫立山头日夜守望大海，盼望远方的儿子归来。望儿山是辽南名山，以感人的母爱传说得名，因以母爱为主题而名扬天下，被载入《中国名胜词典》。望儿山每年都会举行望儿山母爱文化节，今年已经是第27届，母爱文化不仅是营口人的“精神原动力”和“文化能量场”，更使营口形成了爱国、爱家、爱他人的礼爱文化体系。

（五）盘锦市旅游节庆发展现状

盘锦市整合文化、旅游、体育资源，按照四季宣传主题，鼓励各县区、部门（企业）持续打造春季徒步大会、农民丰收节、盘锦大米节系列活动、盘锦河蟹节系列活动、盘锦芦花节、辽河碑林书展、辽河湿地公园系列节庆活动及广厦艺术街系列文创活动等国家级、省级品牌活动，充分彰显盘锦地域文化和旅游特色。中国·盘锦国际湿地旅游周以“美丽盘锦——中国最美湿地”为主题，本着“节俭、精彩、务实、成功”的原则，以市场化运作为手段，打造国际旅游目的地，使旅游周成为国际化的开放平台、产业盛会、市民节日。湿地旅游周期间举办5项主题活动，其中包括红海滩国家风景廊道“穿越湿地”自行车健康行活动、“走进中国最美湿地”旅游系列活动、盘锦湿地风情摄影展等群众文化系列活动、盘锦河蟹文化节等县区系列主题活动、经贸洽谈招商引资活动等，见表3－11。

表3－11　　　　盘锦市代表性旅游节庆统计

序号	节庆名称	举办时间	始创时间	举办地点	备注
1	中国盘锦国际湿地旅游周	8月	2008年	盘锦市双台子区辽河湿地公园	自然
2	盘锦辽河湿地国际灯会	9月	2018年	盘锦市双台子区辽河湿地公园	民俗
3	盘锦冬季渔猎文化旅游节	1月	2018年	盘锦市大洼区卧龙湖	物产
4	盘锦稻草艺术节	12月	2015年	大洼区辽河口稻艺文化园	物产
5	辽宁盘锦中国最北海岸线冰凌穿越生存赛	1月	2015年	大洼区红海滩国家风景廊道景区	运动
6	辽宁盘锦蟹文化节	10月	2002年	盘山县	物产
7	辽河湿地国际冰雪嘉年华	1月	2019年	盘锦市双台子区	自然
8	盘锦市“庆丰收·奔小康”稻作人家农民丰收节暨首届荣兴稻作人家民俗村文化民俗节	9月	2020年	大洼区荣兴街道	物产
9	中国·盘锦乡村振兴产业博览会	9月	2019年	大洼区	新兴
10	盘锦金芦花节	9月	2017年	双台子区	自然

数据来源：本研究团队整理获得。

在盘锦市代表性的10项节庆活动中，特色物产类节庆为4项，自然景观类节庆活动为3项，民俗文化类节庆活动为1项，体育运动类节庆活动为1项，新兴的节庆活动为1项。盘锦市位于辽河口三角洲，是辽河千万年来冲击形成的平原，土质肥沃、地势平坦、水源丰富，是辽宁的“鱼米之乡”，近年来打造的生态种养模式“稻田养蟹”最具特色。加之，盘锦的海洋资源，物产丰饶。所以，盘锦市的旅游节庆以本地特色物产类节庆最为出名。

（六）葫芦岛市旅游节庆发展现状

葫芦岛市凭借“关外第一市”美誉和丰富的旅游资源，积极构建京津冀环渤海经济圈的后花园，依托南临渤海、北依燕山、东邻锦州、西接山海关的区位优势，不断打造特色民俗节庆活动。2020第四届冰雪文化节的举办，让“葫芦岛冰雪文化节”成为影响力辐射东北乃至华北的重要冰雪节会，与葫芦岛国际葫芦文化节、国际沙滩泳装文化博览会一起，构成全市三大旅游节庆品牌。2009年以来，葫芦岛市相继被授予“中国葫芦文化之乡”称号、“中国葫芦文化发祥地”，葫芦古镇（原葫芦山庄）被国家文化部命名为国家文化产业示范基地。从2005年至2020年，葫芦古镇已成功举办了十一届“中国·葫芦岛（龙港）国际葫芦文化节”。“2020辽宁省冬季旅游启动仪式暨葫芦岛第三届冰雪节”在葫芦岛市葫芦古镇旅游度假区隆重举行。冰雪节举办地——葫芦古镇经过扩版升级，现已成为“中国关东民俗文化代表地”，且成功塑造了“中国·葫芦岛国际葫芦文化节”“葫芦岛冰雪节”两大影响深远的节会品牌，见表3-12。

表3-12　葫芦岛市代表性旅游节庆统计

序号	节庆名称	举办时间	始创时间	举办地点	备注
1	葫芦岛国际葫芦文化节	9月	2010年	龙港区葫芦古镇	文化
2	葫芦岛群众文化艺术节	7月	2012年	龙港区葫芦古镇	文化
3	葫芦岛（龙港）冰雪文化节	12	2017年	龙港区葫芦古镇	自然
4	南票区虹螺岘镇采桑文化节	6月	2013年	葫芦岛南票区	物产
5	中国国际泳装文化节	8月	2011年	兴城市	新兴
	葫芦岛市古玩收藏文化节	10月	2008年	连山区站前古玩城	文化
6	兴城海会	7月	1987年	兴城市	自然
7	兴城宁远文化旅游节	10月	2020年	兴城古城	文化
8	辽宁海岛旅游节暨觉华岛菩提文化节	6月	2014年	兴城市觉华岛	文化

续表

序号	节庆名称	举办时间	始创时间	举办地点	备注
9	中国·葫芦岛南票紫砂文化节	9月	2016年	南票区	物产
10	绥中东戴河沙滩音乐节	8月	2018年	绥中东戴河	新兴
11	建昌县梨花旅游文化艺术节	4月	2010年	建昌县	自然
12	绥中县农民丰收节	10月	2019年	大台山风景区	物产
13	葫芦岛灵山杏花旅游文化节	4月	2016年	葫芦岛市连山区	自然

数据来源：本研究团队整理获得。

在葫芦岛市的13项代表性节庆活动中，文化类节庆活动为5项，自然景观类节庆活动为4项，特色物产类节庆为2项，新兴的节庆活动为2项。葫芦岛市号称“关外第一市”，东与锦州为邻，西与山海关毗连，南临渤海湾，北与朝阳市接壤，与大连、营口、秦皇岛、青岛等城市构成环渤海经济圈，是中国东北地区进入关内的重要门户。自古至今，葫芦岛市具有重要的战略地位，是兵家必争之地，著名明末清初的宁远大捷、一片石大战都发生在葫芦岛市境内，留有人文景观达40余处，著名的有兴城古城、九门口水上长城、碣石遗址等。加之近年来葫芦岛以葫芦古镇（原名葫芦山庄）为依托，打造葫芦福文化，打造著名旅游景区，取得了良好效果，所以，文化类旅游节庆活动是葫芦岛市旅游节庆的最主要类型。

七、辽宁沿海经济带旅游节庆评价

（一）旅游节庆的评价方法选择

西方很多学者都研究了节事对目的地社会、经济、文化等多方面的影响，可以说，在西方学术界，节事活动影响及评价研究是节事研究的重要方面[1]。例如，Getz（1991）从旅游举办地的角度分析了节事影响的5个方面：增加吸引力、形象塑造、增添生机与活力、发展的催化剂、发展可替代性旅游和持续性发展（转引自黄翔[11]）；Hall（1989）、Bowclin（2001）等论述了旅游节庆在经济、文化、政治、社会等方面的积极影响和消极影响（转引自黄翔）；

Dinanche（1997）通过1984年新奥尔良世博会的案例研究，证明了节庆对举办地旅游业的发展有广泛而深远的影响（转引自吴必虎[12]）；Getz（1997）还从节庆影响的持续时间、影响程度影响深度、影响对象和具体的影响指标进行了全面的分析（转引自戴光全等[13]）；Prentice和Anderson（2003）以英国爱丁堡艺术节为例，分析了该节庆如何改变目的地在游客心目中的形象（转引自马聪玲）[7]。

国内对旅游节事影响及评价的研究，是伴随着"'99'昆明世界园艺博览会"的成功举办而逐渐兴起的。陈永义（1999）从区域发展的角度，提出了世博会的八大效益[14]；李玉新（2003）给出了测算节庆旅游对目的地经济影响的一系列方法[15]；刘亚禄、徐铁夫（2004）在国内首次建立模糊统计数学模型，从经济、社会、科技效益三方面对大兴西瓜节的综合价值进行了评价[16]；卢晓（2006）提出节事活动影响的评价内容包括经济、环境和社会影响三方面[17]；唐治元（2007）、杨鹏（2007）、秦瑞鸿（2007）分别研究了张家界旅游节庆、广东国际旅游节、潍坊旅游节庆的影响问题[18-20]。在旅游节庆的定量评价方面主要有三个方面的研究：（1）有关少数民族节庆的定量评价研究：吴晓山（2012）从民族传统节庆文化自身价值、地方社区文化活力以及区域旅游业发展环境三个方面构建起民族传统节庆文化资源开发价值评价指标体系[21]。刘坤梅（2014）以西藏拉萨雪顿节为研究对象，探索了少数民族地区大型节庆旅游公共服务评价方法[22]。（2）旅游节庆的定量评价研究：潘娣等（2008）提出了包括效益、竞争力、环境改善能力和品牌创新能力四个方面10项指标的旅游节庆的定量评价指标体系[23]。以桂林市恭城县桃花节为例，席宇斌等人（2010）探索了从经济、社会文化与环境三方面21个具体方面构建旅游节庆影响作用的评价指标体系[24-25]。程德年等（2014）归纳出节事旅游活动效应评价指标体系的6大领域层：人文素养提高效应、城市经济发展效应、社会空间完善效应、文化传承创新效应、生态环境改善效应、价值持续开发效应，并建立累积线性综合评估模型[26]。（3）区域或地区旅游节庆的定量评价研究：韦福巍（2012）以广西为例，探索构建了包含区域经济发展水平、自然与社会环境、基础设施、节庆旅游资源、区域旅游发展状况、政策与体制环境6个一级指标和26个二级指标的区域节庆旅游综合评价指标体系[27]。陈邵兰、袁书琪、王建康（2014）提出县域节庆旅游资源的开发潜力包括资源禀赋、环境水平和开发条件三大部分31个指标[28]。佘高波、李强（2017）收集1999～2015年张家界旅游节事32项，综合运用相关系数法、条件指数法和基于方差的权重构造法，筛选出 4 个旅游节事评价指标：创新性、持续性、匹配性和融合性[29]。

本研究主要对是辽宁沿海经济带的 6 个地区进行综合旅游节庆的评价研究，而非针对某个具体节庆的评价，所以吸取以上研究成果的经验，从旅游节庆数量、旅游节庆规模、旅游节庆特色、旅游节庆知名度、旅游节庆创新性和旅游节庆效益（包括经济效益、社会效益和环境效益三方面）对地区旅游节庆的综合水平进行评价。再通过受访者填写各地著名节庆的方式，对各地最具代表性的旅游节庆进行评价和研究。本研究主要采取问卷调查，在问卷星网站发布《辽宁沿海经济带旅游节庆研究的调查问卷》。

（二）辽宁沿海经济带旅游节庆评价过程

2021 年 3 月 11 日 16：57，在问卷星网站发布了《辽宁沿海经济带旅游节庆研究的调查问卷》。该调查问卷共设置 42 个问题，大连市、丹东市、锦州市、营口市、盘锦市和葫芦岛市各 7 个问题，其中 6 个为单选题，一个为填空题。截至 2021 年 3 月 15 日 9：41，共收集了 271 份问卷。问卷绝大多数通过微信方式提交，比例高达 80.44%，具体如图 3－1 所示。

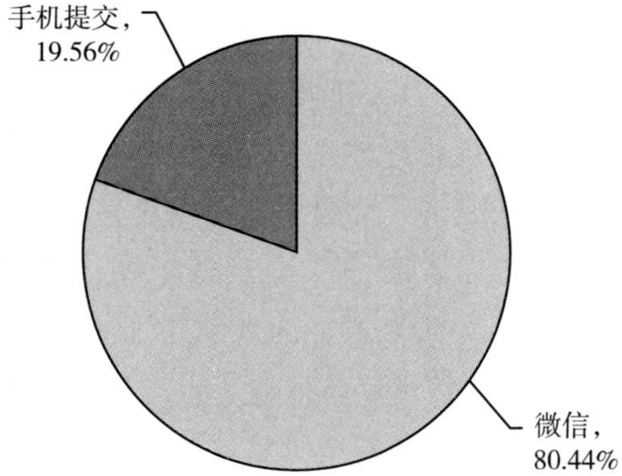

图 3－1　辽宁沿海经济带旅游节庆评价调查问卷提交方式

在问卷填写者的来源地中以辽宁省为最主要来源地，占总数的 85.98%，其他来源还包括河南省 2.95%、北京市 1.85%、广东省 1.48%、甘肃省 1.11%、浙江省 1.11%，天津市、云南省、山东省和广西壮族自治区都各为 0.74%，如图 3－2 所示。

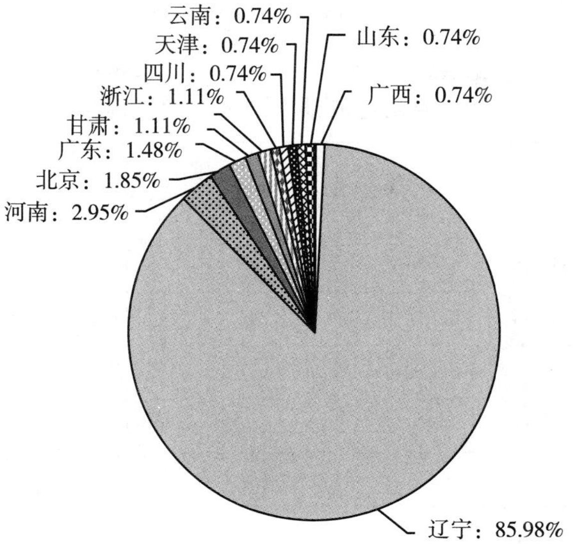

图 3－2　辽宁沿海经济带旅游节庆评价调查问卷受访者来源地

（三）辽宁沿海经济带旅游节庆评价结果

为了对辽宁沿海经济带 6 市的旅游节庆进行客观评价，本研究通过问卷调查了社会大众对大连市、丹东市、锦州市、营口市、盘锦市和葫芦岛市旅游节庆的数量、规模、知名度、特色、创新性和效益（社会、经济、环境等方面综合效益）的认知情况，可以客观调查各地旅游节庆的发展现状与发展水平。以下先通过分指标评价结果对比分析节庆各个方面的情况，然后再综合各指标的评价结果获得综合评价结果，从总体上认识辽宁沿海经济带 6 市的旅游节庆发展水平。

1. 辽宁沿海经济带各市旅游节庆数量评价结果

在辽宁沿海经济带 6 市举办旅游节庆的数量方面，调查发现大连市的旅游节庆最多，民众认为非常多的是 18.45%，比第二位的丹东市 10.33% 多 8.12%；认为多的民众高达 41.33%，是其他 5 市的二倍以上。大连市旅游节庆调查中多和非常多民众的比重为 59.78%，占据了绝大多数。而其他 5 市中，民众认为举办旅游节庆多和非常多的，比例最高是丹东市，仅为 28.41%。另外，认为举办节庆数量一般的比例，大连市为 35.79% 远低于其他 5 市；锦州市被认为旅游节庆数量“一般”比重为 47.97%，其他 4 市都在 50% 以上，见表 3－13。

表 3－13　　辽宁沿海经济带旅游节庆数量评价　　单位：%

选项＼地区	大连市	丹东市	锦州市	营口市	盘锦市	葫芦岛市
非常多	18.45	10.33	7.01	8.49	8.49	7.75
多	41.33	18.08	17.34	17.81	19.56	20.3
一般	35.79	55.35	47.97	52.03	54.98	50.55
少	2.58	13.65	22.88	18.08	14.02	16.97
非常少	1.85	2.58	4.8	3.69	2.95	4.43

数据来源：本研究团队整理获得。

从表 3－13 中可知，大连市举办旅游节庆少和非常少的受访者比例为 4.43%，丹东市举办旅游节庆少和非常少的受访者比例为 16.23%，盘锦市举办旅游节庆少和非常少的受访者比例为 16.97%，葫芦岛市举办旅游节庆少和非常少的受访者比例为 21.4%，营口市举办旅游节庆少和非常少的受访者比例为 21.77%，锦州市举办旅游节庆少和非常少的受访者比例为 27.68%。毫无疑问，大连市是辽宁沿海经济带 6 市中举办旅游节庆活动最多的，遥遥领先于其他 5 市。2019 年大连市举办各类节庆 60 多项，全国举办的 539 场国际会议中大连市承办了 12 场。全年举办展会 141 个，比上年增长 7.6%；展出面积 149.2 万平方米；参观人数 1029.7 万人次。而丹东市、锦州市、营口市、盘锦市和葫芦岛市举办的旅游节庆数量难分伯仲，可以认为在同一水平线上。

2. 辽宁沿海经济带各市旅游节庆规模评价结果

在举办旅游节庆的规模方面，认为大连市举办旅游节庆规模非常大的有 12.55%，是辽宁沿海经济带 6 市中最高的，比第二位的盘锦市的 8.49% 仅仅高 4.06%，而其他 4 市都在 6% ~8.12% 之间，所以相差不大。但是认为大连市旅游节庆规模大的比重高达 51.29%，遥遥领先于盘锦市的 19.93%、丹东市的 19.19%、葫芦岛市的 16.24%、锦州市的 15.87%、营口市的 15.13%。而认为举办旅游节庆数量一般选项中大连市仅有 33.95%，其他 5 市都在 50% 以上，见表 3－14。

表 3－14　　辽宁沿海经济带旅游节庆规模评价　　单位：%

选项＼地区	大连市	丹东市	锦州市	营口市	盘锦市	葫芦岛市
非常大	12.55	8.12	6.64	7.38	8.49	7.75
大	51.29	19.19	15.87	15.13	19.93	16.24
一般	33.95	56.09	50.18	54.98	52.03	53.87
小	1.85	15.13	22.51	18.08	15.87	16.61
非常小	0.37	1.48	4.8	4.43	3.69	5.54

数据来源：本研究团队整理获得。

在认为辽宁沿海经济带6市举办旅游节庆规模小和非常小的选项中，仅有2.22%受访者选择大连市的这两项，丹东市举办旅游节庆规模小和非常小的受访者比例为16.61%，盘锦市举办旅游节庆规模小和非常小的受访者比例为19.56%，葫芦岛市举办旅游节庆规模小和非常小的受访者比例为22.15%，营口市举办旅游节庆规模小和非常小的受访者比例为22.51%，锦州市举办旅游节庆规模小和非常小的受访者比例为27.31%。通过受访民众对于辽宁沿海经济带6市举办旅游节庆规模大和小的比重对比，可以明确看出，大连市的旅游节庆规模明显较其他5市具有的优势，而其他5市虽然在调查中也略有差异，但是基本上在同一水平层次上。但是，值得注意的是在认为举办旅游节庆规模非常大的选项中，大连市的仅是略高于其他5市，说明在民众心目中大连市的旅游节庆虽然较其他5市大，但是与国内其他著名旅游节庆相比，如洛阳牡丹节、潍坊风筝节以及国际上的西班牙奔牛节、巴西狂欢节、德国慕尼黑啤酒节等相比，大连市的旅游节庆依然还是存在差距，在规模方面有很大的提升空间。

3. 辽宁沿海经济带各市旅游节庆知名度评价结果

在辽宁沿海经济带6市的旅游节庆知名度调查中，有16.79%的受访者认为大连市举办旅游节庆知名度非常高，高于盘锦市的9.23%、丹东市的8.12%、营口市的7.38%、葫芦岛市的6.27%和锦州市的5.54%。而在认为举办旅游节庆知名度高的受访者中大连市高达46.49%，盘锦市、葫芦岛市、丹东市、锦州市和营口市的分别为22.88%、19.56%、18.82%、18.45%和16.97%。显而易见，虽然大连市的旅游节庆知名度在非常高和高的选项中超越了其他5市，但是大连市旅游节庆知名度非高的选项没有得到民众的普遍认可。另外，认为辽宁沿海经济带6市举办的旅游节庆知名度一般的受访者中，大连市的为31.37%、锦州市的为49.45%，而其他4市的知名度认为“一般”的比重都在50%以上，锦州市也可以认为在50%左右。所以，大连市举办旅游节庆的知名度依然高于其他地区，具体内容见表3-15。

表3-15　辽宁沿海经济带旅游节庆知名度评价　单位:%

选项＼地区	大连市	丹东市	锦州市	营口市	盘锦市	葫芦岛市
非常高	16.79	8.12	5.54	7.38	9.23	6.27
高	46.49	18.82	18.45	16.97	22.88	19.56
一般	31.37	56.09	49.45	52.03	50.92	50.92
低	4.06	13.65	21.4	18.82	12.92	18.08
非常低	1.11	3.32	5.17	4.8	4.06	5.17

数据来源：本研究团队整理获得。

在认为辽宁沿海经济带6市举办旅游节庆知名度低和非常低的选项中，大连市有5.17%受访者，丹东市举办旅游节庆知名度低和非常低的受访者比例为16.97%，盘锦市举办旅游节庆知名度低和非常低的受访者比例为16.98%，葫芦岛市举办旅游节庆知名度低和非常低的受访者比例为23.25%，营口市举办旅游节庆知名度低和非常低的受访者比例为23.62%，锦州市举办旅游节庆知名度低和非常低的受访者比例为26.57%。综合上述，大连市举办旅游节庆的知名度是辽宁沿海经济带6市中最高的，远远高于其他5市。但是从调查中发现，受访者认为大连市举办旅游节庆知名度非常高的比重仅为16.79%，说明大连市旅游节庆的知名度依然有很大的提升空间，还未达到国际知名的水平。

4. 辽宁沿海经济带各市旅游节庆特色评价结果

特色是旅游节庆的生命，从辽宁沿海经济带6市举办旅游节庆的特色调查中可以发现，大连市的旅游节庆特色认可度明显高于其他5市，有19.19%的受访者认为大连市举办的旅游节庆特色非常好，远高于丹东市、营口市、盘锦市的8.12%，也高于锦州市的7.38%和葫芦岛市的7.01%。另外，大连市旅游节庆的特色非常好的认可度也高于大连市旅游节庆的数量、规模和知名度。在受访者中48.34%的人认为大连市举办的旅游节庆特色好，高于第二位的丹东市19.93%。盘锦市、锦州市、葫芦岛市和营口市的旅游节庆特色认为好的受访者比例分别为25.46%、20.66%、19.19%和16.97%。在受访者中，认为辽宁沿海经济带6市举办旅游节庆的特色“一般”的比例中，大连市的受访者比例为30.63%，而其他5市的都在50%以上，最少的盘锦市也在52.4%。由此可见，除了大连市之外的其他5市举办旅游节庆的特色有待提升，详情见表3-16。

表3-16　辽宁沿海经济带旅游节庆特色评价

单位：%

选项＼地区	大连市	丹东市	锦州市	营口市	盘锦市	葫芦岛市
非常好	19.19	8.12	7.38	8.12	8.12	7.01
好	48.34	28.41	20.66	16.97	25.46	19.19
一般	30.63	54.61	54.61	55.35	52.4	56.46
差	1.48	7.01	14.02	16.61	10.7	12.18
非常差	0.37	1.85	3.32	2.95	3.32	5.17

数据来源：本研究团队整理获得。

在辽宁沿海经济带6市旅游节庆特色问卷中，对于大连市仅有1.85%的受访者选择了差和非常差的选项，非常显著地低于辽宁沿海经济带的其他5市，丹东市举办旅游节庆的特色差和非常差的受访者比例为8.86%，盘锦市举办旅游节庆的特色差和非常差的受访者比例为14.02%，锦州市举办旅游节庆的特色差和非常差的受访者比例为17.34%，葫芦岛市举办旅游节庆的特色差和非常差的受访者比例为17.35%，营口市举办旅游节庆的特色差和非常差的受访者比例为19.56%。综合以上分析，大连市举办的旅游节庆的特色显著强于丹东市、盘锦市、锦州市、葫芦岛市和营口市。而除大连之外的辽宁沿海经济带其他5市之间举办的旅游节庆的特色确实还存在一些差距，但不是非常显著。

5. 辽宁沿海经济带各市旅游节庆创新性评价结果

在辽宁沿海经济带6市旅游节庆创新性的调查中，大连市举办旅游节庆的创新性的非常强和强的受访者支持率分别为12.55%和36.16%都高于辽宁沿海经济带的其他 5 市，盘锦市的 8.12% 和 24.72%，丹东市的 9.23% 和 19.56%，锦州市的 6.64% 和 19.56%，葫芦岛市的 6.64% 和 18.08% 以及营口市的 8.86% 和 14.76%。尽管大连市旅游节庆的创新性强和非常强的支持率依然高于其他 5 市，但差距比旅游节庆数量的 31.37%（与第二位的差距）、规模的 35.42%、知名度的 31.17% 和特色的 31% 以及旅游节庆的综合效益的 28.41% 相比，差距缩小到了 15.87%，由此可见大连市旅游节庆的创新性优势不是非常明显。在认为辽宁沿海经济带 6 市旅游节庆的创新性"一般"的受访者比例中，大连市为 46.86%、锦州市为 49.82%、盘锦市为 52.03%、葫芦岛市为 54.61%、营口市为 58.67%，丹东市为 60.89%，充分证明了大连市旅游节庆的创新性优势不是很显著，具体见表 3－17。

表 3－17　辽宁沿海经济带旅游节庆创新性评价　单位:%

选项＼地区	大连市	丹东市	锦州市	营口市	盘锦市	葫芦岛市
非常强	12.55	9.23	6.64	8.86	8.12	6.64
强	36.16	19.56	19.56	14.76	24.72	18.08
一般	46.86	60.89	49.82	58.67	52.03	54.61
弱	3.69	8.86	19.19	13.65	11.81	15.87
非常弱	0.74	1.48	4.8	4.06	3.32	4.8

数据来源：本研究团队整理获得。

在认为辽宁沿海经济带 6 市举办旅游节庆创新性弱和非常弱的选项中，对于大连市有 4.43% 受访者持此观点，丹东市举办旅游节庆的创新性弱和非常弱的受访者比例为 10.34%，盘锦市举办旅游节庆的创新性弱和非常弱的受访者比例为 15.13%，营口市举办旅游节庆的创新性弱和非常弱的受访者比例为 17.71%，葫芦岛市举办旅游节庆的创新性弱和非常弱的受访者比例为 20.67%，锦州市举办旅游节庆的创新性弱和非常弱的受访者比例为 23.99%。综上所述，大连市旅游节庆的创新性是辽宁沿海经济带 6 市中最强的，但是与旅游节庆的数量、规模、知名度、特色乃至效益相比，大连市旅游节庆的创新性的优势是最弱的。其他 5 市举办旅游节庆的创新性相差不大，在同一水平线上。

6. 辽宁沿海经济带各市旅游节庆效益评价结果

旅游节庆的效益是包括经济效益、社会效益与环境效益在内的综合效益。在对辽宁沿海经济带6市举办旅游节庆的效益调查中，21.4%的受访者认为大连市的旅游节庆效益非常好，高出锦州市的9.59%、丹东市的9.23%、盘锦市的8.86%、营口市的8.12%和葫芦岛市的7.01%，都在一倍以上。另外，21.4%的支持率也是大连市举办旅游节庆的数量、规模、知名度、特色、创新性以及效益中最高的一项。在认为辽宁沿海经济带6市举办旅游节庆效益好的受访者中，大连市支持率达41.7%，依然远远高于丹东市和盘锦市的25.46%，锦州市和葫芦岛市的19.56%以及营口市的18.45%。在认为辽宁沿海经济带6市举办旅游节庆效益"一般"的观点中，大连市的仅为34.69%，而其他5市的都在50%以上，锦州市为51.29%、盘锦市为53.87%、葫芦岛市为56.09%、营口市为56.46%和丹东市为57.2%，见表3－18。

表3－18　辽宁沿海经济带旅游节庆效益评价　单位：%

选项＼地区	大连市	丹东市	锦州市	营口市	盘锦市	葫芦岛市
非常好	21.4	9.23	9.59	8.12	8.86	7.01
好	41.7	25.46	19.56	18.45	25.46	19.56
一般	34.69	57.2	51.29	56.46	53.87	56.09
差	1.11	6.27	15.5	12.92	8.49	11.81
非常差	1.11	1.85	4.06	4.06	3.32	5.54

数据来源：本研究团队整理获得。

在综合效益的评价中，仅有2.22%的受访者认为大连市举办的旅游节庆效益差和非常差，说明大连市的旅游节庆良好的综合效益得到了大众的普遍认可。而丹东市举办旅游节庆的效益差和非常差的受访者比例为8.13%，盘锦市举办旅游节庆的效益差和非常差的受访者比例为11.81%，营口市举办旅游节庆的效益差和非常差的受访者比例为16.98%，葫芦岛市举办旅游节庆的效益差和非常差的受访者比例为17.35%，锦州市举办旅游节庆的效益差和非常差的受访者比例为19.56%。综上所述，辽宁沿海经济带6市举办的旅游节庆为地方发展在经济效益、社会效益以及环境效益上发挥了特定的积极作用是毋庸置疑的，其中大连市举办旅游节庆的效益最显著，明显高于其他 5 市，但是丹东市、盘锦市、营口市、葫芦岛市和锦州市旅游节庆效益基本上在同一水平上，相差不大。

7. 辽宁沿海经济带各市旅游节庆综合评价结果

在上述有关辽宁沿海经济带 6 市旅游节庆的数量、规模、知名度、特色、创新性和效益调查评价的基础上，将这六个方面作为综合评价的基本方向，每个方向平均分配满分 100 分的六分之一，每个方向的评价的内容分为非常好（非常强、非常高）——4 分，好（强、高）——3 分，一般——2 分，差（弱、低）——1 分，非常差（非常弱、非常低）——0 分。通过对各个方面受访者的意见综合可以获得见表 3 - 19 所示的结果。

表 3 - 19　　辽宁沿海经济带旅游节庆综合评价

选项＼地区	大连市	丹东市	锦州市	营口市	盘锦市	葫芦岛市
数量	2.7196	2.1993	1.9889	2.0923	2.166	2.0996
规模	2.738	2.1734	1.9705	2.0295	2.1365	2.0406
知名度	2.7417	2.1476	1.9779	2.0332	2.203	2.0369
特色	2.845	2.3395	2.1476	2.107	2.2435	2.107
创新性	2.56	2.262	2.0406	2.107	2.2251	2.059
效益	2.8118	2.3395	2.1513	2.1365	2.2804	2.107
平均值	2.736017	2.24355	2.046133	2.08425	2.209083	2.075017
综合结果	68.40042	56.08875	51.15333	52.10625	55.22708	51.87542

数据来源：本研究团队整理获得。

应该指出，大连市的旅游节庆评价各方面的平均值都在 2（一般）以上，且都在 2.5 以上，说明比较接近“好”（满意）的水平层次。而丹东市、营口市、盘锦市、葫芦岛市的旅游节庆评价中，虽然各个方向都在 2（一般）以上，但是都在 2.4 以下，可以说就是保持在“一般”的水平上，而锦州市的旅游节庆在数量、规模和知名度方面在 2（一般）以下，说明锦州市举办旅游节庆的数量少、规模小，知名度还不高等问题突出。

按照通常考察事物优劣的习惯，将考察满分定为 100 分，大于等于 90 小于等于 100 为“优秀”，大于等于 80 小于 90 分为“良好”，大于等于 70 小于 80 分为“中等”，大于等于 60 小于 70 分为“及格”，大于等于 50 小于 60 分为“一般”，大于等于 40 小于 50 分为“欠佳”，大于等于 30 小于 40 分为“差”，小于 30 分为“非常差”八个评价等级。大连市旅游节庆的最后综合评价结果为 68.4 分虽然高于辽宁沿海经济带其他 5 市的综合水平，但在评价层次上仅位于优秀、良好、中等之后的第四层次“及格”层次上，所以大连市旅游节庆依然值得深思、分析和提升。丹东市、盘锦市、营口市、葫芦岛市和锦州市的旅游节庆综合评价结果都在 50～60 分之间，最大差距不过 4.93 分，可以认为这 5 市旅游节庆的综合水平处于同一层次“一般”层次上，距离大连市的旅游节庆相差一个层次，自然需要大力挖掘潜力，提升实力。通过下图的对比可以明显看出，大连市旅游节庆无论是从数量、规模、知名度、特色、创新性、效益的各个方面，还是从综合水平都比丹东市、盘锦市、营口市、葫芦岛市和锦州市高出一个层次，如图 3－3 所示。

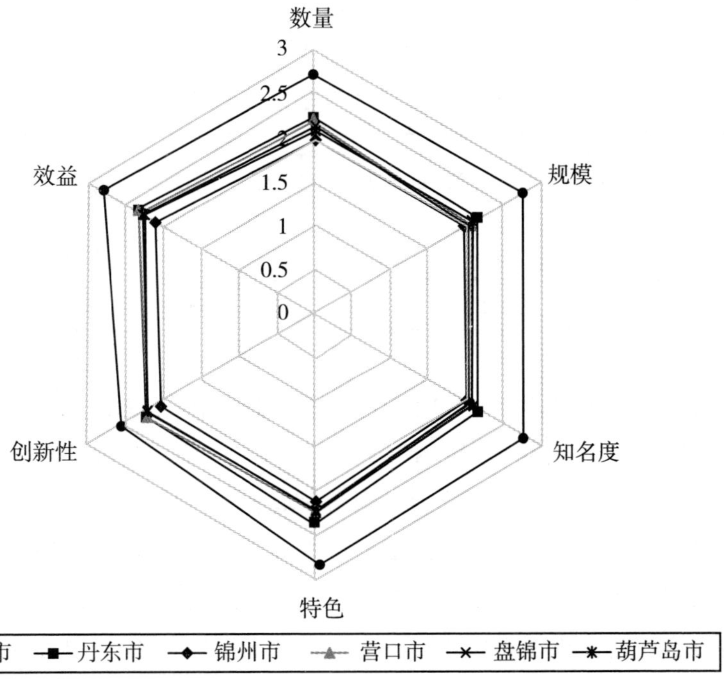

图 3－3　辽宁沿海经济带 6 市旅游节庆对比

从图 3－3 中可以清晰地发现：（1）大连市的旅游节庆综合水平显著高于辽宁沿海经济带其他 5 市；（2）丹东市、盘锦市、营口市、葫芦岛市和锦州市旅游节庆的综合水平和各个方面的差距十分微弱，几乎重叠在一起；（3）大连市旅游节庆的 6 个评价方面中，数量、规模和知名度相对比较一致；特色较为突出，距离其他 5 市的差距显著；效益方面也有较好的优势。但大连市旅游节庆的创新性与其他 5 市的差距最小，说明辽宁沿海经济带旅游节庆的创新性是共同性问题。

8. 辽宁沿海经济带整体旅游节庆综合评价

在上文对辽宁沿海经济带 6 市旅游节庆的数量、规模、知名度、特色、创新性与效益分方向分析及综合评价的基础上，综合分析可以获得对辽宁沿海经济带整体的旅游节庆发展水平的认识。首先从分指标来看，尽管指标之间的差距非常不明显，但是可以简单划分为三类，第一类高于平均水平的是旅游节庆的效益（经济、社会与环境的综合效益）与特色，是相对其他指标较好一些的；第二类接近平均水平的指标为旅游节庆的数量和创新性，第三类相对较弱的指标为旅游节庆的规模与知名度，具体见表 3－20。

表 3－20　　　　辽宁沿海经济带整体旅游节庆评价

方向 内容	数量	规模	知名度	特色	创新	效益	平均值	综合
评分	2.21	2.18	2.19	2.30	2.21	2.30	2.23	55.81
备注	一般	一般	一般	一般	一般	一般	一般	一般

从综合评价的结果来看，辽宁沿海经济带整体的旅游节庆水平处于“优秀”“良好”“中等”“及格”之后的第五层次“一般”，旅游节庆的综合水平不高，规模偏小、知名度不高，亟待通过创新发展、突出特色、扩大规模、适度增加数量、提升综合效益，打造更多、更大、更好、更受大家欢迎的旅游节庆，来带动辽宁沿海经济带旅游节庆水平提升，旅游产业发展，旅游经济快速提质增效，乃至地方社会经济全面振兴。不要认为这是“大话”“空话”“套话”，如果大家都一看了之（或一笑了之），那么上述表述就真正成了“大话”“空话”“套话”了。但是，如果我们真能够静下心来思考“该怎么发展旅游节庆”，大家都能够

认真努力探索辽宁沿海经济带旅游节庆的创新发展、特色发展、持续发展之路，将“小小”的节庆办出了“大特色”，搞出了“新花样”，实现了持续发展，那真的会有奇迹发生的！我们共同努力，共同期待吧！

通过去年《辽宁沿海经济带文旅融合研究报告》的研究发现：尽管辽宁沿海经济带对部分文化资源进行了挖掘和利用，但是从文旅融合的水平来看，目前各市的发展阶段和发展水平仍然处于较低层次。通过对大连、丹东、锦州、营口、盘锦和葫芦岛6市文旅融合发展阶段的分析来看，仅仅大连市会展与节庆发展相对成熟一点，正在向中级阶段过渡；而丹东、锦州、营口、盘锦和葫芦岛5市都处于文旅融合的初级阶段。所以总体而言，辽宁沿海经济带的文旅融合与旅游节庆仍处于层次较低的初级阶段，有待提高，见表3－21。

表3－21　辽宁沿海经济带文旅融合总体态势

地区	融合阶段	特征	代表节庆	代表演艺	文旅一体
大连市	初级向中级过渡	节庆会展发展比较成熟	服装节、啤酒节、赏槐会	老虎滩、圣亚海洋动物	俄罗斯风情节、威尼斯水城
丹东市	初级阶段	文化搭台，经济唱戏	满族风情节、鸭绿江旅游节	八旗山水谣	满族风情园 高丽街
锦州市	初级阶段	文化搭台，经济唱戏	梨花节、苹果节	竹马舞	世博园
营口市	初级阶段	文化搭台，经济唱戏	母情节、温泉旅游节	缺	辽河老街
盘锦市	初级阶段	文化搭台，经济唱戏	湿地节、河蟹节	缺	大米博物馆 河蟹博物馆
葫芦岛市	初级阶段	文化搭台，经济唱戏	泳装节、福文化节	缺	葫芦山庄 兴城古城

数据来源：本研究团队整理获得。

（四）辽宁沿海经济带各市认知度较高的节庆

在调查问卷中，除了评价辽宁沿海经济带6市旅游节庆的数量、规模、知名度、特色、创新性与效益等方面之外，还希望受访者推荐各地较高知名度的旅游节庆。通过最后的结果分析，辽宁沿海经济带的旅游节庆认可度普遍不高，绝大多数受访者无法推荐各地知名的旅游节庆。在 271 位受访者中有 173 位未推荐大连市知名节庆，227 位未推荐丹东市知名节庆，219 位未推荐锦州市知名节庆，236 位未推荐营口市知名节庆，231 位未推荐盘锦市知名节庆，239 位未推荐葫芦岛市知名节庆。由此可见，辽宁沿海经济带 6 市的节庆知名度普遍不高。

1. 大连市知名度较高的旅游节庆

共有 98 位受访者推荐了 12 项大连市知名的节庆，这些节庆分别是大连中国国际啤酒节（51 人推荐）、大连国际服装节（21 人推荐）、大连国际樱花节 14 人推荐）、大连槐花节（6 人推荐）、大连国际马拉松赛（4 人推荐）、大连烟花爆竹迎春会（4 人推荐）、大连渔人节（2 人推荐）、大连国际樱桃节（2 人推荐）、大连动漫展（1 人推荐）、大连美食节（1 人推荐）、大连国家蓝莓节（1 人推荐）和大连国际海参节（1 人推荐），具体如图 3 –4 所示。

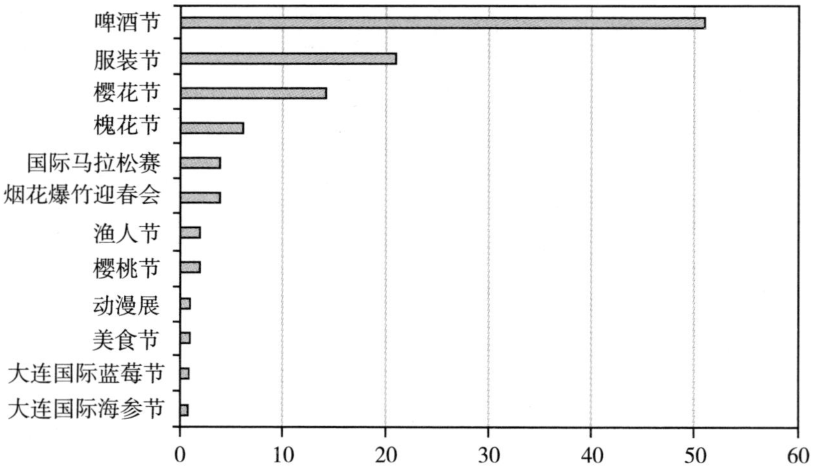

图 3 –4　大连市认可度较高的旅游节庆

2. 丹东市知名度较高的旅游节庆

在 271 位受访者众，仅有 44 位推荐了丹东市的知名旅游节庆，而仅有 3 项节庆被认可，分别是丹东鸭绿江湿地观鸟节（中国 · 丹东鸭绿江国际旅游节）有 11 人推荐，丹东河口桃花节有 8 人推荐，“东港草莓”文化节有 2 人推荐，具体如图 3 –5 所示。

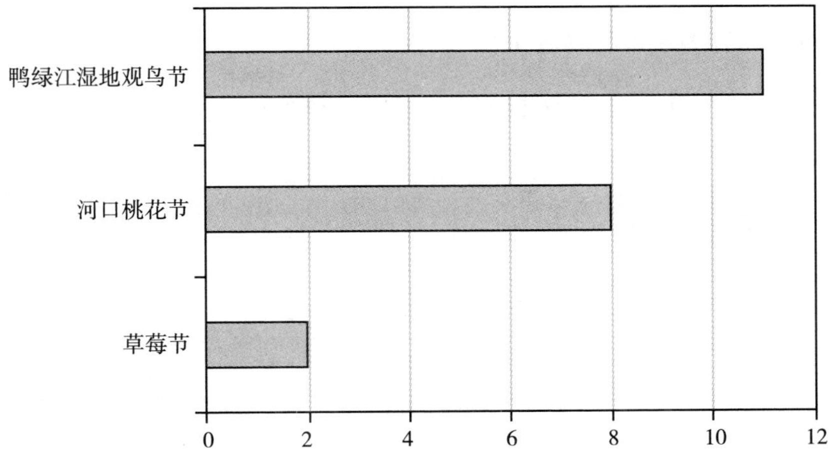

图3－5　丹东市认可度较高的旅游节庆

3. 锦州市知名度较高的旅游节庆

在271位受访者中仅有52位受访者推荐了锦州市的知名旅游节庆，除了锦州“夜市”（是不是节庆有待商榷，有3人推荐），还有6项锦州市的旅游节庆，分别是笔架山海洋文化旅游节（锦州海洋文化旅游节）11人推荐、锦州烧烤节（9人推荐）、锦州国际民间文化节（7人推荐）、北镇医巫闾山梨花节（6人推荐）、锦州古玩节（中国·锦州古玩文化节）5人推荐、锦州北普陀山采桑节（2人推荐），具体如图3－6所示。

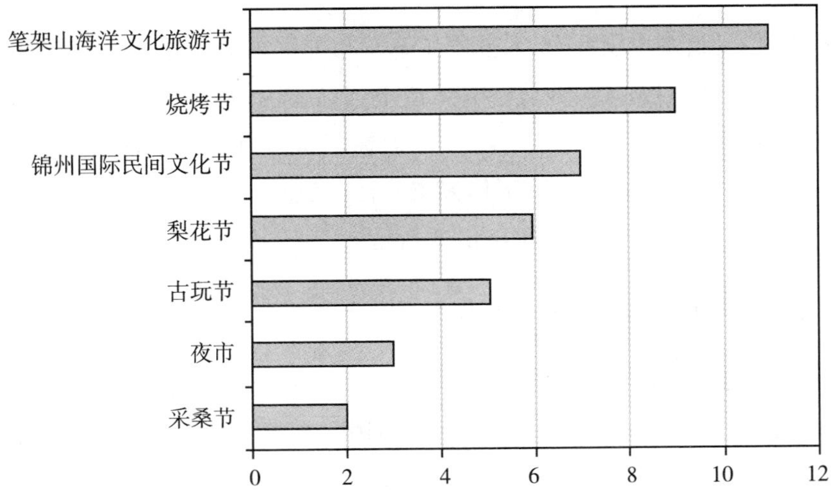

图3－6　锦州市认可度较高的旅游节庆

4. 营口市知名度较高的旅游节庆

在 271 位受访者中仅有 35 位推荐了营口市的知名旅游节庆，而仅有 3 个节庆被认为是营口市的知名节庆，分别是中国营口望儿山母亲节（母亲节）8 人推荐，营口国际海滨温泉旅游节（5 人推荐），中国农民丰收节（前身为营口海蜇节）1 人推荐，具体如图 3－7 所示。

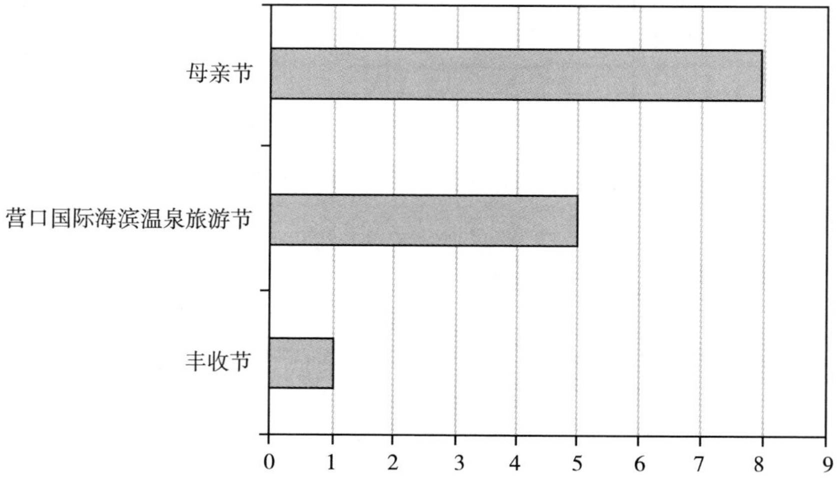

图 3－7　营口市认可度较高的旅游节庆

5. 盘锦市知名度较高的旅游节庆

在 271 位受访者中仅有 40 人推荐了盘锦市知名旅游节庆，有 5 项旅游节庆被推荐，分别是盘锦国际湿地旅游节（或中国盘锦国际湿地旅游周）有 25 人推荐，辽宁盘锦河蟹文化节（6 人推荐）、盘锦稻米节（1 人推荐）、盘锦丰收节（或盘锦市“庆丰收・奔小康”稻作人家农民丰收节）1 人推荐，芦花节（或盘锦金芦花节）1 人推荐，具体如图 3－8 所示。

6. 葫芦岛市知名度较高的旅游节庆

在 271 位受访者中仅有 32 位推荐了葫芦岛市的知名旅游节庆活动，有 5 项节庆被推荐，分别是葫芦文化节（或葫芦岛国际葫芦文化节）有 9 人推荐，葫芦岛国际泳装节有 6 人推荐、兴城海会有 5 人推荐，葫芦岛灵山杏花旅游文化节和葫芦岛冰雪节各有 1 人推荐，具体如图 3－9 所示。

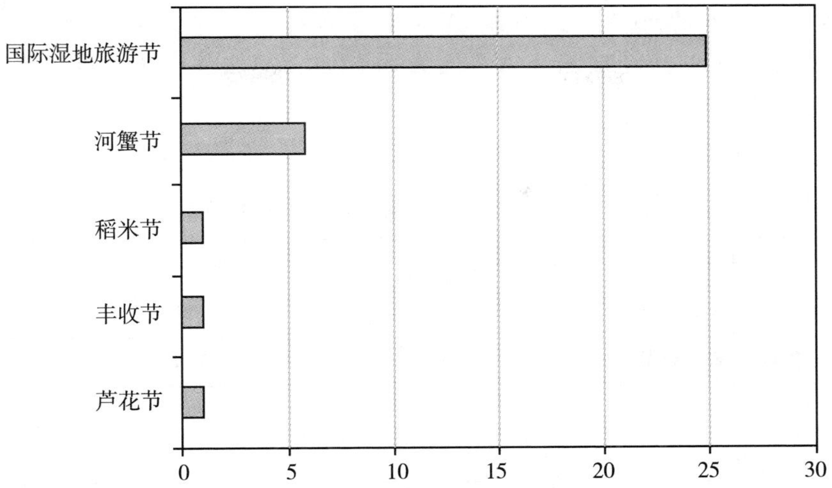

图 3－8　盘锦市认可度较高的旅游节庆

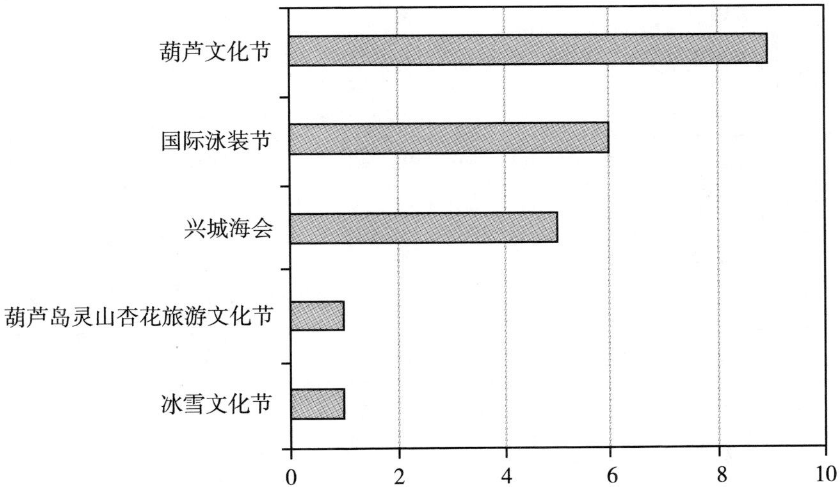

图 3－9　葫芦岛市认可度较高的旅游节庆

7. 辽宁沿海经济带知名度较高的旅游节庆

通过问卷调查，向受访者征询辽宁沿海经济带 6 市主要的旅游节庆，调查问卷的结果显示，大家一共提供了 35 个旅游节庆。其中大连市 12 个，丹东市 3 个，锦州市 7 个，营口市 3 个，盘锦市 5 个，葫芦岛市 5 个。按照受访者推荐的次数对这 35 个节庆进行一个排序，发现大连啤酒节是认可度最高的辽宁沿海经济带节庆活动，有 18.82% 受访者推荐了这一节庆，较第二位的盘锦国际湿地旅游节高出了一倍的认可度。第三位的是大连国际服装节，其认可度仅有 7.75%，第四位的大连樱花节认可度为 5.17%，其他节庆认可度仅在 5% 以内，见表 3－22。

表 3－22　辽宁沿海经济带认可度较高的 20 个节庆

节庆	认可度（%）	地区	排序
啤酒节	18.82	大连市	1
国际湿地旅游节	9.23	盘锦市	2
服装节	7.75	大连市	3
樱花节	5.17	大连市	4
鸭绿江湿地观鸟节	4.06	丹东市	5
笔架山海洋文化旅游节	4.06	锦州市	6
烧烤节	3.32	锦州市	7
葫芦文化节	3.32	葫芦岛市	8
河口桃花节	2.95	丹东市	9
母亲节	2.95	营口市	10
锦州国际民间文化节	2.58	锦州市	11
槐花节	2.21	大连市	12
梨花节	2.21	锦州市	13
河蟹节	2.21	盘锦市	14
国际泳装节	2.21	葫芦岛市	15
古玩节	1.85	锦州市	16
营口国际海滨温泉旅游节	1.85	营口市	17
兴城海会	1.85	葫芦岛市	18
烟花爆竹迎春会	1.48	大连市	19
国际马拉松赛	1.48	大连市	20

数据来源：本研究团队整理获得。

在辽宁沿海经济带知名度较高的 20 个节庆中，大连市有 6 个占 30%，丹东市有 2 个占 10%，锦州市有 5 个占 25%，营口市有 2 个占 10%，盘锦市有 2 个占 10%，葫芦岛市有 3 个占 15%。但知名度较高的是大连市的啤酒节，而盘锦市国际湿地旅游节知名度第二，1988 年就开始举办的大连服装节知名度第三。

八、辽宁沿海经济带旅游节庆存在的问题

（一）辽宁沿海经济带旅游节庆活动策划方面存在的问题

1. 主题雷同，产品缺乏特色

旅游节庆活动的初始载体都是举办地的特色资源和文化，举办活动的目的也主要是以旅游的方式推介当地的资源和文化特色。独特的地方文化也是旅游节庆的源泉和得以延续的保证。但是许多主题雷同的旅游节庆遍地开花，如渔民节或海洋节处处可见：大连獐子岛渔民节、大连大长山“渔家风情”旅游节、丹东东港海鲜文化节、锦州海洋文化旅游节、营口大石桥市淡水鱼文化节、盘锦冬季渔猎文化旅游节、葫芦岛兴城海会等。目前，辽宁沿海经济带旅游节庆大多没有形成独具特色的地方性旅游节庆，而主题雷同的旅游节庆间替代性较强，削弱了竞争力。此外，为了经济利益，一些节庆活动加入了过多的商业炒作成分，开幕式中与主题相关性不大的表演常常喧宾夺主，缺乏深厚的文化内涵，长远来看影响辽宁沿海经济带旅游节庆与旅游业的可持续发展。随着节庆产业的进一步发展，旅游节庆的载体逐步多样化，这就很容易出现旅游节庆在选题上“撞车”与主题雷同的现象。其主要原因有：一是旅游节庆主题特色不够突出；二是地区之间缺乏沟通与协调。再加上大多旅游节庆主要是由政府主办或主干，旅游节庆的众多活动项目设置过多地体现了政府的意愿，或多或少忽视了市场的需求，并且缺乏旅游节庆策划、运作的经验和能力，这就从根本上决定了旅游节庆很难做到产品的创新，产品缺乏对游客和民众的吸引力[30]。

2. 专业策划不足，缺少精品节庆

从国外成功的节庆活动来看，活动的筹备、项目的策划、活动的管理、活动的促销等都有一套成熟的理念和专业化的团队，并且经过长时间的精心准备，使活动的各个细节都趋于完善。而辽宁沿海经济带的节庆活动，总体来说比较粗浅，缺乏专业策划，显得非常的粗浅幼稚。在主题选择上大多大同小异，产品的经济文化结合力度不够；活动的内容东拼西凑，活动的过程虎头蛇尾，活动的形

式千篇一律。既没有成熟的经营理念，又没有专业化的管理人才，加上节庆文化内涵挖掘不够，发展方向也不够明确。虽然节庆旅游产品丰富，但真正能打造品牌的产品太少，得不到社会与游客的认可，在辽宁沿海经济带旅游节庆的调查中，支持率最高的大连中国国际啤酒节仅有 18.82% 的受访者推荐，其他的节庆更不用说了，所以形不成品牌效应，其活动产品必然是粗制滥造，缺乏吸引力。

3. 缺乏群众基础，游客参与度不高

国际节庆协会总裁兼首席执行长官史蒂文在接受某媒体采访时表示：中西方在办节理念方面差异较大，东方办节更讲究经济回报；而对于他们西方人来说，节庆最高的目标是给人创造欢乐，给人以希望。节庆活动本身的创意，是他们最为重视的东西[31]。相形之下，辽宁沿海经济带旅游节庆多数是“节庆搭台，经贸唱戏”，过多注重经济利益而忽视了当地居民参与节庆的积极性，不利于节庆的传承。在这样的理念下，游客参与度降低，多数停留在观看的层次，体验层次也多集中在品尝海鲜的层面。留给游客值得品味的文化不多，回忆较少，重游率较低。在调查中发现，针对大连市的旅游节庆，有 63.84% 的受访者没有推荐自认为知名的节庆，丹东市有 83.76% 的受访者未推荐自认为知名的节庆，锦州市有 80.81% 的受访者未推荐自认为知名的节庆，营口市有 87.08% 的受访者未推荐自认为知名的节庆，盘锦市有 85.24% 的受访者未推荐自认为知名的节庆，葫芦岛市有 88.19% 的受访者未推荐自认为知名的节庆。相比之下，在狂欢理论指导下的国外狂欢节让游客完全融入节庆之中，完全不会有厌倦感，如芭东海滩狂欢节每年都吸引着千千万万的游客，社会的认可度也更高。

4. 缺乏创新，发展缓慢

1988 年举办第一届的大连服装节（1991 年改为大连国际服装节），曾经是旅游节庆的标杆，与 1983 年河南洛阳市创办的新中国最早的旅游节事——牡丹花会，1984 ~ 1985 年山东省和黑龙江省在当地民俗活动的基础上分别创办的潍坊国际风筝会和哈尔滨冰灯节并驾齐驱，称为“中国最早最著名的旅游节庆”。然而随着时间的推移，大连国际服装节在发展中由于缺乏创新（地区大环境影响，大连市旅游节庆创新性与其他 5 市相差最小，说明创新不足），可以认为大连国际服装节的影响力、知名度逐渐下滑。本次调查中，仅有 7.75% 受访者推荐了大连国际服装节，比大连中国国际啤酒节（18.82%）和盘锦国际湿地旅游节（9.23%）的社会认可度都低了，真可谓“缺乏创新，拖后腿；年复一年在倒退；如今辉煌已不在；要想振兴，破陈规”。另外，通过大连市、丹东市、锦州市、营口市、盘锦市和葫芦岛市的旅游节庆综合水平评价发现仅有大连市的旅游节庆在“优秀”“良好”“中等”之后的第四层次“及格”，其他 5 市以及辽宁沿海经济带整体旅游节庆的综合水平都在第五层次“一般”，充分说明辽宁沿海经济带旅游节庆已经远远落后于国内其他地区了，更不用说国外了。

（二）辽宁沿海经济带旅游节庆管理方面存在的问题

管理运作问题是节庆活动管理的根本性问题。节庆管理水平的高低，从某种意义上说，取决于节庆活动管理运作模式同其内外环境的要求是否保持和谐一致。就目前而言，辽宁沿海经济带的节庆活动的管理体制模式还有诸多问题。主要体现在以下几个方面：

1. 政府主导，缺乏积极性

政府在节庆活动中所处位置过于重要，管辖范围太过宽泛，行政决策的色彩浓厚，影响了其他参节主体的积极性和创造活力。

2. 行政干预，企业主动性不强

节庆活动往往由政府部门牵头主办，上指下派，行政运作的成分较多，较少考虑由企业承办，造成节庆活动成本过高，政府财政负担过重。同时，由于政府命令指派，参节厂商对于政府的行政干涉必然会有抵触情绪，在一定程度上抑制了商家企业的主动性和积极性。

3. 投资回报机制不完善

在节庆活动举办过程中，政府从企业筹资的重点大多集中在广告宣传、捐赠和赞助上。但由于投资回报机制未能建立和完善，企业的投资回报率较低，难以达到预期效果。

4. 形象工程

部分举办地政府在办节中往往更注重社会影响，视节庆活动为“形象工程”，经济意识不够强。尤其是在开幕式、闭幕式等活动上片面追求规模和影响，华而不实，导致财政压力过大，大大降低了节庆活动的应有绩效。

5. 缺乏政府间协调机制

地区政府间缺乏节庆协调机制，缺乏合作与整合，存在不良竞争和内耗，未能充分发挥辽宁沿海经济带整体的规模效益和整体优势。

对于以上问题，政府作为节庆活动的管理者，应当引起重视，采取有效措施，切实加以解决。同时，还要根据节庆活动的发展实际和需求，在条件允许的情况下不断推进管理体制的完善和创新，以体制机制创新促进节庆管理创新。

（三）辽宁沿海经济带旅游节庆市场营销方面存在的问题

市场营销不仅是旅游业的必需，也是旅游节庆必不可少的内容。现代市场营销理论认为，产品包括有形的物体、服务、人员、地点、组织和构思。旅游产品是一种无形的产品，但也包括有形的内容，是一个整体的概念[32]。对照产品和旅游产品的定义特性，不难发现旅游节庆活动具有旅游产品的特点。因此，本研究拟把节庆活动作为一种旅游产品来分析，探究其市场营销的有关问题。目前，对于节庆活动的市场营销问题，绝大多数的主办方还未引起重视，或者没有认识到营销的重要性，没有采取有效的营销策略并付诸实施。具体地说，节庆活动的营销问题有：

1. 缺乏营销观念与营销规划

许多节庆活动的主办方只把主要精力放在制订方案、组织实施等具体管理工作上，营销意识不强，忽视了营销在节庆活动发展中的地位和作用，没有看到营销对提升节庆品牌形象、凝聚参节热情的重要性。主办方未把节庆活动作为一种产品来实施对外的整体营销和包装策划，大多只停留在新闻媒体的官方宣传或者是广告等初级的促销方式上，没有针对自己的市场建立起科学有效的营销策略。特别是在节庆活动的营销中过多存在着追求短期目标的问题，市场营销战略与营销计划不成体系，缺乏长期的营销目标和规划。许多主办方对节庆活动的产品策略、价格策略、销售渠道策略、产品促销策略之间的关系掌握不深，未能根据参节者需求心理去选择适合的推广对策、促销载体，大多只能在举办地营造出一定的氛围和效应。

2. 营销手段单一

对于如何让参节厂商满意、让游客满意，如何使举办地借助节庆活动提升知名度，如何击败竞争对手，如何充分利用现代网络传媒扩大节庆声势等问题，主办方往往办法措施不多，成效不甚突出。很多节庆活动还没有把网络技术的优势充分运用到市场营销当中去，缺少高科技的营销手段支持，制约了节庆活动信息化、全球化的发展趋势。例如日常对外联系，大多停留在对电话、电子邮件的使用上，较少运用互联网辅助日常业务工作，在信息化高度发展的今天，这样的营销手段显然是不能跟上时代发展需要的[33]。

3. 整体效应重视不足

有些主办方只注重节庆活动自身的对外宣传，未能使之与举办地整个区域的对外宣传结合起来，未能与旅游业等相关产业的市场营销结合起来，未能与游客喜爱的旅游线路结合起来，未能与旅游景点有机串接起来，单一宣传、孤军作战、声势不大，节庆活动的带动效应得不到充分发挥，优势互补、相辅相成的整体效应不明显。

4. 形象策划欠佳

节庆活动营销的主要目的是要把充分反映其自身特色的整体形象提炼出来，并通过有效的营销手段传播给目标受众。近几年，国内节庆活动在大力推销自身的形象特色时，由于缺乏对举办地文脉、地脉的科学分析，不能充分根据市场需求来科学设计具有鲜明特色和吸引力的节庆形象，形象宣传口号雷同现象比比皆是，以至于促销经费花了不少，游客量却上不来，影响了自身形象的塑造和品牌价值的提升。

5. 宣传途径少，力度小，缺乏国际化

中国大部分的旅游节庆主要在节庆举办之际通过网站或地方新闻发布消息，以当地或周边市场为主，宣传力度不大，途径较少，尤其是一些传统的旅游节庆。宣传不到位严重制约了旅游节庆的发展，节庆品牌发展缓慢，国际化道路艰难。

6. 节后营销重视度不够

节庆宣传主要集中在节前与节中，但节庆过后节庆场地恢复日常使用，缺少标志性的物体，而且大部分旅游节庆缺少固定的宣传机构或网页，未能在人脑中持续完整地强化。

九、辽宁沿海经济带旅游节庆发展的对策

（一）辽宁沿海经济带旅游节庆活动策划方面的对策

1. 挖掘资源内涵，打造特色节庆

辽宁沿海经济带的旅游节庆发展一定要特别重视挖掘本地资源内涵，特别是地脉文化。辽宁沿海经济带的旅游资源基础可以概括为“海”“滩”“宜”“河”“港”“城”“工”“农”“山”“史”十大方面。从当前辽宁沿海经济带旅游发展现状来看，围绕“海”“城”“山”的旅游产品是各地发展重点，也是十大地脉文化中利用最好的方面。“滩”“农”“史”是正在发展，在新业态和产业融合中，逐步发展的内容，“宜”（宜人气候、度假资源）是表面发展丰富，实际潜力巨大的内容。“河”（河流、湖泊、水库）、“港”（港口）、“工”（工业旅游）是被忽视或者发展滞后的地脉文化资源[34]。辽宁沿海经济带6市在旅游节庆发展过程中一定程度上利用了当地的文化资源，但同时也存在对当地代表性文化资源开发不佳和重要文化资源闲置的情况。在文化资源开发不佳方面，大连市对殖民文化、海岛文化；丹东市对鸭绿江、抗美援朝、满族、朝鲜族、萨满教、大梨树文化资源；锦州市对海洋、镇山、红色、凌河、农业等文化资源；营口市对海洋、休闲、农业、美食、近代商埠等文化资源；盘锦市对辽河文化、海洋文化；葫芦岛市对山岳、生态、宗教、民间文艺等文化存在开发不佳的情况。在文化资源闲置方面，大连市的港口、宜居、体育和工业等文化，丹东市的海洋和边境城文化，锦州市的辽代文化和化石文化，营口市的港口和金牛山文化，盘锦市的石油城和港口文化，葫芦岛市的港口和农业文化被闲置或忽视，未能充分得到利用，这些都是未来打造特色节庆的资源基础。

2. 创新发展，打造精品节庆

旅游节庆活动作为一种以节日庆典为依托，旨在促进地区旅游业发展并进而带动地区整体发展，提升地区形象的旅游活动，也经历了从兴起到迅速发展的过程，并在这一过程中不断完善、不断创新。更凭借其与经济文化的密切联系，承

载起了城市“经济催化剂和形象代言”的重要使命。旅游节庆是随着旅游业发展而逐渐兴起的，因为节庆目前已日益成为各地发展旅游业、振兴当地经济的重要方式，所以旅游节庆日益受到国内学术界的广泛重视，研究内容全面、成果显著。然而，纵观各地的旅游节庆活动，真正成功并能持续发展的屈指可数。究其原因，作者认为，一是发展旅游节庆时间短，举办节庆的经验不足，大众对节庆了解甚少，参与意识不强；二是由于旅游节庆形式大同小异，几乎千篇一律，缺乏创新，没有特色，打造不出自己的品牌。第一，一定要立足于本地特色，从本地资源基础上创新发展旅游节庆，打造特色突出的节庆活动；第二，要创新运行模式，由原来的“政府主导办节庆”的模式，创新建立“政府指导，公司经营，社区参与，市场运作，自负盈亏”的市场化模式，调动各方积极性，调动节庆活动真实性、群众性、参与性；第三，追求创新与突破，以多样化、立意新颖的方式表达和呈现本地的旅游文化与精品旅游节庆来吸引更多、更远的游客前来观光、体验、了解、交流，通过持续创新，不断的创意打动游客，扩大影响，提高知名度；第四，通过精心策划，持续打造，在辽宁沿海经济带打造几个在市场上具有较高知名度、美誉度和游客满意度和忠诚度，并能产生较高经济和社会效益的旅游节庆。第五，通过特色文化支撑品牌节庆定位，市场运作提升品牌节庆价值，整合营销扩大品牌节庆影响力，产业规划、法律政策和人财物后勤综合保障维护品牌节庆持续发展和稳步提高[35]。

3. 适应市场，增加参与性节庆

现代旅游节庆要增加参与性与民众的广泛关注性。现在很多节庆活动往往流于形式，缺乏游客体验性策划，大大降低了节庆活动的边际效用。因此在节庆活动的打造中应该强调活动的参与性、体验性以及观赏性，使节庆活动能够最大限度地拉动旅游业的发展。节庆文化旅游是有主题的文化旅游，是有概念、有策略、有目标并以活动为主线、以体验为重要手段的一种文化旅游形态。节庆文化旅游是一种体验经济，不止于满足顾客的物质需求，更重要的是为顾客带来了新鲜的生活体验和丰富的精神享受。世界旅游组织（World Tourism Organization，缩写：UNWTO）指出，21世纪的旅游者是时间的矮子，金钱的巨人。在最短的时间内体验到与众不同的感受和刺激，是旅游者做出消费选择的重要标准。在参与节庆活动过程中，游客融入情境中，在现场深度接触文化信息，使得他们对于文化活动的内涵在体验的基础上形成认同、接受、喜爱的情感，然后自发地再向更多的人传播，从而形成口碑效果，带来大量消费体验者。做好旅游节庆的参与性要从节庆的内涵与创意入手，在此基础上策划和设计更多地参与方式与形式，借助一些喜闻乐见的参与性活动，让旅游节庆更多一些参与的亮点和游客的兴奋点，增加旅游节庆的吸引力和凝聚力。

国外旅游业享誉全球的旅游品牌很多都是节庆活动，比如“巴西圣保罗狂欢节”、美国的“圣诞节”“西班牙斗牛节”“德国慕尼黑啤酒节”等，每年节庆期间都产生不俗的经济效益。

（二）辽宁沿海经济带旅游节庆管理方面的对策

1. 建立政府与企业有机协作的节庆运行机制

政府过多干预严重影响旅游节庆的发展，只有政企结合，多方参与才能有利于旅游节庆的可持续发展。如浙江舟山国际沙雕节从第 4 届起，引入市场运作机制，成立了舟山国际沙雕公司，该公司策划、组织、实施沙雕节及相关经营业务，使节庆活动越办越好，实现了由过去单一的政府主导到现在的“政府主导、企业运作、社会参与”的半市场化转变。该公司每年实行总冠名权转让、协办单位出资、配套活动分别冠名、中小企业赞助的方式为活动筹措相当可观的资金，并根据具体协议内容，为各大企业在电视媒体、报纸、电台、广告牌、宣传单上打广告，真正意义上实现了双赢[36]。

2. 建立辽宁沿海经济带乃至辽宁省旅游节庆的政府协调机制

辽宁沿海经济带地区间缺乏有效的协调机制，各自为战，相互内耗的情况十分普遍。比如，6 个市都具有海洋资源优势，海洋文化旅游节庆各市都有，但是缺乏衔接、联系，导致特色不突出，整体规模效益不显著。另外，辽宁沿海经济带的春季赏花游也是一个特色，但葫芦岛市建昌县的梨花节、葫芦岛灵山杏花旅游文化节、锦州医巫闾山的梨花节、大连樱花节、丹东河口桃花节等都没有形成整体，还有秋季的丰收节、冬季的冰雪节等都是互不相连，缺乏有机协调机制。未来应该从长远着眼，从大局着手，整合辽宁沿海经济带的各类资源基础和旅游节庆发展条件，联合打造更大规模旅游节庆的系列活动，开展持续时间长、内容活动丰富、涉及范围广的大节庆大活动。因此，建立辽宁沿海经济带旅游节庆政府间协调机制（或首席联络办公室，或地方长官对话机制）十分有必要，落实经济带的整体效益。

（三）辽宁沿海经济带旅游节庆市场营销方面的对策

1. 加强体验营销理念，拓宽营销渠道

理念上应强调体验营销的作用，针对旅游节庆游客参与性强的特点，对实际及潜在的旅游者进行体验营销，并配合虚拟技术等高科技手段，让旅游者尝到“甜头”，回味无穷。另外，营销渠道方面除了传统旅游业中旅行社的宣传，各种宣传页、媒体、报纸、影片等都可以成为旅游节庆的有效宣传手段。互联网、微信、微博、新闻的报道，推介会的参与，形象宣传片的涉猎都可以增强旅游节庆的影响力，同时还为其市场化运作打下基础。除此之外，还应强化节后营销，扩大营销范围，利用一切机会加强国外市场的宣传，打造知名品牌。

2. 灵活营销

将旅游节庆拿到市场上进行销售可采取多种方式。一是由节庆旅游组织管理部门亲自联系企业，进行销售。这一方式的优点是筹措的资金可全部用于旅游节庆，缺点是需要投入的人力过多，工作人员的市场、信息资源不足以及专业化水平不够会影响销售。二是由专业公司或人员进行销售，按事先规定好的比率提成。这一方式的优点是减少了组织者的工作量，但有利益分割。三是由组织者将所有产品或部分产品出售给一家或多家公司，然后再由其转销或分销。这一方式的优点是风险和利益实现了一次性转移，缺点是如果估计不准确，可能存在更大的潜在利益分割。

3. 提高目的地形象

旅游节庆不仅是旅游的一种形式，也是宣传旅游目的地的一种有效手段。但这种宣传方式具有双刃剑的特点，利用得好，可以提升人们对目的地的印象；一旦旅游节庆过程中的危机事件处理不当，会对旅游目的地造成极大的不利影响。另外旅游节庆的一些负面影响如交通堵塞、环境污染、社区与游客矛盾等也会降低游客的感知。因此只有不断改善环境条件，充分利用旅游节庆的积极影响才能有效地提升旅游目的地的形象，达到一举两得的目的[30]。

主要参考文献：

[1] 余青，吴必虎，殷平，等．中国城市节事活动的开发与管理 [J]．地理研究，2004，23 (6)：845 – 855.

[2] 戴光全，保继刚．西方事件及事件旅游研究的概念、内容、方法与启发（上）[J]．旅游学刊，2003，18 (5)：26 – 34.

[3] 王艳红，吕镇．重在设计，难在管理——刍议中国旅游节庆 [J]．旅游科学，1996，10 (4)：31 – 33.

[4] 陆凤英．甘肃省节庆旅游发展研究 [D]．兰州：西北师范大学，2006：12 – 15.

[5] 马聪玲．中国节事旅游研究——理论分析与案例解读 [M]．北京：中国旅游出版社，2009：33.

[6] 许忠伟．节事活动与旅游研究 [M]．北京：旅游教育出版社，2019.

[7] 傅广海．会展与节事旅游管理概论 [M]．北京：北京大学出版社，2015.

[8] 大乔．图说中国节 [M]．北京：中国社会科学出版社，2015.

[9] 李红宁．让传统节庆文化带动开封文化旅游产业发展 [N]．开封日报，2016 – 1 – 13：3.

[10] 杨秀芝．传统节日如何促进民族团结进步 [J]．人民论坛，2018，(24)：140 – 141.

[11] 黄翔，连建功，王乃举．旅游节庆与品牌建设 [M]．天津：南开大学出版社，2007：45 – 46.

[12] 吴必虎．区域旅游规划原理 [M]．北京：中国旅游出版社，2001：277.

[13] 戴光全．节庆、节事及事件旅游理论、案例、策划 [M]．北京：科学出版社，2005：26 – 27.

[14] 陈永义．加速区域经济发展需要有力的启动点：从世博会得到的几点启示 [J]．环渤海经济瞭望，1999 (3)：37 – 38.

[15] 李玉新．节庆旅游对目的地经济影响的测算与管理 [J]．桂林旅游高等专科学校学报，2003，14 (1)：53 – 55.

[16] 刘亚禄，徐铁夫．节庆活动的综合评价 [J]．中国统计，2004 (8)：

21－23.

［17］卢晓．节事活动策划与管理［M］．上海：上海人民出版社，2006：364－366.

［18］唐治元．张家界旅游节庆活动对城市形象塑造的影响探析［J］．辽宁行政学院学报，2007，9（10）：213－214.

［19］杨鹏．大型节事活动对举办地饭店业的影响——以深圳举办广东国际旅游节为例［J］．特区经济，2007（12）：160－161.

［20］秦瑞鸿．节庆旅游产业对城市经济、社会的影响——以山东潍坊市节庆活动为例［J］．商场现代化，2007，8（512）：275－276.

［21］吴晓山．民族传统节庆文化开发价值的综合评价体系构建［J］．商业时代，2012，31（17）：133－135.

［22］刘坤梅．基于游客感知的少数民族地区大型节庆旅游公共服务评价研究——2013年西藏拉萨雪顿节的调查［J］．西藏研究，2014，（03）：112－120.

［23］潘娣，郑大宾，汪慧琴．AHP法在旅游节庆评估体系中的应用［J］．武汉职业技术学院学报，2008，7（5）：91－94

［24］席宇斌．桂林恭城桃花节的深入发展研究［J］．沿海企业与科技，2010，16（1）：91－94.

［25］席宇斌，白秀峰，冯磊，等．基于感知视角的旅游节事影响模糊综合评价——以恭城桃花节为例［J］．科技情报开发与经济，2010，20（16）：146－148.

［26］程德年，周永博，朱梅，龚静．节事旅游活动效应评价指标体系构建——以苏州国际旅游节为例［J］．旅游研究，2014，6（4）：58－64.

［27］韦福巍．基于因子分析法的区域节庆旅游发展水平评价指标体系研究——以广西为例［J］．广西大学学报（哲学社会科学版），2012，34（2）：97－101.

［28］陈邵兰，袁书琪，王建康．县域节庆旅游资源开发潜力评价指标体系的构建与应用——以邵武市为例［J］．云南地理环境研究，2014，26（2）：40－47.

［29］佘高波，李强．旅游节事筛选评价方法的探讨——以1999—2015年张家界旅游节事为例［J］．湖南工业大学学报，2017，31（2）：72－77.

［30］李静，陈娟．中国海洋节庆旅游存在的问题及发展策略［J］．安阳师范学院学报，2011，13（2）：55－58.

［31］李玲．节庆经济期待从大到强［N］．中国旅游报．2006－10－20.

［32］王重农．现代节庆活动管理［M］．武汉：湖北教育出版．2002：11.

［33］刘金山．大型节庆活动管理创新研究［D］．青岛大学，2005：28－35.

［34］渤海大学辽宁沿海经济带发展研究院．2019 辽宁沿海经济带发展研究报告［M］．北京：中国财政经济出版社，2020：117－183.

［35］田宝成．旅游节庆的创新发展研究［D］．东南大学，2010：29－40.

［36］苏勇军．宁波市海洋旅游节庆品牌塑造研究［J］．渔业经济研究，2009，26（5）：24－28.

| 专题报告四 |

关于健全辽宁沿海经济带新型城镇化投融资机制对策研究

一、宏观背景

（一）国家相关政策背景

“人到哪去、地怎么用、钱从哪来”是新型城镇化发展的三大问题，其中的资金保障是关键一环，《国家新型城镇化规划（2014～2020年）》提出要建立透明规范的城市建设投融资机制。新型城镇化建设资金需求大、期限长，社会外部效益强但商业效益不高，需要以改革创新思维，推动建立市场化、可持续的资金保障机制，有效发挥政策性金融的引导和促进作用，避免地方政府债务无序扩张，防范系统性金融风险，平稳释放城镇化潜力。

推进新型城镇化战略作为实施乡村振兴战略的前提，同时也是国家脱贫攻坚的重要保障和动力所在，助推全面建成小康社会。健康稳定的资金来源是稳定推进新型城镇化的重要保障，建立透明规范的城市建设投融资机制，需要深化投融资体制改革，建立健全城镇化投融资的市场机制，改变以财政收入为主导、以地方投融资平台和土地资源融资为主的传统投融资模式，逐步转型为以财政资金引导、市场资金配合的市场化投融资模式，创新新型城镇化投融资机制势在必行。

（二）相关规划及文件解读

1. 国家新型城镇化规划（2014～2020年）（中发〔2014〕4号）

该《规划》是指导我国走新型城镇化道路的纲领性文件，提出“以人为本，推进以人为核心的城镇化”的主旨思想。其中关于投融资机制方面提出“加快财税体制和投融资机制改革，完善财政转移支付制度，建立财政转移支付同农业转移人口市民化挂钩机制。创新金融服务，建立规范透明的城市建设投融资机制，允许地方政府发行市政债券，放开非公有制企业进入特许经营领域的市场准入，鼓励社会资本参与城市公用设施投资运营，逐步建立多元化、可持续的城镇化资金保障机制。

2. 国务院关于加强地方政府性债务管理的意见（国发〔2014〕43号）

《意见》强调，按照“疏堵结合、分清责任、规范管理、防范风险、稳步推进”的原则，建立“借、用、还”相统一的地方政府性债务管理机制。一是加快建立规范的地方政府举债融资机制。赋予地方政府依法适度举债权限，允许地方政府发行政府债券规范举债；推广使用政府与社会资本合作模式，鼓励社会资本参与城市基础设施等公益性事业投资和运营；剥离融资平台公司政府融资职能。二是对地方政府债务实行规模控制和预算管理。地方政府举债不得突破批准的限额，债务限额由国务院确定并报全国人大或其常委会批准；地方政府在限额内举借的债务，只能用于公益性资本支出和适度归还存量债务，不得用于经常性支出；把债务收支分门别类纳入全口径预算管理。三是控制和化解地方政府性债务风险。建立地方政府性债务风险预警机制，列入风险预警范围的债务高风险地区，要逐步降低风险。地方政府对其举借的债务负有偿还责任，建立债务风险应急处置和责任追究机制。建立对违法违规融资和违规使用政府债务资金的惩罚机制。

3. 2018年新型城镇化建设重点任务（发改规划〔2018〕号）

2018年3月9日，国家发展改革委公布了《2018年新型城镇化建设重点任务》，指出新型城镇化的战略为“以人为核心、提高质量为导向”。未来应健全城镇化投融资机制，引导地方政府控制参与度，防范化解隐性债务风险。强化财政资金和政府投资引导，提高资金使用效率。推进地方融资平台公司与政府融资职能剥离，加强公益类国企转型，支持依法合规承接政府公益类项目。提高地方国企上缴收益比例，用于新型城镇化建设。鼓励金融机构加强与城镇化项目规划和运营机构的合作。推动设立国家新型城镇化建设基金。完善 PPP 模式，提高民间资本收益预期。

4. 2019 年新型城镇化建设重点任务（发改规划〔2019〕0617 号）

为了推进乡村振兴和区域协调发展战略，全面建成小康社会。2019 年 3 月 31 日，国家发展改革委制定了《2019 年新型城镇化建设重点任务》。相对 2018 年的工作重点，2019 年在投融资机制方面又重点强调防范地方债务风险，加强地方融资平台公司市场化转型。同时提出“要针对城市补短板项目，统筹安排财政资金投入、政府投资、地方政府债券发行。在坚决遏制地方政府隐性债务增量前提下综合运用多种货币政策工具，鼓励商业性金融机构适度扩大信贷投放，引导保险资金发挥长期投资优势，支持符合条件的企业发行债券进行项目融资，积极助力新型城镇化建设。支持发行有利于住房租赁产业发展的房地产投资信托基金等金融产品，筛选具备投资回报预期的优质项目吸引民间资本投入。”

（三）推进新型城镇化投融资机制改革的必要性

辽宁沿海经济带现行投融资机制尽管有效，但却存在模式单一、风险集中、难以长期持续等问题，同时为了落实《国家新型城镇化规划（2014～2020 年）》提出的“加快财税体制和投融资机制改革，创新金融服务，放开市场准入，逐步建立多元化、可持续的城镇化资金保障机制”，必须对辽宁沿海经济带现行投融资机制进行有效的改革。

1. 必须加快构建规范透明的城市建设投融资机制

现阶段辽宁沿海经济带新型城镇化的突出问题是融资渠道单一，政府负债率较高，社会资本参与不够活跃。辽宁沿海经济带在推进新型城镇化进程中最迫切的问题是建立透明规范的地方政府建设投融资机制，以保障新型城镇化过程中所需资金的多元化和可持续供给。解决这一问题的关键在于深化投融资体制改革，建立健全地方政府城镇化投融资的市场机制，改变以财政收入为主导、以地方投融资平台和土地资源融资为主的传统投融资模式，逐步转型为以财政资金引导、市场资金配合的市场化投融资模式，建立健全地方债券发行管理制度和评级制度，允许地方政府发行市政债券，拓宽城市建设融资渠道。

2. 科学的投融资机制是新型城镇化建设的重要保障

新型城镇化是当前中国经济社会发展中最重要的议题之一，而辽宁沿海经济带已进入新型城镇化的中后期，资金问题将成为未来一定时期内辽宁沿海经济带推进新型城镇化平稳发展的瓶颈。

与以往的城镇化相比，新型城镇化“以人为本”的核心理念决定其除基础设施硬件建设外，还将大幅增加城市公共服务和社会保障，资金需求量大、期限长、外部社会效应强于商业效应是新型城镇化面临的主要困难。如何满足辽宁沿海经济带推进城镇化发展过程中的巨量融资需求是无法回避的现实，建立和完善资金保障体系是急需解决的问题。辽宁沿海经济带快速的城镇化必然需要一个大规模的资金跨时空匹配机制来支撑，前提是必须建立科学的投融资保障机制。

3. 全面降低政府在推进新型城镇化时的投融资风险

辽宁沿海经济带城镇化建设快速增长的融资需求和规模，可能会造成巨量隐形的政府债务。各地方政府投融资平台是基于“土地财政”的出让金和税收难以满足推进城镇化建设需求而建立的城市建设功能机构，以此来调动社会资金和银行贷款，融资的主要形式包括银行项目贷款、发行“城投债”、融资租赁和信托私募等商业融资，其中银行贷款作为传统的融资方式之一，仍然是地方政府投融资平台融资主体，债务资金来源单一，投融资平台还债方式主要依赖土地资源收入。由于投融资主体设立和运作的不规范、平台公司的治理结构不合理而导致的信息不透明和约束机制空缺，造成地方政府债务高于其偿还能力，新型城镇化投融资风险巨大。

二、辽宁沿海经济带新型城镇化投融资机制的现状及问题

截至目前，辽宁沿海经济带推进城镇化的资金主要由固定资产投资、地方财

政一般公共预算收入和社会资本三部分组成，其中以前两种投资方式为主。目前辽宁沿海经济带城镇化建设投融资机制下的财政体制僵化，融资渠道单一、融资工具匮乏和融资体系不健全，已经造成城镇化建设资金瓶颈，造成城市建设水平和发展速度不能适应新型城镇化的目标。

（一）固定资产投资用于城镇化建设情况

辽宁沿海经济带固定资产投资一般来源于国家财政直接投资、银行贷款、外商直接投资、民间资本渠道。政府通过财政转移支付、影响银行信用贷款资金投向、招商引资等政府行为，对这些渠道产生较大的影响。城镇基础设施和公共事业等领域作为新型城镇化的薄弱环节，政府应该通过政策性融资加以干预。

1. 辽宁沿海经济带整体固定资产投资参与城镇化建设情况

自2013～2017年期间①，辽宁沿海经济带的固定资产投资增速极为不稳定，2014～2016年期间断崖式下降，自2016年以后是缓慢回升态势。但是受整个东北经济形势的影响，辽宁沿海经济带的整体经济活力明显后劲不足。近两年，辽宁沿海经济带固定资产投资占GDP的比重均不到30%，银行贷款融资转化为固定资产投资比率不足15%，如图4－1所示。

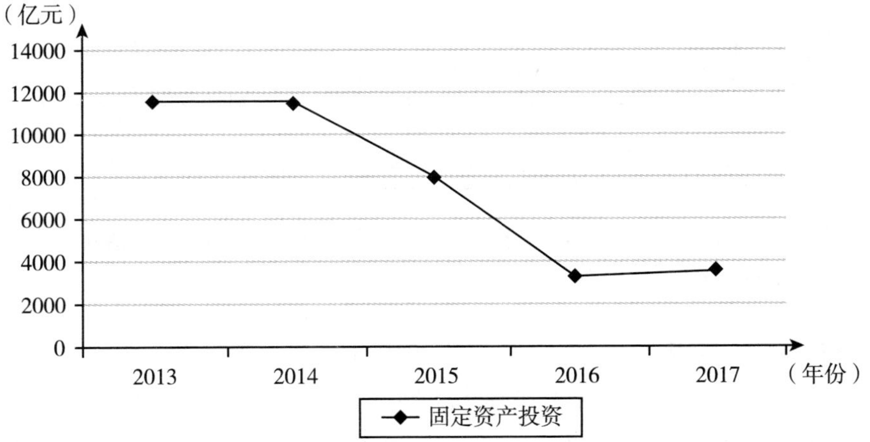

图4－1　2013～2017年辽宁沿海经济带各市固定资产投资总额变化趋势

数据来源：2014～2018年辽宁统计年鉴。

① 自2017年以后，辽宁省统计年鉴取消了对全省各地区全社会固定资产投资的数据统计。

辽宁沿海经济带固定资产投资主要通过中央、地方、内资、港澳台商投资、外商投资和个体经营六种形式参与新型城镇化建设，投资行业主要包括房地产、电力电信、水利、交通运输、教育卫生等。受国家宏观政策影响，中央财政对教育、医疗卫生、水利等行业投资力度较大。地方财政和内资侧重于对电力、热力、燃气等大型市政基础设施的投资。港澳台商和外商重点在市政基础设施、交通运输、水利环境等投资效益回收时间比较短的行业。个体经营主要在投资额度不高、回笼资金较快的文化体育娱乐行业进行投资。

2. 各地市固定资产投资参与城镇化建设情况

2013 ~2017 年期间，大连市的固定资产投资在沿海经济带六市中一枝独秀，明显高于其他五市。但整体来看，六市固定资产投资在几年间均呈下降趋势，且大连市下降幅度最大，如图 4 –2 所示。

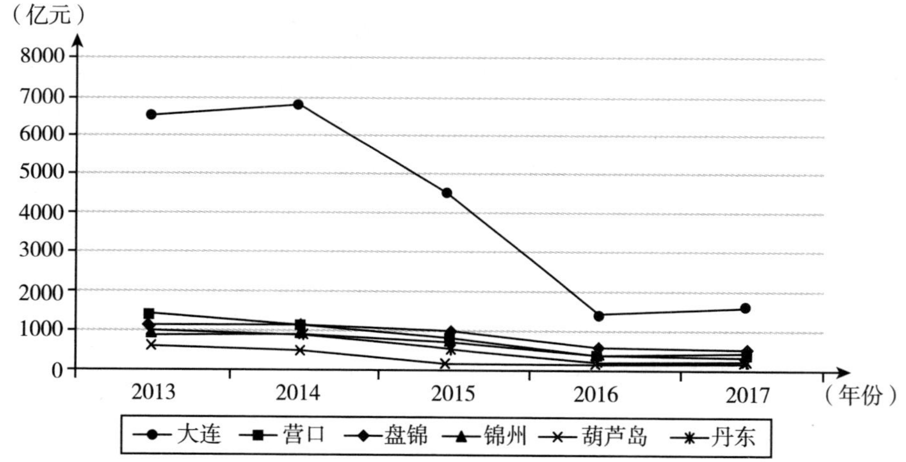

图 4 –2　2013 ~2017 年辽宁沿海经济带各市固定资产投资情况分析

数据来源：2014 ~2018 年辽宁统计年鉴。

房地产是固定资产投资的风向标。2019 年辽宁沿海经济带 6 地级市除锦州以外，房地产固定资产投资增速均为正值，其中葫芦岛市房地产固定资产投资增速最高，增速超过 40%，丹东增速超过 30%。房地产行业资金来源以自筹资金为主，贷款资金以国内贷款为主，并多数控制在 10% 以内，所以房地产行业由于银行贷款而带来的金融风险相对比较小，如图 4 –3、表 4 –1 所示。

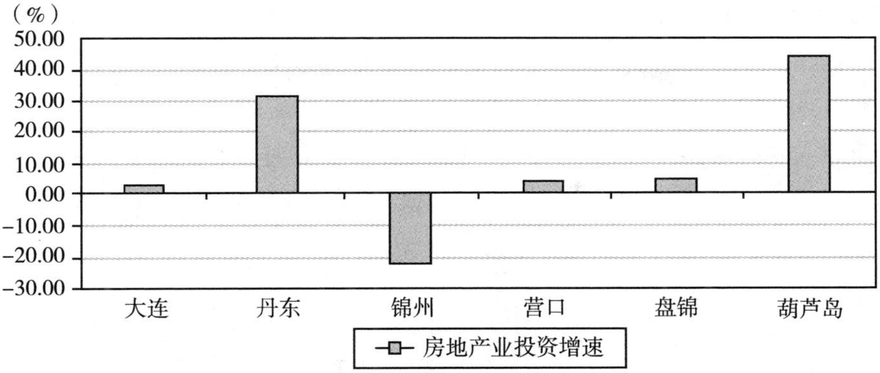

图 4-3　2019 年辽宁沿海经济带各地级市房地产行业增长速度情况分析

数据来源：2020 年辽宁统计年鉴。

表 4-1　2019 年辽宁沿海经济带各地级市资金来源情况分析

地区	本年资金来源小计（万元）	国内贷款		利用外资（万元）	自筹资金（万元）	其他资金（万元）
		金额（万元）	占总资金的比例（%）			
大连	12600022	1746148	13.86	0	3739816	306363
丹东	1385745	60868	4.39	0	693534	28601
锦州	769842	23050	2.99	0	460866	19975
营口	1229515	39130	3.18	0	731261	76963
盘锦	901810	6240	0.69	0	415662	18544
葫芦岛	1643062	166363	10.13	0	567548	108287

数据来源：2020 年辽宁统计年鉴。

各地市公共服务设施包括教育、卫生、社会保障和社会福利业、文化、体育和娱乐业等行业，公用设施包括电力、燃气及水的生产和供应业、交通运输仓储和邮政业和水利、环境和公共设施管理业等行业。在整体投资环境趋紧的情况下，沿海经济带多数城市教育、卫生、社会保障和社会福利业、电力、燃气及水的生产和供应业、水利、环境和公共设施管理业等行业投资增速仍为正值，表明辽宁沿海经济带各地市整体上比较重视城镇化配套设施的建设，为未来推进新型城镇化建设提供重要保障。而文化、体育和娱乐业、交通运输仓储和邮政业几乎所有城市投资增速为负，可能是由于六市相关设施相对完备，在经济下行的整体环境下，地方政府选择性减少了相应投资，如图 4－4、图 4－5、表 4－2 所示。

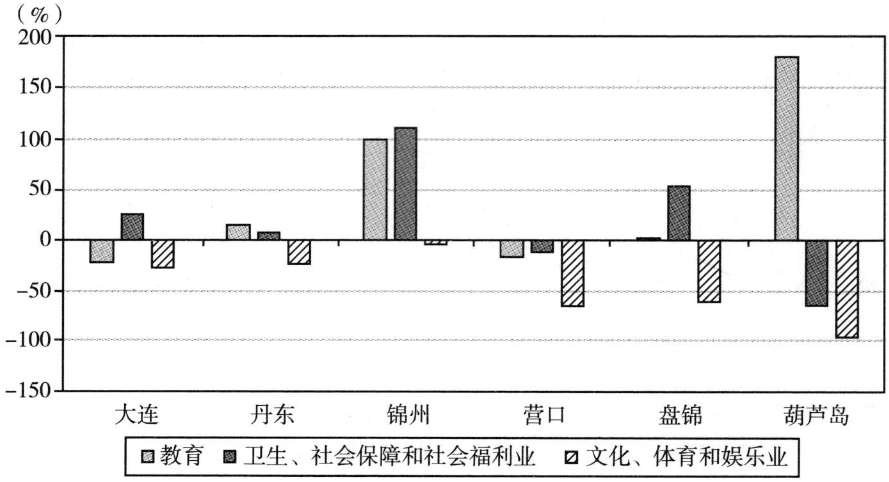

图 4－4　2019 年辽宁沿海经济带各地级市公共服务投资增长速度情况分析

数据来源：2020 年辽宁统计年鉴。

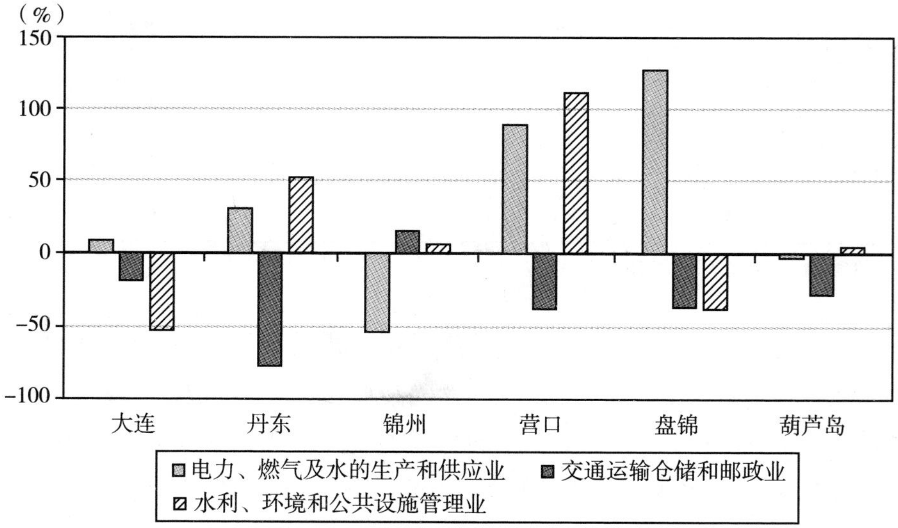

图 4－5　2019 年辽宁沿海经济带各地级市公用设施投资增长速度情况分析

数据来源：2020 年辽宁统计年鉴。

表 4－2　　2019 年辽宁沿海经济带各地区部分行业固定资产投资增长速度分析

单位：%

地区	教育	卫生、社会保障和社会福利业	文化、体育和娱乐业	电力、燃气及水的生产和供应业	交通运输仓储和邮政业	水利、环境和公共设施管理业
大连	－22.0	25.1	－27.3	9.3	－17.6	－52.5
丹东	13.9	9.2	－25.3	32.3	－78.3	52.7
锦州	98.4	111.8	－4.1	－54.1	16.7	7.3
营口	－16.7	－10.9	－64.8	90.7	－38.3	113.1
盘锦	2.3	54.6	－60.4	128.8	－38.5	－37.7
葫芦岛	180.3	－66.0	－96.3	－2.1	－29.4	5.0

数据来源：2020 年辽宁统计年鉴。

（二）公共财政预算收入用于城镇化建设情况

1. 辽宁沿海经济带公共财政预算收入参与城镇化建设情况

辽宁沿海经济带整体投融资环境比较单一，以政府性融资为主，公共财政预算收入作为政府的主要资金来源，起到关键性作用。公共财政主要集中在教育、文体、医疗、节能环保、交通运输等行业进行重点投资。2013～2019 年期间，公共财政预算收入和支出在 2015 年断崖式下降以后呈现逐年缓慢增长态势。但参与城镇化相关行业的投资逐年上涨，造成政府性融资缺口不断扩大，如图 4－6、图 4－7 所示。

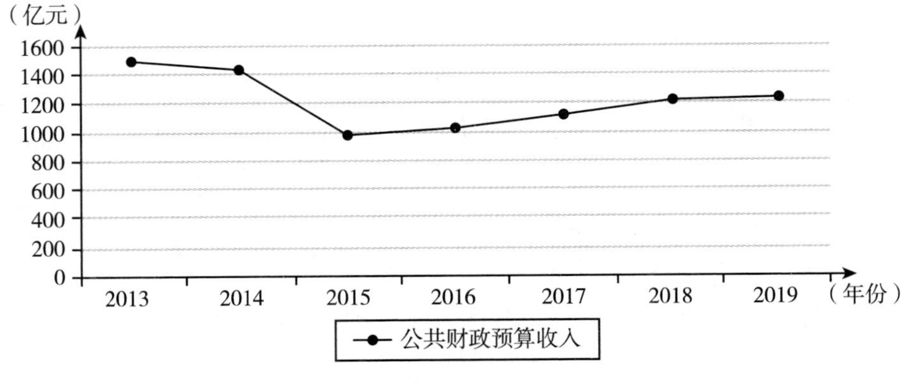

图 4－6　2013～2019 年辽宁沿海经济带各市公共财政预算收入情况分析

数据来源：2014～2020 年辽宁统计年鉴。

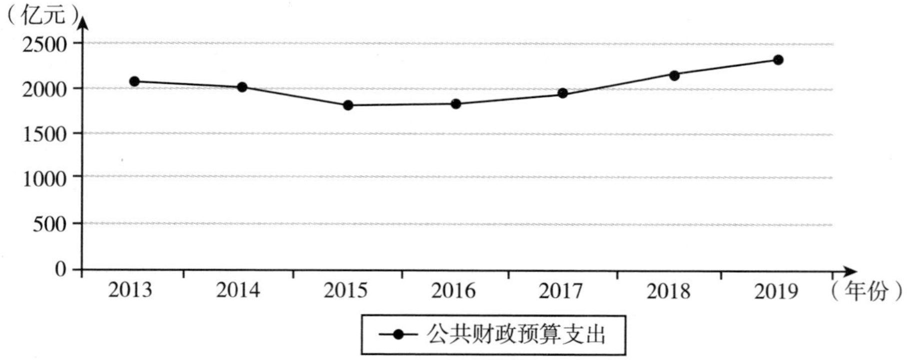

图 4－7　2013～2019 年辽宁沿海经济带各市公共财政预算支出情况分析

数据来源：2014～2020 年辽宁统计年鉴。

2. 各地市公共财政预算收入参与城镇化建设情况

辽宁沿海经济带 6 个地市中大连市地方公共财政预算收入参与新型城镇化相关行业资金额度最大。其他城市公共财政投融溢出额度普遍较高，丹东、锦州、葫芦岛三市尤为突出，收支差距巨大均对地方财政造成巨大冲击，也是造成地方债务居高不下的主要根源，如图 4－8 所示。

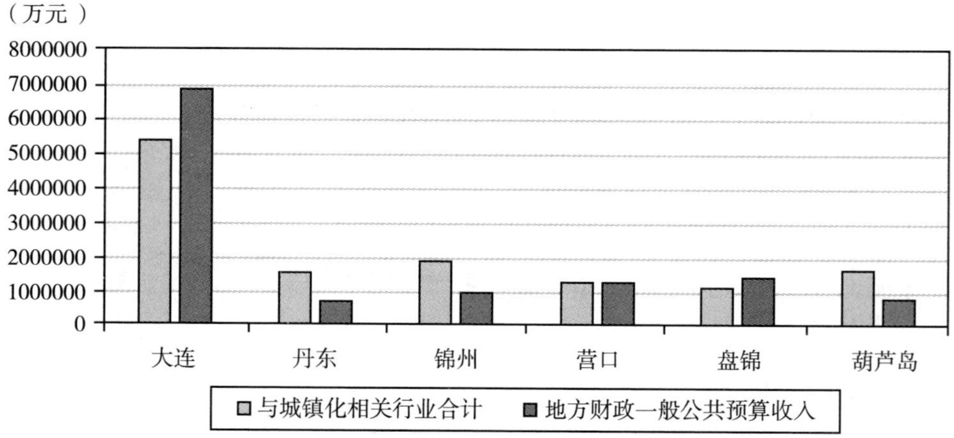

图 4－8　2019 年辽宁沿海经济带各地市公共财政预算收入参与城镇化相关行业情况分析

数据来源：2020 年辽宁统计年鉴。

受辽宁省宏观政策影响，辽宁沿海经济带推进新型城镇化建设成为各地方政府的首要任务。通过公共财政预算支出与参与新型城镇建设资金相对比，发现地方财政支出过半用于新型城镇化建设。可以推测辽宁沿海经济带各市通过银行贷款或者其他社会资本参与城镇化建设的金融风险在可控范围内，如图4－9所示。

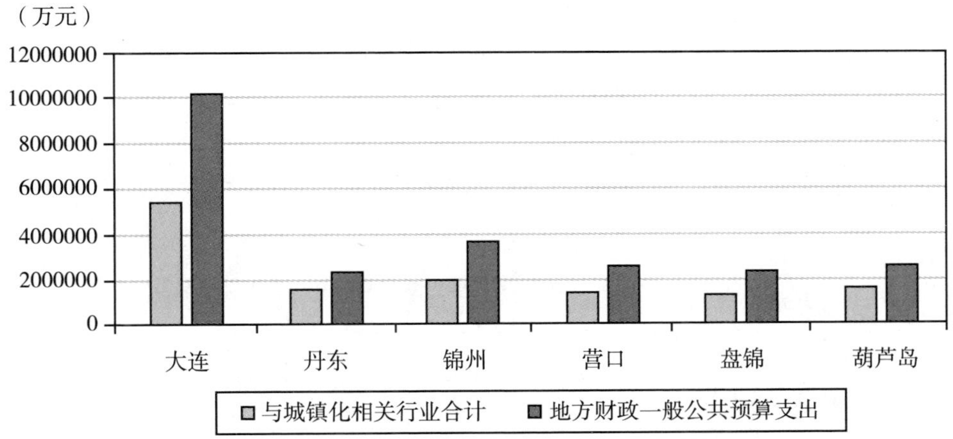

图4－9　2019年辽宁沿海经济带各地市公共财政预算支出参与城镇化相关行业情况分析

数据来源：2020年辽宁统计年鉴。

表4－3　2019年辽宁沿海经济带各地级市地方财政参与城镇化投资情况

行业		大连	丹东	锦州	营口	盘锦	葫芦岛
与城镇化相关行业	教育（万元）	1159337	294579	329736	265444	213973	351788
	文化体育与传媒（万元）	115680	27967	40268	32411	21636	24600
	社会保障和就业（万元）	2396969	639997	712886	633952	451329	592164
	医疗卫生（万元）	668818	177688	197165	146688	123859	205624
	环境保护（节能环保）（万元）	271917	62955	57369	26080	43003	49110

续表

行业		大连	丹东	锦州	营口	盘锦	葫芦岛
与城镇化相关行业	农林水事务（万元）	432619	304063	500824	192135	241853	345049
	交通运输（万元）	339358	59491	109352	63011	89507	73775
	合计（万元）	5384698	1566740	1947600	1359721	1185160	1642110
地方财政一般公共预算收入（万元）		6928397	751301	1020258	1331137	1479627	842903
地方财政一般公共预算支出（万元）		10162849	2354783	3609910	2529533	2329156	2483790
与城镇化相关行业支出占公共财政预算总收入的比例		77.7%	208.5%	190.9%	102.1%	80.1%	194.8%
与城镇化相关行业支出占公共财政预算总支出的比例		53.0%	66.5%	54.0%	53.8%	50.9%	66.1%

数据来源：2020 年辽宁统计年鉴。

（三）辽宁沿海经济带新型城镇化投融资机制现状

随着辽宁沿海经济带新型城镇化工作的稳步推进，辽宁沿海经济带各市投融资机制已经在决策、资金来源方式、管理等方面发生了相当大的变化。现行的投融资体制是由中央、地方、企业和个人的多级决策组成的，构建了以财政、银行、地方政府为主，以企业和个人为辅助的多元化资金来源格局。城镇化建设有着多渠道，多途径的融资模式，主要包括以下几种模式。

第一，地方政府税收和中央财政转移支付模式，是辽宁沿海经济带新型城镇化融资的主导形式，对城镇化融资起到较大的支撑作用，但是随着新型城镇化工作的加速推进，投资规模不断加大，该种模式所占比重趋于逐年下降趋势。

第二，土地财政模式，主要是地方政府通过土地开发与市政基础设施配套建设带动局部区域土地升值，然后政府再通过土地转让或招拍挂，从而获取大量资金用于地方城镇化建设，现阶段土地财政在辽宁沿海经济带各市城镇化融资方面起到举足轻重的作用。

第三，地方融资平台模式，通过建立一些地方城投公司，城建开发公司等来调动银行贷款和社会资金的方式来形成地方投融资平台，从而促进城镇化建设。

（四）存在问题

1. 政府主导的投融资主体单一，管理体制不健全

由于对城市基础设施建设和公用事业公益性、公共性的认识，政府一直是城镇化建设的主要投资主体，财政收入也是城镇化发展的主要资金来源，社会组织、民间资本和外来资金占比非常有限，投资主体单一。新型城镇化基础设施领域投融资需求巨大。快速发展的城镇化使得城市建设各方面所需资金仅仅依靠财政拨款已经难以满足，一方面，政府除了靠有限的财政收入，更多依赖的是土地财政，造成了“征地—卖地—收税收费—再征地”的流动模式，但是土地资源是有限的，而且土地出让的成本也在不断攀升，因此仅靠土地出让解决城市建设所需资金，显然是杯水车薪，也是不可持续的，随时会导致资金链的断裂，同时也助长了地方政府短期的政绩行为。另一方面，政府对于社会资本和外资进入城市建设尚缺乏明确的政策引导，既限制了银行、私人资本和外资的进入，又与民间资金准入政策相矛盾。这些客观上造成了资金投入的不足，也阻碍了城镇化建设项目的市场化运作，限制了投融资主体的多元化。

2. 政府融资平台监管政策趋紧，平台公司融资难度加大

目前，地方政府投融资平台仍是支撑城镇化建设的重要载体。随着国家对地方政府的负债约束和对隐性债务的监管与清理，政府投融资平台融资能力受到限制，特别是城镇基础设施与公共服务等公益性项目的融资严重受限。

3. 财权事权不匹配，地方政府有心无力

20 世纪 90 年代的分税制度改革，事实上强化了中央政府的财政控制权，弱化了地方政府的控制权，使地方政府不得不面对事权财权不匹配的局面。一是大量农村人口迁入城镇，加剧城市公共基础设施资源的供给，地方政府承担城市建设的责任与日俱增。二是政府事权层层下移，上级政府性职责直接转嫁摊派给下级政府，导致基层地方政府收支压力急剧上升。三是政府财权财力不断向上集

中，地方政府收支压力急剧上升，而发行债券、税收立法权、政策管理权等权力受到限制。

4. 投融资渠道较为狭窄，社会资本活跃度不高

目前，通过国家预算、专项税、财政拨款、财政投资、银行信贷、社会投资、外资等筹集资金是我国城镇化建设中采用比较多的融资方式。但是对于辽宁沿海经济带而言，在城镇化建设中，政府拨款和银行信贷是解决城市基础设施建设资金的主要渠道，还有一少部分政府信用贷款，对金融市场融资的利用非常有限，投融资渠道极为狭窄，难以满足城镇化建设的资金需求。

随着近几年政府相关政策的大力扶持，PPP、BOT 等模式的社会资本参与到基础设施建设中，但是 TOT、BT、ABS 以政府产业引导基金，保险、融资租赁等其他社会资本活跃度相对较低。

5. 投融资环境体系建设不完善，投资风险较大

当前，由于辽宁沿海经济带的财政体系、公共服务体系和地方政府财政预算没有做到完全公开，公共服务的定价机制没有做到定期公布，预算外资金与城镇化融资的对接程度较低，导致预算外收入使用率较低，城镇化融资缺乏有效监管而举步维艰。虽然金融机构与辽宁沿海经济带各级政府的合作项目较多，但是对真实的经营情况了解甚少，没有做到实时跟踪，缺乏透明的政府信息致使辽宁沿海经济带金融生态环境缺乏良性管控，政府融资效力约束性较差，限制了社会资本参与新型城镇化的积极性。政府信用缺乏的投融资环境直接影响商业性金融机构和民间资本参与合作的热情，现存的城镇化基础设施合作项目潜藏着较大资金风险和资金缺口，政府性负债比率较高，投融资风险较大。

三、国内外的相关经验

（一）发达国家城镇化投融资机制经验

1. 美国城镇化投融资机制经验借鉴

作为世界上最发达的资本主义国家，美国在城镇化投融资方面积累了比较丰富的经验，其中最为重要的经验为以发行市政债券为融资渠道的模式。

（1）以发行市政债券为筹集城市建设资金的融资渠道

市政债券是美国州及州以下地方政府筹集公共资金的重要工具。组织发行市政债券，对推动城市基础设施建设起到了重要作用。按照建设项目有无固定收益，美国的市政债券一般可分为两类：一类是一般责任债券或税收支持债券，该类债券用于没有固定收益的基础设施项目建设，由州、市、县或镇政府发行，并以发行者的税收（主要是财产税）作为偿债的保证；另一类是收益债券，主要用于建设机场、收费公路、区域电网、港口等有固定收益的基础设施项目，其偿债资金则主要来源于这些设施有偿使用所带来的收益。

（2）充分利用民间资本投资于基础设施

广泛引入私人部门或者民营资本参与城市基础设施建设。美国民间资本雄厚和市场体系完善为城市建设引进民间资本提供了前提条件，同时政府还采取了诸多政策措施吸引民间资本投入。美国民间资本主要通过股份制和间接投资等形式参与城镇化建设。

2. 英国城镇化投融资机制经验借鉴

英国作为世界上最早实现工业化和城镇化的国家，在金融支持城镇化方面，主要采用以 PPP 和 PFI 融资为主的公私合营模式，充分吸引私人资本参与基础设施建设。

（1）以公私合营为主，私人融资具有重要作用

英国强调私人融资优先权，鼓励私人部门参与甚至主导公共投资计划。自 1992 年正式实施 PPP 模式以来，截至 2010 年 2 月，英国共完成了金额达 560 余亿英镑的 667 个项目的签约。英国的公私合作模式不仅实现了政府现代执政理念，为城镇化建设提供了较为充足的资金，还满足了私人部门盈利需求，使得基础设施和公共服务的提供更有效率。英国是最早推行 PFI 融资模式的国家，政府通过优惠政策、政府补贴及建立健全投融资体系等多项措施积极推进 PFI 融资模式，目前 PFI 实施几乎涉及所有的公共基础设施部门。

（2）政府扮演角色的经验总结

①政府对基础设施和公共服务领域的私人融资活动具有主导作用，英国 PFI 融资模式中英国政府发挥主导作用是该国的典型特征；

②英国政府通过持有企业特殊股份的形式对已经民营化的基础设施企业进行管理，这是“金边股”的形式赋予政府对这些企业重大决策的特别权力；

③各级政府在基础设施融资中均具有重要作用。

3. 日本城镇化投融资机制经验借鉴

日本战后重建成为国家政府重要任务。人口从农村大量涌向城市，以及城市产业化投资，都对基础设施建设提出了更多需求。政府主要通过财政投融资、利用资本市场等方式，募集资金用于公共基础设施建设。具体投融资模式主要有：

一是财政投融资模式。这类模式主要分为中央财政直接投融资贷款和财政政策性金融担保两大类。中央财政直接投融资贷款的资金，主要来源于邮政储蓄委托款、国营银行、养老公积金。日本地方政府和国营企业的借款来源主要是中央财政直接投融资贷款，该贷款所产生的地方债约占地方债务总额的60%。财政政策性金融担保的设立，主要是为了降低非国有经济进入基础设施的风险。具体操作方式为，政府以财政为担保偿还本金和利息，面向民间发行债券。债券的发行条件、筹集资金数量由中央政府控制。

二是非债务资金模式。该类模式通常又可分为筑巢引凤式和联合投资式。筑巢引凤式是指政府用小量投资为民间资本创立投资环境，积极引导民资进入。平台由政府搭建，资本以民间资本运作为主。联合投资式是指由中央政府、地方公共团体和民间企业共同投资的方式。具体方式可以为政府和民间资本共建股份公司、国营企业实行民营化改革、民间资本参与基础设施建设等。

三是商业银行投融资模式。这种模式是指地方政府鼓励培育一些地方性的商业银行，这类银行主要将本地的资金通过储蓄等方式集中起来。而地方政府通过参股、控股商业银行的方式，参与决策资金的运用。这种方式大大地避免了本地资金外流，将资金集中用于本地的建设，也使地方政府增强了对本地资金的支配权。

4. 韩国城镇化投融资机制经验借鉴

对于大规模、快速的城镇化进程，韩国政府迫切需要大量的建设资金。单一的资金来源，已远远解决不了城镇化建设的需求。因此，韩国政府主导推行了多种投融资模式。

一是设立国民投资基金。韩国政府为吸引民间资本进入城市公共设施领域，并解除民间资本的后顾之忧，首先制定出明确的政策法律法规，以确保非国有经济的权益，非国有经济与国有经济在城镇化建设中具有平等地位。在韩国，公共租赁房融资渠道模式是一典型案例。国民住宅基金（NHF）、韩国住宅银行（KNB）、大韩住宅公社、大韩住宅金融公司等机构，在公共租赁房方面，与企业的合作比较成功。

二是央行统借外债，转贷给企业。该投融资模式是指韩国中央银行通过国际融资渠道，向世界银行、亚洲开发银行等全球性或区域性金融机构贷款，或者向其他国家举借外债央行将筹集到的资金再通过开发银行或者商业银行，转贷给企业。但该类银行必须以低利率，通常为7%～8%贷给基础设施企业，以此保证建设资金的充足。

三是为吸引民间资本进入城镇，制定相关的法律法规。如法规规定：凡是符合条件的民间企业，经过政府主管部门审查批准，即可从事国家与地方的基础设施投资项目。

四是财政向银行贴息。该举措是指由央行代表国家负责向外统借外债，再由开发银行和商业银行进行转贷。这些银行根据国家确定的产业政策，将国内吸收的存款和国外借款按低利率贷给基础设施企业，银行可以从财政获得贴息。

5. 经验小结

欧美发达国家和日韩等国城镇化融资的典型特征为：一方面是充分发挥市场多元化融资的优势，运用市场机制，积极引入社会资本参与城镇化融资；另一方面是充分发挥政府在城镇化融资中的重要作用，由于城镇化建设项目的特殊性，存在市场机制“失灵”现象。政府必须通过影响基础设施投融资和对其运营进行规划管理等方式进行引导。

（二）国内新型城镇化投融资机制经验分析

1. 第一批国家新型城镇化试点经验

主要经验集中在健全城镇化投融资机制方面，主要包括以下4个方面。

（1）防范化解地方政府债务风险

浙江省义乌市以政府债务清理甄别结果为基础，把存量一类债务全部置换为地方政府债券，并分一般公共预算和政府性基金预算纳入全口径预算管理。山东省青岛市建立规范化政府举债管理机制，新增政府债务全口径纳入预算管理，实现地方债自发自还。广西壮族自治区柳州市建立债务风险识别预警机制，严格实行债务限额管理。贵州省黔南州都匀市制定与还债能力和可用财力增量相适应的政府举债规划，设立偿债准备金，通过核销、PPP 化解、剥离等方式降低政府债务余额。

（2）推动地方国企更好地服务于城镇化

山东省青岛市整合优质资产组建 AAA 级综合性国有投资公司，提升政府融资平台实体化发展能力和国有资本运营能力。天津市蓟州区整合房地产管理局、水务局、交通局、市容园林委、各园区下属企业国有资产和行政事业单位优质资产，授予蓟州城投公司道路、供排水、污水、供热等基础设施特许经营权，为引入社会资本搭好平台。河南省新郑市以股权划转、资产注入等方式为国有投融资公司注入优质经营性资产。

（3）合理设立城镇化政府引导基金

海南省政府与国家开发银行金融公司合作设立 200 亿元规模的特色产业小镇基金，其中省财政出资 21 亿元，国开金融牵头募集社会资本 179 亿元，政府不兜底、不增加隐性债务。山东省青岛市设立总规模 112 亿元的青岛城市发展基金，其中募集社会资本 98 亿元，以低于基准利率的资金成本支持地铁等重大基础设施建设。广西壮族自治区柳州市财政出资 4 亿元设立政府投资引导基金，带动金融机构和社会资本超过 50 亿元。

（4）促进实体经济与金融联动发展

山东省德州市组建政策性融资担保平台，引导银行贷款、机构资金和社会资本向实体企业倾斜，企业获得资金已有几十亿元。湖南省浏阳市为花炮产业量身打造融资产品，推出承兑汇票、出口退税账户托管、贸易融资、花炮产业基金等金融服务。贵州省黔南州都匀市引入上海股权交易中心，挂牌都匀市孵化基地，打通中小企业与资本市场的对接平台。河北省石家庄市与 15 家金融机构签订小微企业贷款风险补偿业务合作协议。

2. 第二批国家新型城镇化试点经验

第二批试点关于投融资机制方面，侧重乡村金融服务体系建设，以及创新金融服务实体经济方式等方面经验推广。

（1）创新金融服务实体经济方式

江苏常熟武进区推动已入市农村集体经营性建设用地在资本市场与城市国有建设用地同地同权，为乡镇企业股改上市和抵押融资提供助力。浙江台州提供

200多项个性化金融产品，缓解小微企业融资难题。江苏江阴设立混合所有制的中小企业转贷基金，已为中小企业提供6亿元的过桥资金。福建永安国企联合4个园区设立“园区贷”，为园区内企业贷款提供担保，帮助企业办理长期贷款超过10亿元。江苏苏州引入保险资金参与城市建设项目，在医疗设备、公共交通车辆和污水处理设备等方面开展融资租赁业务。

（2）完善乡村金融服务体系

贵州湄潭在推行乡村信用评级基础上为农户提供小额信用贷款，并科学设计农村资产抵押贷款程序，开展集体经营性建设用地使用权、农民房屋财产权抵押融资以及承包地经营权、集体资产股权等担保融资。浙江湖州扩大政策性农业保险范围，探索出长兴杨梅采摘期降雨指数保险、安吉毛竹收购价格指数保险等险种。江苏沛县建立农村金融风险防范处置机制，由政府专项风险基金代偿金融机构不良贷款损失，并由县级土地流转公司对抵押物进行处置。

3. 其他重点地区新型城镇化试点经验

国家提出新型城镇化以来，浙江省、湖北省、吉林省在推进新型城镇化时所探索出的多元化投融资机并进的思路，对全国具有一定的借鉴意义。

（1）浙江经验

①金融支持农业现代化

浙江省根据自身农村领域的发展特点，形成了多元化的融资体系。充分发挥农村合作金融组织、农业银行、邮政储蓄机构的支农优势，以其他商业性金融机构的融资功能为辅助，全面服务于农村经济。如温州的万名新农村青年诚信贷款工程、肴州市的粮贷担保金、温州市设立“流动银行”消除农村金融空白点。

②金融支持城镇建设和经济发展

浙江政府鼓励金融机构放宽申贷条件，并将城镇化相关项目纳入年度计划。并通过银团贷款、合作贷款等金融工具支持城镇基础设施建设。同时也积极探索金融机构通过承销政府债券、企业发行中长期票据、发行资产证券等模式，建立多渠道融资体系。

③金融支持人口城镇化

为加快农村居民向城镇转移，浙江省积极探索金融支持路径，创新抵押方式，在增加农民收入方面的做法独具特色，值得借鉴。如嘉兴海盐县农信社创新发展了“农村流转土地经营权专项抵押贷款”，为支持当地农业发展做出了巨大的贡献。浙江省丽水市推出了林权抵押贷款，即在集体林权制度改革的基础上，抵押人可以合法拥有的林地资源作为抵押物，向银行等金融机构申请贷款。

（2）湖北经验

湖北省以省级融资平台为载体，以政府注入和平台自身创造的资产为种子资本，整合优质资源和专项资金，吸引信贷资金、民间资金等投入，配合“两圈一带”发展战略和适应交通、高新技术产业等发展需求，新设立了联发投、鄂西圈投、交投三大省级融资平台，增强了省高新投的创投机构职能，将省投资公司改组为长江投，由此形成了湖北省联合发展投资集团有限公司、湖北省鄂西生态文化旅游圈投资有限公司、湖北省交通投资有限公司、湖北省长江产业投资有限公司以及湖北省高新技术产业投资有限公司五大省级融资平台分工与合作发展的局面。投融资平台搭建支持小城镇基础设施建设，在具体平台的投融资管理与运行上将城镇化建设工程项目分为公益性（非经营性）项目、准公益性（准经营性）项目和市场化（经营性）项目。

（3）吉林经验

吉林省成立文旅产业投资联盟，加快推进文化和旅游产业的融合发展。长春市成立交通投资建设集团，在长春经济圈环线高速公路采用 PPP 模式，采取“使用者付费 + 可行性缺口补贴”方式推进；饶盖公路长春至依家屯段采取政府购买公共服务模式，市交运局为项目购买主体，交投集团为项目承接主体，市财政每年支付费用用于偿还贷款本息。长春市在交通、市政等五大领域，推出 15 个 PPP 项目，积极探索 PPP 模式的新思路。

（三）对辽宁沿海经济带健全新型城镇化投融资机制的启示

1. 撬动国企资金，推动城镇化建设

辽宁沿海经济带国有企业所占比重比较大，部分国有企业经营状况一般。盘活国有资产，使国有资产资本化，将其投入到新型城镇化建设和发展中，一方面能为国有企业带来更大的产出效益，使国有资产更好地保增质，推动国有企业体制机制改革；另一方面，也能为辽宁沿海经济带新型城镇化开辟一条来源更广、支持力更强、更具有“造血”功能的融资渠道。

2. 逐步推进农村集体经营性建设用地入市

中共十八届三中全会审议通过的《中共中央关于全面深化改革若干重大问题的决定》指出，建立城乡统一的建设用地市场。在符合规划和用途管制前提下，允许农村集体经营性建设用地出让、租赁、入股，实行与国有土地同等入市、同权同价。

辽宁沿海经济带农村集体建设用地点多面广、人均用地指标过高，可以通过合村并点、村民上楼等形式，提高土地集约化利用程度。节省的农村集体建设用地经营权入市，提高土地收益、增加农村集体资产，土地融资资金参与新型城镇化建设。

3. 积极化解地方政府的金融风险

辽宁沿海经济带应尽快构建“政府主导、多方参与、相互配合、协调有效”的地方金融稳定协调合作机制，实施“谁举债、谁偿还”的措施。市县应该摸清债务总量，逐级制定化解政府债务方案，充分发挥地方政府的行政组织优势和人民银行、银监、证监、保监机构的职能作用，整合多方资源，形成工作合力，妥善处理金融风险突发事件，及时消除风险隐患。辽宁沿海经济带应该督促各市县按照举债总量和偿还能力，对一批政府投资项目进行停建、缓建和瘦身等工作，依法规范政府与社会资本合作、政府投资基金、政府购买公共服务行为，推动融资平台公司加快市场化，规划新增政府投资项目严格实行债务风险评估和合法性审查，新增政府债务一律采取发行政府债券方式，增强债务透明度，化解地方政府金融风险。

4. 企业融资带动农村产业化发展

全面贯彻落实乡村振兴战略，以辽宁沿海经济带全面建成小康社会为总体目标，全面探索多元化的融资模式，参与宜居乡村建设。

结合辽宁沿海经济带各地区农村农业特点，通过政府协助，农民团体（农村合作社）自行宣传的方式，加快引进对农村产业了解和感兴趣的龙头企业参与实施乡村振兴战略。可以采取“开发企业 + 政府 + 村集体 + 农民”多方合作的模式，以龙头企业为主体，企业出资经营农民土地，农民成为产业工人，政府负责政策引导和监督，形成一个有政策、资金、技术优势，村民可参与可收益的合作团体。

四、创新投融资机制的对策建议

（一）推进财政体制改革，全面实施财政融资

1. 完善财政转移支付制度

合理确定各级政府公共服务事权和支出责任，按照事权与支出责任相适应的原则，合理确定各级政府在教育、基本医疗、社会保障等公共服务方面的事权，建立健全城镇基本公共服务支出分担机制。建立财政转移支付同农业转移人口市民化和试点示范挂钩机制，加大对吸纳农业转移人口多的城镇财政支持力度，在基础设施建设、基本公共服务配置、生态环境治理等方面增加投入，并保障资金落实和使用。统筹安排专项基金重点支持规划编制、人才培训、节能减排、公共设施、省级示范镇、重点中心镇和新型农村社区规划建设，特别是涉农、涉城资金，集中支持城镇化建设。争取的专项资金向县域经济、特色小镇等辽宁沿海经济带经济比较薄弱方面倾斜，支持辽宁沿海经济带经济模式比较出色的"飞地经济"板块重点扶持，总结经验全国推广。

2. 完善财政支持城镇建设制度

建立金融支持城镇化建设的协调机制，以政府投入引导各类资金投入，满足新型城镇化建设需求。建立各级财政投入稳定增长机制，城市建设维护税、城市公共事业附加费、城市基础设施配套费等收入统筹用于城市基础设施和公共服务设施建设。加大城建税征收和清缴力度，通过城建税筹集城镇化建设资金，形成促进城镇化快速发展的资金保障。除政策规定必须安排的支出外，土地出让金主要用于城镇基础设施建设。逐步完善市、县财政体制和收支结构，进一步理顺市、县财政分配关系，保证市、县在推进新型城镇化建设过程中具有相对稳定的财力来源。各级财政部门对纯公益产品项目建设要纳入地方预算体系，统筹管理和使用，确保建设资金足额落实。对城镇化建设中的准公共产品项目，要通过适当补贴、制定优惠政策，对投资者予以补偿，保障其合理收益，激发民间投资城镇化建设的积极性。加强对城市公用事业、公共服务类产品的成本监管，形成公用产品科学合理的价格形成机制和运作机制。

（二）加强管理，增强土地融资的可持续性

1. 完善土地财政的相关税制分配制度

加强财税体制改革，合理划分中央与地方政府财权与事权，要适当减轻地方政府财政负担，适当增加中央政府事权，协调好政府间财权与事权的匹配；同时完善土地相关税制，增设及提高部分地方税率。通过提高城镇土地使用税税率、完善土地增值税、增设空地税及提高耕地占用税税率等措施，起到土地节约利用和增加财政收入的双重作用。

2. 建立多元化的土地融资机制

（1）地方融资平台

地方政府通过划拨土地、股权、规费、国债等资产，迅速包装出资产和现金流均可达到融资标准的公司，并以财政补贴作为还款承诺，争取大量新型城镇化资金，主要用于城镇基础设施和公共服务设施等公益性项目的建设。地方融资平台的主要表现形式为地方城市建设投资公司，通过运用和融资等形式实现盈利，用于偿还债务，而最大的风险在于债务信贷化。

（2）银行贷款

地方政府可以通过抵押土地的形式，从银行获得巨额开发资金，提前预支土地所带来的收益，用于满足现阶段新型城镇化项目的建设需要。这种方式主要是地方政府以信誉为担保，融资数额巨大，但也存在抵押值不足、地方债务累积、市场变化导致的无法还款的风险。

3. 建立国有土地收益基金制度

建立国有土地收益基金，以社会公平为出发点，对土地收益基金进行严格管理，促进土地利用及城镇化建设的可持续性。利用制度建设来设置土地出让年限规模和收益分配的方案，杜绝现阶段一次性收取大量土地出让金的现象。为了保障代际之间的公平及未来城镇化建设资金的需求，应该通过建立国有土地收益基金制度的方式，将当期土地收入预留一定比例用于未来城镇化建设。这样既维护了每届政府的代际平衡，又可以防止透支未来收益。

（三）创建城市投融资机制，搭建多元化的融资平台

1. 完善地方政府投融资平台建设

结合发达国家和地区的经验，结合辽宁沿海经济带的实际完善地方政府融资平台建设。一方面需要强化地方政府融资能力组建城投公司。以兼并、收购、注册控股、合资、债券转移及联合经营等多种方式进行的资产重组是企业经营规模扩张的有效途径。通过注入优质资产组建城投公司，按照市场规模实现“融资—建设—资产经营＋政府补贴—偿债”的良性循环，建立确实有效的负债控制和投资回收机制。另一方面，逐步建立起地方政府发行市政债券的相关政策制度体系。结合英国、美国等西方发达国家的普遍经验，结合我国具体国情以及辽宁沿海经济带实际，在坚持政府引导型的多元化融资目标模式下采取试点突破和逐步拓宽区域的方式，探索以省内发展比较成熟的“飞地经济”板块为平台，通过发行市政债券支持城镇基础设施和公共服务设施建设，逐步建立起一套适合辽宁沿海经济带实际的市政债券融资模式。

2. 建立地方政府发行市政债券的机制

发行市政债券应该着手以下三个方面的工作：第一，建立统一规范的市政债信用评级体系。由于我国各地区经济发展水平、金融环境和资本市场都存在较大差异。因此，一方面，需要通过信用评级机构真实地反映不同地方政府的信用状况，为投资者提供客观中立的信用信息以识别债券风险，从而提高发债主体信息披露透明度，为投资者提供投资参考；另一方面，地方政府为了市政债的顺利发行必将主动改善信用状况，发展地方经济、规范自身债务治理水平促进地方经济持续和健康发展。第二，根据项目性质不同分别发行项目收益债和一般责任债，地方政府对这两类债券负有的偿债责任不同。一般责任债是以发行者的征税能力作保证，其信用仅次于国债，通常用于公益性较强的项目，偿还来源是地方政府的税收收入；项目收益债是与特定的建设项目相联系的债券，项目本身有现金流，可盈利且有偿债能力，其偿还来源是项目自身的未来收益，地方政府不承担或仅承担部分或有偿债责任，发行项目收益债需要注意的是尽可能避免政府直接参与，而由专业机构进行，以确保债券发行的信息对称性。现有的城投债可以转换为此类债券。第三，统筹安排市政债融资总量，制定城镇化建设融资规划，充

分考虑各地区经济发展水平，遵循地方政府可持续发展的原则，防止代际不公平的出现，防范地方政府过度举债。

3. 增强地方政府债务管理的透明度

通过建立强制性的政府财政信息披露制度，促进地方政府隐形债务透明化，通过地方政府隐形债务透明化，加强对地方政府财政收支的有效约束。地方政府融资平台作为地方政府债务有效变通方式，长期以来不仅存在显性的直接债务，还存在诸多游离于现行财政体系外的各种隐性债务，由此引起资金使用与管理信息的严重不对称，在这种情况下中央、省市政府和金融机构等无法很好地掌握地方政府负债、信用及偿债能力等准确信息，容易造成地方政府的财政风险及其可能导致的金融风险。因此将地方政府的负债置于可控范围之内是规避财政风险和金融风险的有效方式之一，要实现地方政府隐性债务的显性化，强化地方政府的预算约束。辽宁沿海经济带政府及市县各个部门间应明晰风险责任，促进地方政府建立起与其固定资产投资、财政收入和经济发展水平相协调的债务规模。

（四）灵活运用项目融资，积极争取政策性金融支持

政策性金融在新型城镇化建设融资中具有引导和促进的特殊作用，具有“启动器”功能。争取政策性金融资金有助于支持城乡基础设施建设和社会民生领域发展。

1. 国家开发银行发挥支持新型城镇化主力银行作用

2015 年 4 月，国家发展改革委与国家开发银行联合下发《关于开发性金融支持国家新型城镇化综合试点的通知》，国家开发银行成为支持新型城镇化工作政策性银行“主力军”。辽宁沿海经济带应该结合国家开发银行的相关政策，主要在以下几方面推动辽宁沿海经济带新型城镇化建设。一是大力支持棚户区改造，自 2005 年开始，国家开发银行就积极支持辽宁沿海经济带率先推进棚户区改造工作，对地区城镇化建设推动力巨大，辽宁沿海经济带应结合未来推进新型城镇化的政策要点，继续争取国开行资金推动棚户区改造工作；二是配合落实辽宁沿海经济带相关新型城镇化规划，做好投融资机制的创新落实；三是结合辽宁沿海经济带新型城镇化特点和地域特色开展试点示范，辽宁沿海经济带应结合飞地经济、扩权强县、特色小镇、特色乡镇等试点，开展基础设施投融资

体制改革，积极引导金融机构和社会资本参与开发建设；四是积极助力农民工市民化，支持完善城市住房、医疗、卫生、教育、文化等社会保障功能；五是提升城镇综合承载能力，支持辽宁沿海经济带国家战略的实施，促进区域协调统筹发展。

2. 中国农业发展银行积极参与新型城镇化

2015 年 4 月，国家发展改革委联合中国农业发展银行印发《关于农业政策性金融支持国家新型城镇化综合试点有关工作的通知》，辽宁沿海经济带应由省发展改革部门牵头，与中国农业发展银行密切合作，积极争取政策性银行支持新型城镇化建设的职能作用，在此基础上积极开展金融创新，探索配套政策，建立多元化可持续的城镇化投融资机制。未来应重点围绕农业转移人口市民化和城乡公共服务均等化等方面，积极支持城乡发展一体化。

中国农业发展银行在 2015 年出台了《关于做好整体城镇化建设项目贷款业务的指导意见》，并提出了整体城镇化贷款品种支持农村基础设施建设。辽宁沿海经济带作为辽宁省，乃至东北老工业基地振兴发展的缩影，大中城市相对实力较强，县域经济、乡镇农村地区比较薄弱，针对农业发展银行的贷款政策，积极争取政策性资金，支持相关地区基础设施建设。在新型城镇化规划范围内，围绕“人的城镇化”和土地集约节约利用开展一体化建设，对点状分布、关联度高、具有协调促进效应的建设项目进行统一规划和整体立项，实现城镇化建设“整区域”推进。辽宁沿海经济带应该围绕乡村振兴战略，积极开展新农村建设的试点工作，对传统村落、历史文化名镇名村开展先行先试。加强与中国农业发展银行的合作，针对城镇化综合试点地区推出差别化信贷政策，建立总行级绿色通道，对相关项目优先受理、优先审批，统筹调配信贷规模，优先保障融资需求，积极联合其他银行、保险公司等金融机构提供多元化、可持续的投融资渠道。

（五）创新投融资机制，激活民间投资

通过政策引导提高政府、企业、社会和个人共同参与城镇化建设的积极性，形成公共投资引领民间投资的新格局，实现“政府搭台、民间唱戏”的投融资效应，构建可持续的城镇化建设融资机制。

按照国家新型城镇化综合试点的要求，把地方政府债务纳入全口径预算管

理，编制公开透明的城市政府资产负债表，建立健全地方政府债券发行管理制度，允许地方政府通过发债等多种方式拓宽城市建设融资渠道。依据城市规划编制城市基础设施建设规划和融资规划，针对不同项目性质设计差别化融资模式与偿债机制。理顺市政公用产品和服务价格形成机制，放宽准入，完善监管，制定PPP（企业通过政府和社会资本合作）、BT（建设—移交）、BOT（建设—经营—移交）、TOT（移交—经营—移交）等特许经营等商业模式，鼓励社会资本参与城市公用设施投资运营。

1. PPP 模式

以公、私合作为核心，以有效引入市场要素为基础，充分发挥财政资源在调动市场力量、优化资源配置方面的杠杆作用，为公共产品和服务的供给以及财政投资项目安排开辟了一种有效模式。积极引进和应用国际社会在基础设施建设领域广泛采用的政府和社会资本合作模式，吸引社会资本参与公共基础设施的建设和运营。财政投资项目的 PPP 模式操作，是市场决定资源配置的鲜明体现，将对财政投资和项目安排的理念产生深远影响，具有巨大的制度意义和实践价值。辽宁沿海经济带相关政府部门可以通过政府采购形式与中标单位组成的特殊目的公司签订特许合同（特殊目的公司一般由中标的建筑公司、服务经营公司或对项目进行投资的第三方组成的股份有限公司），由特殊目的公司负责筹资、建设及经营。采用 PPP 融资形式的实质是：政府通过给予私营公司长期的特许经营权和收益权来换取基础设施加快建设及有效运营，如图 4－10 所示。

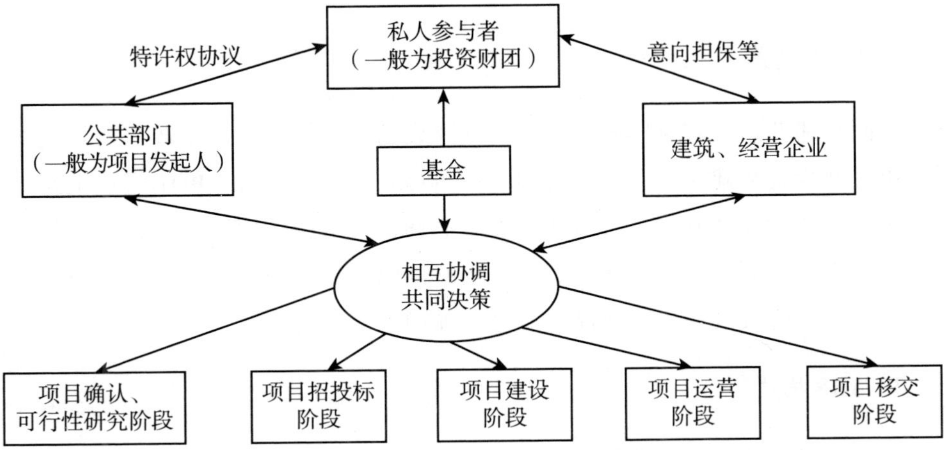

图 4－10 PPP 模式运作流程示意图

SPV 中文意思为“特殊目的载体”，SPV 是政府与社会资本组成的一个特殊目的机构，政府以该机构为载体引入社会资本，双方对公共产品或者服务进行共同设计开发，共同承担风险，全过程合作，期满后再将项目移交给政府。SPV 公司的股东为政府授权国有投资公司，建设公司和建设公司合作的基金管理。根据特许经营项目融资和股权结构理论，PPP 项目股权结构的设计充分发挥股东各自优势，合理设计和调整股东股权比例，尽量满足各股东的短期或者长期的投资目的，提高项目的实施效率。SPV 公司代表 PPP 项目全面负责投融资项目的投资、建设、运营、风险管控管理等，负责落实项目融资条件，推动项目资金落实，协调项目参建各方关系，为 PPP 项目建设做好支撑和服务，推进项目的建设，如图 4－11 所示。

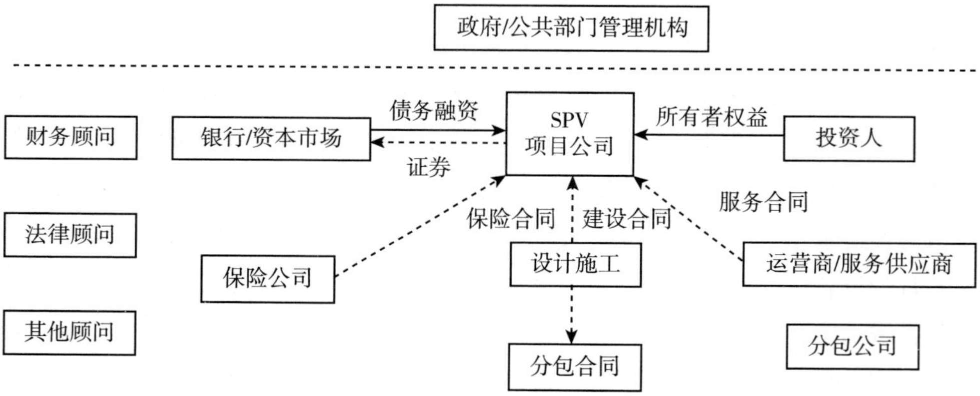

图 4－11　SPV 公司的典型架构图

2. BOT 模式

民间兴建营运后转移模式是一种公共建设的运营模式，为将政府所规划的工程交由民间投资兴建并经营一段时间后，再由政府回收经营。BOT 实质上是基础设施投资、建设和经营的一种方式，以政府和私人机构之间达成协议为前提，由政府向私人机构颁布特许，允许其在一定时期内筹集资金建设某一基础设施并管理和经营该设施及其相应的产品与服务，如图 4－12 所示。

3. ABS 模式

通过项目收益资产证券化来为项目融资，即以项目所拥有的资产为基础，以项目资产可以带来的预期收益为保证，通过在资本市场发行债券来募集资金的融

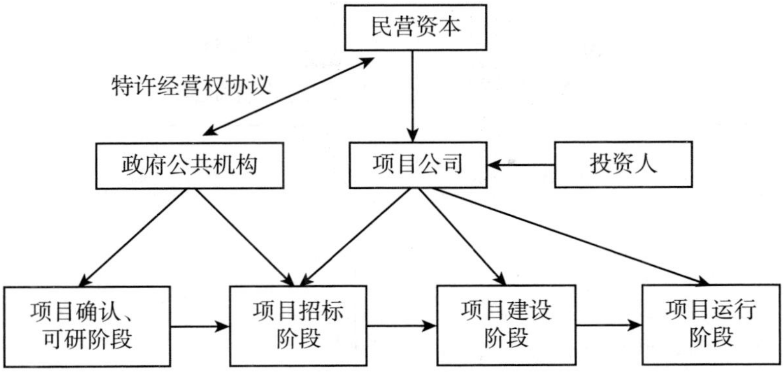

图 4-12　BOT 模式的组织形式

资方式。具体做法是项目发起人将项目资产出售给特设机构，该机构借项目未来可预见的稳定现金流，并通过寻求担保等信用提高手段，对产品进行结构性安排，在资本市场上发行具有投资价值的高级债券，一次性地为项目进行融资，还本付息主要依靠项目的未来收益。通过在国际市场上发行债券筹集资金，债券利率一般较低，从而降低了筹资成本。对于开发区域大、投资周期长的城镇化产业园区的开发建设，可采用多期模式进行筹集资金，由金融主体成立子公司，面向海外发行证券融资，提升资金周转率，杠杆作用更加明显。用银行贷款等传统融资对园区大型项目进行第一期开发建设，重点进行基础设施项目建设，优化投资和居住环境，促进土地增值。一期项目开发完成后，将土地和营利性的基础设施打包做资产池进行融资用于园区二期项目开发，如图 4-13 所示。

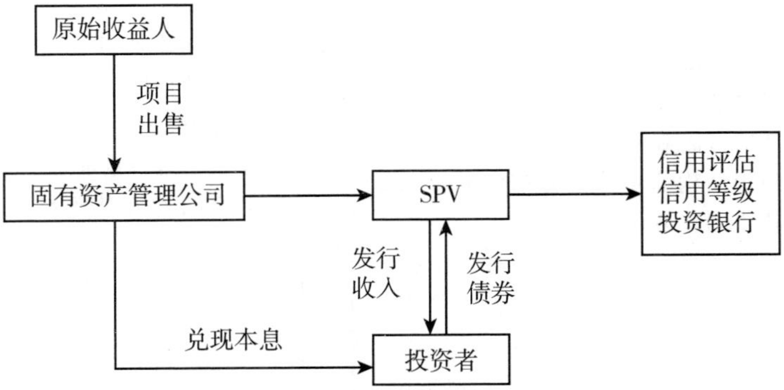

图 4-13　ABS 模式的组织形式

附件：

表 4－4　　PPP 模式、BOT 模式、ABS 模式优缺点分析

融资模式	优点	缺点
PPP	政府与民企权利共享；改变了传统政企关系； 公共部门和民营企业在初始阶段就共同参与项目论证与可行性研究，缩短工作周期，降低项目费用； 可以在项目初期合理分配项目风险，减少了承建商与投资商风险，提高了项目融资成功的可能性； 参与项目融资的民营企业在项目前期就参与进来，有利于民营企业开始就引入先进技术和管理经验，减少投标费用和招标时间； 公共部门与民营企业共同参与建设和运营，双方可形成互利的长期目标，更好的为社会服务； 使项目参与各方整合组成战略联盟，对协调各方不同的利益目标起关键作用； 政府拥有一定的控制权。	如何确定合作公司给政府增加了难度，并且政府在合作中要负有一定的责任，增加政府的风险负担； 组织形式比较复杂，增加了管理上协调的难度，对参与方的管理水平有一定的要求； 如何设定项目的回报率可能成为一个颇有争议的问题。
BOT	项目融资的所有责任都转移给民营企业，减少了政府主权借债和还本付息的责任； 政府可以避免大量的项目风险； 组织结构简单，政府部门和民营企业协调容易。 项目回报率明确，严格按中标价实施，政府和民营企业之间利益纠纷少。 拓宽资金来源，减少政府财政负担。	公共部门与民营企业都需要长期的调查了解、谈判和磋商过程，以致项目前期过长，投标费用增加。 风险分配不合理，投资方和贷款人风险过大，加大了融资难度。 参与项目各方存在某些利益冲突，对融资造成障碍。 不利于民营企业引进先进技术和管理经验。 在特许经营期内，政府对项目失去控制权。

续表

融资模式	优点	缺点
ABS	涉及程序少，在一定程度上降低了融资成本 通过证券市场发行债卷筹资，代表了项目融资未来发展方向，故发展前景良好。 资金来源渠道多样化，特别适合大规模筹集资金的需要； 隔断了项目原始收益人风险，并且通过在证券市场发行债卷分散投资，降低风险；有利于培养项目发起人在项目融资方面的专门人才，也有利于国内证券市场的规范。	由于在境外证券市场发行债券融资，可能无法充分吸收国外先进的技术和管理经验

表 4－5　PPP 模式、BOT 模式、ABS 模式的运行程序比较表

融资模式	BOT	PPP	ABS
运行程序	1. 确立项目阶段； 2. 招投标阶段； 3. 成立项目公司阶段； 4. 项目融资阶段； 5. 项目建设阶段； 6. 项目运营管理阶段； 7. 项目移交阶段。	1. 选择项目合作公司(私营机构)； 2. 确立项目阶段； 3. 成立项目公司阶段； 4. 招投标和项目融资阶段； 5. 项目建设阶段； 6. 项目运营管理阶段； 7. 项目移交阶段。	1. 确定资产证券化融资目标； 2. 组建特别目的公司 SPV； 3. 实现项目资产的“真实出售”； 4. 完善交易结构，进行内容评级； 5. 划分优先证券和次级证券，办理金融担保； 6. 进行发行评级，安排证券销售； 7. SPV 获得证券发行收入，向原始权益人支付购买价格； 8. 实施资产管理； 9. 按期还本付息，并对聘用机构付费。

表 4-6　PPP 模式、BOT 模式、ABS 模式的适用范围和主要参与方比较表

融资模式	BOT	PPP	ABS
主要参与方	项目发起人（政府）； 项目经营者（项目公司）； 贷款银行及金融机构承建商； 运营方； 项目使用方。	项目发起人（政府）； 项目经营者（项目公司）； 私营企业； 贷款银行及金融机构承建商； 运营方； 项目使用方。	项目发起人； 服务人； 发行人； 证券商； 信用强化机构； 行用评价机构； 受托管理人。
使用范围	公共基础设施项目等。	公共基础设施、公共服务机构、国营企业的私有化改选等。	投资规模大、周期长、资金回收慢的城市基础设施项目，私人资产抵押贷款信用卡应收款航空公司机票收入等。

| 专题报告五 |

新发展阶段辽宁自贸区高质量发展研究

一、引　言

所谓自由贸易园区（以下简称自贸区）就是指一国或地区在本国境域范围内划出的一个特定区域，区域内在货物监管、税收政策等领域实施特殊的管理政策，其特点就是在关税方面对境外入区货物实施免税或保税，而非降低关税。目前，全球自贸区发展态势迅猛，范围遍布各大洲，其数量在不断增长的同时，自贸区的功能也在不断趋向综合，管理水平不断提高。可见，建设自贸区是实现区域经济一体化的重要形式之一。中国的自由贸易区是指在国境内关外设立的，以优惠税收和海关特殊监管政策为主要手段，以贸易自由化、便利化为主要目的的多功能经济性特区，原则上就是指通过建立出口加工区、保税区、保税仓库等做法实现对其有效的海关监管。自贸区的本质在于用更大的开放倒逼更深的改革，其核心是营造一个符合国际惯例、具有国际影响力的营商环境。

随着经济全球化的深入，国际贸易呈指数式增长，无论是发达国家还是发展中国家都通过建立自由贸易区，带动本国经济升级发展。从国际范围来看，国际贸易规则正处于不断改革调整阶段，加之多哈回合贸易谈判受阻，全球经济增速放缓，但各国的开放速度不断加快，各经济体正积极寻求区域一体化合作，试图通过自贸区建设来争取国际竞争中更多的主动权。在这种新的国际形势下，中国与周边地区国家存在着非常大的区域经济合作空间，加之中国所提出“一带一路”倡议给所涉及国家可能带来的实质利益。由此可见，中国自贸区的发展呈现出新的前景。从国内范围来看，中国经济发展进入新常态，面临诸多机遇与挑战，随着中国改革开放的不断深化，产品缺乏国际竞争力、产业结构不合理等问题不断出现。因此，建设自贸区已经成为中国顺应经济全球化趋势的必然选择，是促进发展合作共赢的主要途径以及统筹兼顾国内国外市场及资源、深化扩大对外开放的重要手段。中国在建立了上海、广东、福建、天津四个自贸区，并取得了巨大成效之后，2016 年 8 月 31 日，党中央、国务院决定，在借鉴以上四个自贸区的可复制可推广的改革试点经验的基础上，又开启了包括辽宁在内的第四批自贸区建设。辽宁作为实现东北经济振兴的重要组成部分，确立了沈阳、大连和营口三地作为辽宁自贸区建设，由此开启了加快市场体制改革、推动结构调整、振兴东北老工业基地整体经济和对外开放能力的新引擎。

自贸区虽然有一定的发展历史，但仍属于新兴事物，因而国外学者对这一领域的研究成果并不多见。但是，自上海自贸区创建以来，中国自贸区建设进程不断加快，越来越多的国内学者将目光投向这一领域，将自贸区作为重点研究对象。目前，国内学者对自贸区相关问题的研究可以划分为两大类：一是关于国外自贸区的研究；二是围绕中国自贸区建设展开的研究。

（一）有关当前世界自贸区的研究

学者们对当前世界自贸区的研究范围很广，现有研究主要集中在两个方面：第一，围绕世界各地自贸区的发展历史及现状进行归纳总结。祁欣和孟文秀回顾了国内外自贸区的发展历程，将不同发展时期全球主要的自贸区归纳为物流集散、出口加工向物流集散过渡、综合型及商贸结合四种类型。王厚双等梳理了当前世界自贸区的发展现状与共同特点后指出，国外自贸区的行政管理体制、税收优惠制度和海关监管制度等值得中国借鉴。第二，诸多学者将研究重点放在自贸区发展模式方面，侧重对自贸区模式的经验总结以及不同类型之间的比较。宾建成从亚洲自贸区发展模式入手，选取新加坡、中国香港、日本、韩国以及阿联酋迪拜五个自贸区，探究自贸区建设的共同经验。朱丽娜则选取了日本冲绳自贸区，详细分析了其主要功能、政策措施及未来发展趋势。此外，崔迪从园区的发展历史、管理模式、优惠政策、主导产业等方面展开讨论，对欧盟与美国自贸区不同的发展模式进行比较。何力选取了巴拿马的科隆自贸区与巴西的玛瑙斯自贸区，将南美洲的自贸区分为沿海型与内陆型两种模式，比较了二者在发展建设方面的异同。马庆强则对比分析了新加坡、迪拜、智利三个自贸区在功能定位、管理体制、监管与税收等方面的差异，并对与之区位条件相似的中国天津自贸区建设提出了政策建议。

（二）围绕中国自贸区的研究

上海自贸区的创建掀起了国内学者对中国自贸区研究的热潮。众多学者将关注点集中在自贸区的改革创新方面。其中，对上海自贸区的研究最为丰富。学者们分别从贸易、投资、金融和行政管理（事中事后监督）等方面对上海自贸区展开了深入的研究，比较有代表性的成果有：刘冰通过将不同国家的负面清单经验与上海2015年版的负面清单进行比较，揭示了上海自贸区实行负面清单投资管理模式的亮点，并对未来负面清单管理提出了改进建议。姚洪心和赵悦研究了贸易便利化问题，从基础设施、商业环境、政府效率与市场准入多个方面入手，对比分析美国自贸区与上海自贸区贸易便利化措施的异同。李政砚利用离岸金融相关理论，探讨分析上海自贸区在离岸金融改革方面的实施状况。王亚基于对中国行政审批制度改革现状的归纳，指出上海自贸区在这一方面改革的核心目标是转变政府职能，并对具体的改革措施展开了研究。肖林等的研究则涵盖了投资管理、贸易监管、金融创新和政府监管四个方面，评价分析了上海自贸区的创新之处以及所取得的成效，并在此基础上指出上海自贸区未来制度创新的难度与重点。

本报告借鉴和参考上述自贸区研究的成果，将辽宁与国内外自贸区展开对比分析，探究辽宁在创建自贸区方面所具备的特殊优势，并为推进辽宁自贸区建设提出相关政策建议。

二、辽宁自贸区发展现状

（一）总体情况

辽宁自贸区的实施范围共计119.89平方公里，涵盖三个片区，三大片区功能定位各自明确。大连片区59.96平方公里（含大连保税区1.25平方公里、大连出口加工区2.95平方公里、大连大窑湾保税港区6.88平方公里），按区域布局划分，大连片区重点发展港航物流、金融商贸、先进装备制造、高新技术、循环经济、航运服务等产业，推动东北亚国际航运中心、国际物流中心建设进程，形成面向东北亚开放合作的战略高地；沈阳片区 29.97 平方公里，重点发展装备制造、汽车及零部件、航空装备等先进制造业和金融、科技、物流等现代服务业，提高国家新型工业化示范城市和东北地区科技创新中心发展水平，建设具有国际竞争力的先进装备制造业基地；营口片区 29.96 平方公里，重点发展商贸物流、跨境电商、金融等现代服务业和新一代信息技术、高端装备制造等战略性新兴产业，建设区域性国际物流中心和高端装备制造、高新技术产业基地，构建国际海铁联运大通道的重要枢纽。

辽宁自贸区经过几年的努力创造了一批“辽字号”制度创新经验，努力建设成为提升老工业基地发展整体竞争力的新引擎，强力推进面向东北亚开放合作创新。辽宁自贸试验区建设运营四年来，坚持以制度创新为核心，以突出辽宁特色为重点，大胆试、大胆闯、自主改，扎实推进自贸试验区建设各项工作，不断积蓄改革开放动能，加强创新能力建设。四年内共新增注册企业 6.3 万户，新增注册资本 6300 亿元。新签约落地重大项目 256 项，其中已落成投产 119 项。

四年来，辽宁自贸试验区紧紧围绕放管服改革、贸易便利化、投资自由化、金融开放创新和服务国家战略等方面开展制度创新，创造了 113 项改革创新经验经省政府批准在全省复制推广，其中 12 项实践效果突出的创新经验经国务院批准在全国复制推广。国务院发文向全国复制推广的国家第六批 37 项改革创新经验中，辽宁省推出的“出入境人员综合服务一站式平台”“飞机行业内加工贸易保税货物便捷调拨监管模式”“进出口商品智慧申报导航服务”“多领域实施‘包容免罚’清单模式”“出版物发行业务许可与网络发行备案联办制度”5 项创新经验入选，入选数量和质量在全国各自贸试验区中位居前列。在辽宁省政府最新推出 46 项改革创新经验中，“出口货物检验检疫证书‘云签发’平台”“海关‘无感稽查’模式”“谎报匿报四步稽查法”“中欧班列‘三优两并’通关模式创新”“易制毒化学品运输管理创新模式”等创新案例，实践效果良好，得到了企业和有关部门的充分认可，具备较强的复制推广价值。制度创新是自贸试验区的灵魂，辽宁省自贸办专门下发通知，明确要求三个片区都要组建制度创新工作专门团队，充分了解企业诉求，开展制度创新工作。目前，三个片区专门从事制度创新工作的人员都达到 20 人以上。按照国家赋予辽宁自贸试验区的试点任务，辽宁省自贸办组织三个片区和有关部门制定了《辽宁自贸试验区 2021 年工作要点》，进一步明确了“4+2+X”的制度创新方向。“4”是针对转变政府职能、深化投资领域改革、推进贸易转型升级和深化金融领域开放四个共性任务方面的创新；“2”是加快国资国企改革和面向东北亚区域开放合作两个特色任务方面的创新；“X”是紧扣企业需求，在企业经营和招商引资、项目落地过程中的创新。创新引领国资国企改革与产业结构调整，辽宁自贸试验区不断加快市场取向体制机制改革，积极推动结构调整，努力建设成为提升老工业基地发展整体竞争力的新引擎。持续推进国资国企改革创新试点，形成了一批具有复制推广价值的创新实践案例。在3项国资国企改革创新案例入选国家“最佳实践案例”基础上，2019年辽宁自贸试验区又推出“检验检测单位‘事转企’”“基于‘事转企’背景下的国有企业‘三级跳’发展模式”“装备制造业服务化转型升级创新模式”“德泰控股深化国企薪酬改革新路径”“中石化北方能源‘他有我营’模式”“重点突破、整体推进的国资国企改革新模式”等6项国资国企改革创新案例，在全省复制推广。加快构建新兴特色产业和现代服务业融合发展的产业布局。辽宁自贸试验区叠加跨境电子商务综合试验区政策优势，大力发展跨境电子商务。大力发展生产性服务业，与北京大学、中国移动等单位协同合作，设立数字实验室，利用5G、大数据、区块链等技术，在企业数字化转型、智慧园区、数字贸易等方面开展积极探索；设立东北地区首家QFLP（合格境外有限合伙人）试点企业，引导优质境外战略性资本，支持辽宁重点产业发展。持续优化营商环境。三个片区全面推行“一枚印章管审批”，建立“一表申请、一口受理、一网通办、一章审批、一口发照”审批制度，实现“同一事项、同一标准”，以更高水平的营商环境提升对人才、资本等要素的吸引力，让企业办事更加方便、监管更加高效便捷。打造面向东北亚开放合作的“桥头堡”，辽宁自贸试验区强力推进面向东北亚开放合作创新，东北亚外资企业占全部入驻外资企业的31.6%。沈阳片区建立东北亚创新中心和人文交流中心，开通沈阳至韩国全货机业务，建设日本爱媛县制造业产品展示中心；大连片区深耕日韩，建设日韩商品集散中心和分拨基地，推动松下电池二期三期、东芝机车动力电池、日本食品交易中心等重大产业项目签约落地；营口片区强化与日、韩、俄对接合作，积极建设中欧班列回程终点集散地、日韩产品加工贸易区和跨境生鲜国际供应链中心，打造东北亚跨境商品集散中心。着力构建连接亚欧的海陆空大通道，沈阳片区开通了至旧金山、伦敦、洛杉矶三条跨境电商定班国际货运包机；大连片区采用冷链直送终端运输模式，为大宗易腐货物长距离运输提供了解决方案；营口片区帮助企业取得欧盟食品认证，进军欧盟市场，打造辽宁对外开放新高地。辽宁自贸试验区将全力打造高端产业集聚、投资贸易便利、金融服务完善、监管高效便捷、法治环境规范的高水平高标准自由贸易园区。全面谋划新一轮创新试点任务，紧紧围绕国家赋予辽宁自贸试验区的战略任务，高水平编制《进一步深化中国（辽宁）自由贸易试验区改革开放创新 2.0 版方案》。围绕“4 +2 + X”的制度创新方向，以企业需求为导向，加大改革创新力度，年内再推出 30 项以上高质量改革创新经验在全省复制推广。积极推动出台支持自贸试验区创新发展的政策措施，深化自贸试验区体制机制改革。

（二）问题和不足

1. 产业结构不合理

2020 年三大产业结构比重由上年的 8.3∶46.6∶45.1 调整为 9.9∶38.6∶51.5，产业结构不断优化，但相比较于其他发达经济体，第三产业占比相对过低。辽宁作为工业大省，重工业是其主导产业，一直以来，第二产业的发展远快于第三产业，其中占据主导地位的资源型产业，其经济效益水平却远低于作为推动工业转型升级的基础力量与重要引擎的装备制造业。并且，辽宁的装备制造业相对于其他高新技术产业，存在投资规模大、投入和效益不匹配等问题。辽宁的装备制造业、重化工业等存在历史悠久、沉淀成本较高等问题。因此，进行产业结构调整的难度较大。此外，从实体经济的结构来看，国有经济占比大，辽宁的实体经济普遍存在债务压力大、创新力不足等问题，传统产业债务负担重与新兴产业缺少资金支持的问题并存，金融、信息科技等服务业的不发达，也加剧了产业结构的不合理。

2. 投资环境建设相对滞后

整体投资环境是区域经济建设和发展的关键因素，辽宁所面临的体制机制的缺陷阻碍了投资的发展，由于多种因素的影响，辽宁的投资环境受到了一定程度的质疑，有所谓“投资不过山海关”的揶揄。辽宁作为中国老工业基地，计划经济的管理思想是区域经济发展的重要阻碍因素，由于体制创新不足，并且近些年经济的不景气，导致辽宁的金融行业相对落后。辽宁缺乏全国性资本市场吮吸金融资源，有明显的金融资源溢出现象，各个企业资金短缺，融资多数要靠政府财政支持。然而其金融业只是以银行业为主，证券类、保险类等金融服务业相比其他地区较为落后，金融法人机构较少，对辽宁经济的贡献率较低，致使企业可融资的渠道较窄，融资相对困难，从而极大削减了区域内中小企业的发展。

3. 管理体制相对落后

从国外自贸区建设与中国自贸区相比，可以看出，中国自贸区起步较晚，相比之下，尚未形成完善的管理体制，辽宁经济“垫底”是受观念落后、体制陈旧等多因素的制约。在机构设置上，呈现大而多的现状，人员配备臃肿，各部门分工过细，部门利益存在严重的固化现象，职能交叉重叠，行政管理条块分割，客观上缺乏更高的透明度，严重影响行政效率。在经济上，辽宁由于受计划经济体制的影响，仍坚持以政府的理念和行动为主导，由此形成的管理体制和理念不利于市场经济的发展，导致社会资源配置不合理，并阻碍了经济发展方式的转型升级，著名经济学家吴敬琏教授认为“根本的问题在于我们的体制，要克服那些转变经济发展方式的体制性障碍，要建立一个有利于创新创业的制度体系，归根结底它的症结，它的关键在于改革”。在监管上，辽宁自贸区在落实政府责任方面监管力度不足，缺乏行之有效的问责制度，未完全实现决策、执行、监督的相互制约，与构建法制、透明、公平的营商环境还有很大差距。

4. 社会组织功能不强

社会组织是现代社会“三大支柱”之一，具有政府所不具有的独特属性，但是传统的社会治理理念仍然是由政府单方面主导，这大大限制了社会组织职能的发挥。政府职能转变仍处于改革期，强烈的行政色彩渗透在社会组织的活动之中。可见，社会组织在自贸区建设过程中承接政府职能仍有一定的困难。高位阶的社会组织法的缺失，难以保证社会组织的地位，导致社会组织功能受到限制。社会组织相对于政府而言，在提供公共服务方面社会组织具有一定的优势，但由于政府对公共服务的垄断使得公共服务质量下降，成本增高，社会组织在某些方面难以发挥其功能。同时，社会组织自身能力存在一定的缺失，社会资源不足导致社会组织对政府存在依赖性，社会组织所具有的志愿性，使得人员配备相对业余化，对社会组织功能发挥产生了一定的阻碍。

三、国内外自贸区发展经验借鉴

（一）国外自贸区发展经验

1. 世界主要自贸区概况

全球第一个自贸区是 1547 年意大利设立的自由港——雷格亨自由港。进入 20 世纪 90 年代以来，伴随着经济全球化的不断推进，自贸区获得了蓬勃发展。目前，全球范围内共有 1200 多个自贸区，遍布各大洲。按照自贸区的功能，可将其大致分为三大类：一是综合型自贸区，涵盖出口加工、转口贸易、金融与旅游等多重功能，比较典型的包括日本冲绳自贸区、中国香港自由港和新加坡裕廊自贸区等。二是物流集散模式，利用自身便利的港口条件，将设立的自由港打造成贸易枢纽，比较著名的是德国汉堡自由港、爱尔兰的香农出口自由区等。三是商贸结合模式，以贸易进出口为主，最为典型的是美国的对外贸易区（Foreign Trade Zones）。此外，从不同地域类型的角度，还将自贸区分为沿海型与内陆型，南美洲的巴拿马科隆自贸区与巴西玛瑙斯自贸区分别是二者的典型代表。

2. 冲绳自贸区运行模式及经验总结

1988 年冲绳自贸区设立至今，冲绳利用其有利的区位条件不断创新，逐渐形成了一套经济欠发达地区可复制借鉴的成功经验。日本作为市场经济比较发达的国家，其自贸区建设并没有过多的改革制度，其重点和方向倾向于非制度创新。但该自贸区建设过程中对物流功能的重视、利用自身优势准确的定位以及冲绳政府对自贸区的资金补贴和税收优惠，值得辽宁借鉴。

第一，打造货物中转保税区与物流中心。从主要功能来看，冲绳自贸区属于物流中转加工型自贸区，并已逐渐成为外国货物中转的重要据点。外国货物在此处保管与配送可以免缴关税，并享受保税区待遇。这不仅得益于冲绳自贸区历史悠久的保税制度，而且充分发挥当地的港口优势。从地理位置上看，冲绳位于日本九州与中国台湾的中间点，也是向北与日本本土、向南与东南亚、向西与中国大陆相连接的枢纽。四面临海的优越地理位置与便利的交通条件，为冲绳的航运物流业发展提供了有利条件。

第二，助推当地加工与制造业发展。冲绳自贸区的加工制造业有其独特的发展路径，自贸区内的企业主要依托港口优势，先从外国进口原材料或半成品，再利用当地的保税优势在该区域内加工组装，增加产品附加值并贴上“Made in Japan”的标签，最终出口到欧美等国家。

第三，大力发展旅游业。冲绳由60多个大小岛屿组成，形成了一条岛屿链，独特的海滨风光为当地旅游业带来巨大的发展前景。为了吸引更多的国外游客，冲绳自贸区不断出台签证优惠新政策，放宽游客赴日签证审查，并允许一段时间内多次往返。与此同时，自贸区内建设大型国际免税购物中心，形成吸引游客的重要经济增长点。事实证明，这些优惠政策成效显著，目前旅游业已经成为冲绳的支柱性产业之一，发展形势大好。冲绳已被成功打造为世界著名旅游胜地之一，有“日本的夏威夷”之称。

第四，推出企业入驻补助与人才培养优惠政策。“3·11”日本大地震后，许多日本企业破产倒闭，大型企业生产供应链断裂，日本政府推出经济刺激措施，帮助灾后经济恢复和重建。冲绳自贸区也推出了吸引外来企业的优惠政策，主要针对尖端技术型制造业、信息通讯和国际航空运输等领域，为相关企业的基础设施建设与生产活动提供经费补助。在融资方面，冲绳还设立了“冲绳振兴开发金融公库”，为入驻企业提供比其他金融系统更优惠的低息贷款。另外，为了留住人才，冲绳更多鼓励雇佣当地年轻劳动力，推出“冲绳青年雇用促进奖励金”和“本地求职者雇用奖励金”政策，帮助解决当地就业问题，并培养更多年轻劳动力。

3. 美国纽约港自由贸易区：服务提升+机制创新

明确主要服务功能。纽约港自贸区属于一个综合性的自由贸易园区，伴随着自由贸易园区数量的不断增加，纽约港也在与时俱进，持续明确其服务功能。比如，纽约港主要采用围网等方式将片区分隔封闭，担任货物中转、区内自由贸易交换的功能。另外，纽约港自贸区在区外专门划分若干区域，主要经营包括手表、汽车、制药以及饮料等进出口加工制造业务。

创新体制机制。纽约港自贸区大部分园区分布于新泽西州，但园区的管理者并不是单独由新泽西政府进行负责，而是由地跨两州的纽约——新泽西港务局全权负责。纽约——新泽西港务局在法律上独立于两州存在，配备自己的警察执法力量，其统一的跨州机构确保了整个大纽约地区港务业务的流畅运行，为纽约港自贸区的发展奠定了政治基础。

全面提升服务功能。为进一步提升国际竞争力，吸引外资，纽约港自贸区开展了多项措施对基本服务功能进行提升，比如倒置关税政策、延缓缴纳进口关税等。同时，纽约港自贸区在区内放松金融管制，积极批准新兴金融工具的使用以及新金融市场的设立事宜，减少或取消对银行贷款规模的直接管制，放宽对外国金融机构入驻园区经营活动的限制，放宽或取消对银行支付存款利率的限制等。

4. 新加坡自由贸易区：公平惠企 + 监管创新

实行双层自贸区市场管理模式。依据新加坡《自由贸易区法》和《自由贸易区条例》，新加坡自贸区主要是由本国中央政府和自贸区内特定企业分别进行管理，即中央政府进行引领规划，区内特定公司从事日常经营，是典型的双层级自贸区管理模式。

专设国际商业法庭处理国际商事纠纷。2015 年 1 月 5 日，新加坡国际商业法庭正式成立，专门处理包含自贸区在内的本国涉外商事纠纷，具有专业、高效、公平公正的特点，国际商业法庭设置于新加坡高院体系之中，是新加坡最高等级司法审判机关的一部分，其判决具有最高效力，可最大程度保障判决结果得到他国承认和认可。

较为完善的外资市场监管制度。新加坡自贸区对外自由开放的局面离不开本国较为完善的事中事后监管制度。2004 年《新加坡竞争法》正式颁布，通过该法减缓了市场开放对本国内部市场的冲击，维护了本国对外交易市场安全，对于有序市场竞争也有一定促进作用。

（二）国内自贸区发展经验

1. 上海自贸区：大力深化改革，创新投资管理制度

上海自贸区是中国大陆境内建立的第一个自由贸易区，成立于 2013 年 9 月 29 日，上海作为中国的金融中心，其自贸区的建设更侧重于对金融中心作用的发挥，2017 年 3 月 25 日出台的上海自贸区的深化改革方案，特别提出上海自贸区在服务国家“一带一路”建设和推动市场“走出去”方面要发挥领头作用。

第一，实施负面清单管理模式。上海自贸区首先推陈出新，将对外资管理由正面清单管理模式转变为负面清单管理模式，通过制度创新来减少关税壁垒，实施简政放权，坚持“法无授权即禁止，法无禁止即自由”的现代管理理念。上

海自贸区简化国际贸易制度和手续，优化工商登记制度，实行外商投资备案制以及事中事后监管等，均值得辽宁自贸区借鉴。

第二，深化金融领域改革。上海自贸区在风险可控范围内，在自贸区里率先对人民币资本项目可兑换等方面进行了尝试，并扩大了跨境人民币的使用，加速了人民币国际化进程。同时，为推进贸易投资的便利化，上海自贸区建立了能够适应自贸区发展的外汇管理体制与制度，其金融领域改革的重点领域是利率市场化改革，并取得了显著成效，提高了资金的配置效率。

第三，加强海关监管制度创新。上海自贸区的海关监管并非海关特殊监管区域的简单升级，而是在对外贸易环境发生变化的背景下所做的战略决策。自贸区内采取监管创新机制，坚持了“一线放开、二线管住、区内自由、分类监管、功能拓展”的总体理念，推进海关特殊监管区域“四个整合”及“四个优化”，为自贸区发展创造了良好的海关环境。

2. 天津自贸区：借力区位优势，促进产业融合

2015 年 4 月正式挂牌成立的天津自贸区，地处环渤海地区，依托京津冀一体化、滨海新区开发开放及金融示范区等国家战略。同时，天津自贸区发展具备便捷的交通运输网，天然港口物流的能力强，向北既能够延伸中国东北、西北和华北地区，又能够衔接日本、韩国以及东北亚的部分国家。

第一，转变政府职能，科学定位政府与市场关系。天津自贸区实施了“一颗印章管审批”“一份清单管边界”“一个平台管信用”等“十个一”的政府职能改革，创新了行政管理方式，提升了行政管理水平。在事中事后监管方面严守风险底线，建立符合国际标准又具有自身特色的管理体系。为了给自贸区提供完善的法律保障制度，研究制定了《中国（天津）自由贸易试验区条例》，对自贸区的各方面进行了规范。辽宁自贸区可以在提高行政管理水平方面参照天津自贸区的经验。第二，提升开放水平，扩大开放领域。在服务业与制造业方面，天津自贸区减少了对境外投资者的准入限制，在外商投资管理方面，建立对外投资合作“一站式”服务平台。同时，与上海、广东、福建等三大自贸区共用一张负面清单，负面清单之外的事项绝大多数是不需要审批的，这使得效率和透明度大大提高。第三，优化产业结构，大力发展高新技术产业。天津自贸区基于“互联网 +”理念，建立了国际贸易“单一窗口”，企业可以在任何地点的互联网单一窗口完成操作，提高贸易便利化水平，创新海关和检验检疫制度，培育新型贸易方式，提升了天津口岸的影响力和竞争力。

四、新发展阶段辽宁自贸区提质升级的建议

辽宁自贸区自成立至今，严格按照《中国（辽宁）自由贸易试验区总体方案》的要求进行战略部署，已对自身发展进行了准确定位。通过以上对辽宁自贸区自身优势的分析，可以看出辽宁自贸区具有可观前景，但仍需政府制定相应的配套管理措施，在推进辽宁自贸区建设的过程中，政府应秉承规范、透明、法制的原则，全面梳理所有相关的法律、法规、条例，予以公示并严格执行。因此，结合国内外其他自贸区建设的有益经验，从辽宁自贸区的优势发展、短板补齐以及未来规划等角度，落实政府责任，提出了以下可行性建议：

（一）加强政策引导，促进产业结构优化

政府的作用和干预手段在市场经济条件下，首先体现在为市场运行建立规则，以法律的手段对所有参与经济活动的群体进行行为规范，辽宁自贸区建设出现的市场化程度不高、国有企业活力不足、产业结构不合理等现象，归根结底还是体制机制、产业结构、经济结构等问题，结构调整既是国家战略布局，又是辽宁及东北地区经济发展的诉求。因此，政府应通过借鉴天津自贸区的相关经验，促进辽宁自贸区的产业结构优化。

第一，改革国资国企。党的十九大报告对改革国资国企做出了重大部署，为国资国企改革指明了方向。深化国资国企改革，实现国有资产做优做强，稳妥推进企业混合所有制改革，大力推进国有资产资本化，通过自贸区建设，发挥市场体制机制的作用，推动国有资本与产业联动调整，避免垄断以及对政府扶持的过度依赖。

第二，促进产业转型升级。辽宁自贸区必须要加快制造业与服务业的发展，辽宁自贸区的建立，使得辽宁及东北地区更好地参与“一带一路”建设，自贸区建设与“一带一路”基础设施需求相对接，极大促进辽宁制造业的发展。汪洋指出：“坚持制造领域开放与服务领域开放更好结合，以高水平开放促进深层次结构调整。”虽然辽宁制造业开放比较早，具有雄厚的基础，但是仍存在产能过剩等情况，要拓宽业务范围提高自身的竞争力，推动新兴产业向自贸区集群式发展。

第三，大力发展服务业。服务业是国民经济的重要组成部分，发展服务业是提高综合竞争力和转变经济增长方式的重要途径。东北地区服务业总体水平相对滞后，服务业增加值占 GDP 比重低于全国水平，辽宁自贸区的建设对服务业的发展可谓利好，政府应从各方面制定服务业发展的政策体系，加大服务业的开放程度，重点发展新兴服务业和生产性服务业，全面提升服务业的产业比重，为辽宁转变经济增长方式以及促进东北老工业基地深化改革提供重要支撑。

（二）深化金融产业创新，拓宽企业融资

渠道自贸区的金融改革与创新，是经济领域最具冲击力的改革，决定着自贸区实体经济改革的前景，中国经济进入新常态，需要不断地拓宽金融领域的宽度，但是近几年东北经济整体下行，金融领域发展相对迟缓，辽宁自贸区的稳定健康发展，离不开完善的金融市场和金融体系。因此，政府要学习上海自贸区的相关经验，对金融创新、健全金融体系、完善金融市场、扩大金融开放等方面进行改革。

第一，推动人民币国际化发展。人民币国际化对国内产业升级和服务业的发展有一定的正面影响，极大促进了中国对外贸易、投资和金融的进一步发展。政府应利用辽宁现有的金融环境，以自贸区为平台，探索符合自贸区发展的人民币国际化的管理体系，从而使得自贸区内的企业和个人投资融资便利化，提升自贸区的工作效率和服务水平，也为辽宁及东北制造业的“走出去”奠定了坚实的基础。

第二，深化外汇管理体制改革。总体来说，“我国在有效防范风险的前提下，已有选择、分步骤地放宽对跨境资本交易活动的限制，逐步推进资本项目可兑换。”对外汇管理体制的改革，使得自贸区内的贸易投资和企业融资自由化。因此，政府应该在风险可控范围内，按照外汇管理服务实体经济的宗旨，促进实体经济的发展，为市场用汇需求提供服务，为贸易活动提供便利。简化资金池管理和外汇收支手续，银行按照“了解客户”“了解业务”“尽职审查”的展业三原则办理经常项目收结汇、购付汇手续。

第三，加强金融服务功能。各金融行业要主动融入自贸区的成立及发展、优化提升专业金融服务，政府应鼓励辽宁自贸区推进内资融资企业试点，加强事中事后监管，建立风险监控机制。凭借辽宁自贸区的自身优势，以及产业转型升级需求，通过对金融产品和金融服务的创新，为实体经济提供服务。加强金融服务

功能，不仅能够促进辽宁及东北地区经济的发展，而且也能够解决辽宁人才短缺的问题。

（三）加快转变政府职能，打造服务型政府

转变政府职能的实质是划清政府、市场、社会的职能边界，是将简政放权、放管结合、优化服务相结合，以市场需求为主体，提高行政效率。政府职能转变就是要克服以往行政管理体制、管理思维、信息技术建设、社会力量参与等多重因素的制约。辽宁应适当借鉴中国前两批自贸区的政府转变职能的相关措施，以及新加坡自贸区完善政府体制的相关经验，大力改革审批制度，政府职能的转变是辽宁自贸区能否建设成功以及能否有效振兴东北经济的关键之举。

第一，推进机构整合。政府要减少机构功能重叠，强化机构与职能整合，提高工作质量和工作水平，将精简、统一落到实处。各部门要切实做好本职工作，有组织、有步骤地完成每个环节任务，加强内部运转，释放相应权力，对人员配置进行调整，使得各部门之间协同并进，为辽宁自贸区的发展提供高效的运营环境。

第二，划清政府职能界限。通过政府职能的合理规范，政府把不该管、管不了、管不好的事情交给市场和社会，从而激发市场活力。在政府治理制度设置方面，要做到从“制无禁止不设置”转变为“制有激励皆设置”；在政府权力起用和取向方面，要做到从“权无管制不运行”转变为“权无服务不启动”；在政府职权、职事、职位和职责配置方面，从“职无权配不作为”，转变为“职无责任不配权”，积极落实“放管服”改革举措。

第三，加强监管职能。政府要将简政放权落到实处，行政管理机制要廉政高效，权责统一，公开透明。运用电子监察、远程监控等对整个服务事项办理实行全方位监督，同时要建立预警与纠错机制，运用新技术加强监管创新，从而为辽宁自贸区的发展打造法治化、市场化、国际化的营商环境，为各个领域的发展奠定坚实基础。

（四）鼓励社会组织的建设，强化社会组织

职能现代社会由“管治”转型为“共治”，这意味着社会组织要承担更多的责任，自贸区建设为社会组织发展提供了机会，社会组织的发展也为政府简政放

权提供了途径，但目前社会组织并没有完全发挥其作用，仍存在体制、法律与政策障碍。因此，政府要加快职能转变，社会组织要提高自身职能建设，政府可参照冲绳自贸区对企业及人才的优惠政策，从而使得社会组织在自贸区的环境下，积极做好承接政府职能转移的作用。

第一，提升公共服务能力。社会组织是公共服务的传递者，有效弥补了政府低效提供公共服务的不足，有助于打破公共服务的垄断，促进公共资源配置的市场化，并减少市场的不稳定因素，有利于为辽宁自贸区建设提供良好的市场环境。辽宁自贸区的建设，要求政府更要重视公共服务能力等软环境，要推进政社合作，加强市场与社会之间的分工与合作。政府释放社会组织的生存空间，减少对社会组织的干预，增强社会组织的独立性与自主性，促进政府与社会组织的相互合作。建立健全的社会组织管理体制，将政府对社会组织的干预限制到合理范围，鼓励社会组织参与到自贸区建设中，同时要做好监管工作，引导和规范社会组织行为。

第二，加强社会组织能力建设。管理体制的松动为社会组织释放了发挥作用的空间，但能否发挥应有的作用还需要不断加强自身能力的建设。社会组织的本质是具有一定的公益性，因此，社会组织应该把公益性做到最好，同时将服务、合作与竞争意识都融入进去，明确责任，发扬服务精神，树立良好的公益形象。在自贸区建设中，社会组织要摒弃传统的对政府的依赖心理，要树立竞争意识，根据社会需要积极调整自身发展战略，不同的社会组织具有不同的功能，要根据行业特点，提升自身专业能力，社会组织也可以充当政府与市场之间的桥梁，为政府在制定政策中更好地协调利益关系提供建议，进而促进自贸区市场化的进程。

五、结　语

在国家经济迅速发展的时代背景下，自贸区也乘着政策的东风而发展起来。建立自贸区是党中央、国务院统筹国内国际两个大局，推进中国改革的重大尝试，这有利于培养中国在全球的竞争优势，构建与各国合作的新平台，打造出中国经济的“升级版”。辽宁自贸区作为3.0时代的自贸区，肩负着为东北老工业基地提供可复制推广经验，推进与东北亚全面合作，新时期政府职能转变，管理模式创新，构建服务型政府的重任。通过对辽宁自贸区优劣势的分析，以国内外自贸区建设所提供的经验参考，可见辽宁自贸区的前景十分乐观，对辽宁经济的发展以及东北老工业基地的振兴具有极大的战略意义。因此，要不断提高自贸区的质量，鼓励大胆试、大胆闯、自主改，整个东北地区要不断加强自贸区建设，正视辽宁自贸区建设面临的挑战，抓住辽宁自贸区建设中带来的各种机遇，充分利用辽宁自贸区的自身优势，加快市场取向体制机制改革、推动结构调整、不断创新，政府要落实简政放权，充分发挥社会组织的功能，同时要不断扩大与东北亚经济全方位合作，形成本地经济发展与辽宁自贸区发展齐头并进的局面。随着辽宁自贸区改革路径的不断明确，以及相关政策的推进，辽宁自贸区一定会取得显著成效，一定会肩负起振兴东北老工业基地和推动辽宁经济发展的重任，并为东北地区乃至全国经济的发展做出正确的示范。

主要参考文献：

［1］张立英．辽宁自贸区发展面临的问题及解决对策［J］．沈阳师范大学学报，2018，(6)：105－111.

［2］张彩玲，李佳欣．辽宁自贸区建设的比较分析与政府责任［J］．东北财经大学大学学报，2018，(6).

［3］张磊．国外自贸区的先进经验及对我国自贸区发展的启示［J］．市场周刊，2017 (1).

［4］冯帆，许亚云，韩剑．自由贸易试验区对长三角经济增长外溢影响的实验研究［J］．世界经济与政治论坛，2019，(5)：118－138.

［5］王晓玲．辽宁自由贸易试验区与辽宁沿海经济带协同发展路径研究［J］．东北财经大学大学学报城市经济，2018，(6).

［6］祁欣，孟文秀．全球自由贸易园区发展模式及对比分析［J］．对外经贸实务，2010，(6)：20－22.

［7］王厚双，刘向丽，阚放，等．辽宁自由贸易园区建设模式创新研究［J］．辽宁经济，2014，(9)：22.

［8］宾建成．积极借鉴亚洲主要自由贸易园区经验推进上海自贸试验区又快又好发展［J］．国际贸易，2014，(8)：54－57.

［9］朱丽娜．日本冲绳自由贸易区发展模式浅析［J］．国际市场，2013，(2)：40－42.

［10］崔迪．从欧美自由贸易园区发展经验看上海建立自由贸易园区研究

[J]. 江苏商论，2013，(6)：39 - 41.

[11] 何力. 南美沿海型和内陆型自贸区实践与中国自贸区建设 [J]. 国际商务研究，2014，(2)：25 - 29.

[12] 马庆强. 新加坡自由港、迪拜杰贝阿里及智利依基克三地自贸区比较及对天津自贸区的启示 [J]. 天津经济，2016，(3)：21 - 23.

[13] 刘冰. 自由贸易试验区负面清单比较研究——以 2015 版负面清单为视角 [J]. 哈尔滨学院学报，2016，(7)：28 - 32.

[14] 姚洪心，赵悦. 上海自贸区与美国自贸区贸易便利化水平的比较研究 [J]. 中国商论，2016，(4)：100 - 103.

[15] 李政砚. 试析离岸金融与新格局下上海自贸区的发展思考 [J]. 财经界（学术版），2015，(22)：10.

专题报告六

丹东市“十四五”时期全域旅游发展研究

一、引　　言

结合丹东全域旅游发展的实践，将全域旅游视为区域协调发展的动能“转换器”，将丹东市“十三五”时期的全域旅游发展成果不断向前推进，从全域旅游的1.0版升级为2.0版，推动丹东全域旅游的优质化发展。整个研究以供给侧结构性改革为主线，以具有创新示范效应的文旅项目为主要抓手，推动产业融合创新、新型城镇化、生态环境康养、民生福祉等方面进入“十四五”时期的新台阶，创新文旅业的发展模式，扩大文旅业的示范效应，使得文旅业成为提高区域竞争力、提升区域联动价值和产业竞争实力的新领域，推动1.0版的全域旅游发展成果转型升级为具有国家全域旅游示范效应（推动以两个示范县市为核心的验收工作）的2.0版，全面提升丹东市文旅产业发展的优质化水平。

新时期全域旅游发展的创新主要集中在六个方面：发展模式、发展理念、产业业态、生活方式、治理方式及国土改造功能。在全域旅游发展的初级阶段中，全域旅游示范区的建设及发展要实现综合管理体制改革、规划、以旅游厕所为代表的公共服务设施建设、“旅游+”、旅游扶贫方面、旅游富民、文明旅游、旅游市场监管、旅游数据采集与应用及旅游外交“十大突破”。而这十大突破，就是要丹东两个县市创建旅游示范区验收过程中要牢牢把握的要点。

进入新时期的全域旅游发展，其目标是：推动全域旅游“六大转变”→全域旅游“三大转变”。从全域旅游初级阶段1.0版的“六大转变”（即：景点建设向目的地建设转变、注重目的地的硬件向公共服务的软件转变、点线综合服务向全域全程服务转变以及由部门主导向全社会协同发展转变、从封闭式的旅游经济向目的地全业开放共享共荣转变、从以游客为主向主客共享的方向转变）向新时代以文旅融合为核心2.0版[①]的“三大转变”，即：产业融合方式、区域融合方式及治理融合方式的转变。其中，文旅融合主要是从产业角度，在资源、市场、技术等层面上切入，研究文化产业与旅游产业深度融合途径，实现地域文化与旅游业的真正融合与深度融合，提升对新时代全域旅游发展的战略认识；要素拓展从传统六要素→新型六要素拓展等形式，推动全域“空间构建、产业联动、管理创新”的创新发展格局构建，真正实现六大转变（1.0版）→三大转变（2.0版）的升级。与此同时，将旅游体验从1.0时代开启到3.0时代[②]，提升旅游体验经济的发展层次。

“十四五”时期的丹东全域旅游规划应该充分体现“五个一体化”理念，即：文旅经济发展与优化空间布局一体化，项目用地与国土空间布局一体化，自然规律与经济规律一体化，城市与乡村文化旅游发展一体化，旅游发展与文化传承一体化。开创“十四五”时期旅游发展新格局，推动旅游发展从大众旅游的初级阶段向小康旅游的中高级阶段转变，实现全域旅游从1.0版到2.0版的跨越。

在具体发展过程中，要从旧常态跃迁到新常态的理念切换：

1. 路径切换。从基于低质量发展的旧路径——“三驾马车+城乡两元结构+土地财政+人口红利+牺牲环境+各地招商引资各塑产业结构+城镇化促进+省域市域经济与财税良性竞争”式模式，切换到高质量发展导向的新路径“创新驱动+内需促进+多层次城镇化+供给侧结构性改革+五位一体建设”；而此次冠状病毒引起的新型肺炎疫情对社会提出了众多的挑战和机遇，将推动医药卫生、智慧康养（包括养生养老、医疗服务、研学旅居）等新型产业的快速发展，有可能呈现爆发式增长态势，也拓展了全域旅游发展的内涵。

2. 路径创新。从路径依赖式发展之路——“所有的体制，机制，政府运作，公共产品，国企作为，金融与货币导向，土地与人才供给，服务于GDP为导向的区域基建与工业经济”——嬗变到路径创新之路——“所有的体制，机制和

① 也可以称之为全域旅游的2.0时代。

② 体验经济1.0商家的注意力集中在产品上；体验经济2.0商家的注意力转移到消费者身上，体验经济3.0突破了1.0、2.0时代狭隘的经济利益的追求，从人的精神体验出发，重视人作为“自然人”自我实现的高层次需求。

要素均服务于五位一体建设为总体结构，消费经济和科创经济为主轴的均衡态发展”。此次疫情催生出来的全域旅游供给侧改革与市场需求，可能比非典催生出的电商还要广泛。

二、丹东市全域旅游发展现状及存在问题

（一）丹东市全域旅游发展的基本现状

1. 形成了全域旅游发展的产业格局

一是业态格局。丹东北有群山叠翠，南有江海相依。丹东的山、海、江、田资源得天独厚。形成了以“边境、红色、生态、温泉、江海”五大旅游精品集群为主要支撑的产业体系，已发展成为“辽宁中部城市群的休闲度假地、国内赴朝边境旅游的集散地、东北亚区域旅游的观光目的地”，塑造了“山海江田　灵秀丹东”的旅游形象，形成了“全域、全季、全业态”发展，形成了“景区带小镇、小镇带乡村、区域带全域”的发展格局：丹东已经成为排名全省第三位的国内旅游目的地。全市旅游经济呈稳步增长态势，2019 年丹东市服务业增加值占 GDP 比重达到 53.5%。开通了东北首趟“高铁 + 旅游”专列，蒲石河风景区升级为国家 4A 级旅游景区，大梨树村、獐岛村入选全国首批乡村旅游重点村，旅游总收入增长 15% 左右。旅游投资项目不断增加。拥有国家和省级以上风景名胜区、自然保护区、生态示范区、工农业旅游示范点等 30 余处，成为旅游投资项目的重要空间域。2018 年，全市共有 13 个重点旅游开发项目，其中有 3 个新建项目，有 7 个续建，3 个改扩建项目，投资总额 69.94 亿元，奠定了丹东全域旅游发展的基础性格局。

二是要素格局。丹东区位、自然地理、历史文化、经济发展等综合优势得到了发挥，形成了旅游交通、旅游环境、旅游要素、公共服务、政策支撑、智慧旅游、宣传推广、共建共享等全域旅游发展的要素格局，传统“吃、住、行、游、购、娱”旅游基本六要素实现了一体化融合，开始出现由传统六要素“食、住、行、游、购、娱”向新型六要素“闲、养、商、学、奇、情”拓展的态势。接待国内外旅游者人次连续多年维持 10% 左右的增长态势，旅游业总收入增长均在 10% 以上，旅游业态的关联度进一步增强，对国民经济的贡献度

逐年提升。

丹东市休闲农业与乡村旅游发展迅猛。休闲农业和乡村旅游经营主体已经超过2000个，形成了以休闲农业、智慧农业、生态体验、民俗文化及温泉度假为一体的乡村旅游发展体系。以大梨树村、大鹿岛村和獐岛村为代表的全国乡村旅游重点村，为丹东市的乡村旅游发展起到了较好的示范效应。目前已形成了以大梨树生态农业观光园、溪山农业观光园、卧虎山庄、孤山杏梅园、双山葫芦园、熙悦山庄、大黄鸭生态园、三核温泉、海华金水河、光华塔醋、双利科技园、关东姓氏文化园等旅游新业态发展。丹东成为国家“蓝色海湾整治行动”中的城市，湿地保护区及海岛周边滩涂生境逐步得到恢复，推动滨水空间的生态文明建设；建立了“丹东智慧旅游平台”（与东方测控公司合作），加快了智慧旅游工程建设步伐。文化场馆的综合效应显现，以手表、奇石、丝绸、满药、野山参、板栗及草莓等小型专业化博物馆正在积极建设中。集展览、演出、购物、餐饮于一体的中朝文化展览馆改造后，现已正式对外开放；青山沟满家寨院内的中华满族风情园，集民俗文化、观光旅游、休闲度假、餐饮服务于一身的综合旅游服务体，其大型满族乐舞《八旗山水谣》是园内的文旅表演品牌产品。

三是新型业态格局。特色商业街区（改造商业步行街功能，发展创意色彩浓厚的夜间经济，培育“小店经济”和“文旅地摊经济”，扩大了文化与体育等领域的综合消费）、第四代商业综合体（中国第四代城市综合体的典型代表是万达广场）、旅游特色小镇、省级旅游度假区、精品民宿、智慧化旅游建设呈现快速增长态势。特色小城镇建设快速发展。特色城镇和特色小镇成为全域旅游发展的新型综合载体。东港市孤山镇为国家级特色小城镇①，凤城市刘家河镇为省级特色乡镇（生态宜居小镇）②、振安区五龙背镇、大孤山经济区菩萨庙镇、东港市椅圈镇、北井子镇、龙王庙镇、凤城市刘家河镇、宽甸县青山沟镇、下露河乡、凤城市通远堡镇、元宝区金山镇、东港市长山镇分别为省级培育乡镇③。从产业发展的角度来看，在全省首批11个产业特色小镇中，没有一个是丹东市的④。按

① 住建部公布第一批中国特色小镇名单，2016年10月14日20：02 来源：中国新闻网，http：//www. chinanews. com/cj/2016/10－14/8032165. shtml

② 首批20个省级特色乡镇名单公布，2018－03－19 13：57来源：华商晨报，东北新闻网，http：//liaoning. nen. com. cn/system/2018/03/19/020422806. shtml

③ 辽宁计划重点培养50个特色乡镇丹东占8个，2017年02月16日22：33 来源：人民网－辽宁频道，http：//ln. people. com. cn/n2/2017/0216/c378317－29727096. html

④ 辽宁公布首批11个产业特色小镇创建名单有你家乡吗？发布时间：18－05－2409：12人民日报社，https：//baijiahao. baidu. com/s？id＝1601305894398605520&wfr＝spider&for＝pc

照丹东“十三五”时期的旅游规划[①]，丹东最有希望打造的就是温泉康养型度假小镇，可以成为全域旅游发展的一个创新点或成为国家全域旅游示范区验收的一个加分点，从而提升丹东市县（区）国家级全域旅游示范区的验收成功率。美景、美街、美食开发备受欢迎。安东老街等诸多实体开发与活动开发逐渐走向常态化发展；安东老街复古了老安东的百年风貌，集合了全国各种风味的小吃、小饭馆和创意小店。

四是治理格局。丹东市文化旅游和广播电视局正式挂牌，统筹规划全市文化体育事业、文化体育产业、文物事业、旅游业、广播电视领域事业、广播电视领域产业发展；旅游综合执法体制逐渐理顺，旅游综合治理模式成效凸显。通过推进体制、机制改革和国有景区改制，从文旅规划到文旅企业及市场管理，文旅局开发到发挥治理的作用。丹东市文旅集团已正式挂牌，并已完成虎山、断桥分公司注册事宜。目前已经与东北旅游景区联盟，实现了“资源整合”“抱团发展”，充分利用联盟营销平台，最终形成东北三省的品牌旅游项目串联以及“区域旅游一体化”的构建。

2. 产业跨界融合呈快速增长势头

一是跨界融合。旅游业与生态农业的融合，形成了乡村旅游特色品牌，如大梨树村、獐岛村和大鹿岛村已成为全国重点旅游村；“互联网＋”与乡村旅游的结合→旅游电子商务，基本实现了旅游电商的初级规模；农旅融合的产业过程型体验空间开始形成，以水稻田为主的创意旅游开发（东港的徐坨子村），拓展了产业链的休闲体验空间。

二是文旅融合。安东老街大街区开发建设项目一期为现有安东老街部分，二期位于安东老街二层，三期四期分别为原衬衣厂、原金笔厂地块及周边，建筑面积约 3.5 万平方米，建设集怀旧人文观光、地方传统文化展示、餐饮、娱乐、旅游、休闲、消费等为一体的情景再现式商业街；推动传统街区如七经街等街区商业文化的活力，推动文化与旅游融合→文创产业→文旅品牌。

三是商旅融合。商贸业与物流业的产业融合→电商平台（农业电商平台，以草莓为主的电商构筑了丹东东港草莓的特色品牌）→旅游电商平台融合。丹东已形成了赴朝旅游新模式，实现了赴朝旅游与赴朝文化和商务考察实现了较好的整

---

① 中共丹东市委关于制定国民经济和社会发展第十三个五年规划的建议，发布时间：2016/3/4 11：26：00 来源：中共丹东市委办公室，http：//www. dandong. gov. cn/html/430/20163/0244e469c8bfa8a4. html

合，拓展了赴朝旅游的内涵。此外，登岸游及跨境自驾游也开始成为边境跨境旅游的新内容。

四是休闲融合。传统景区的观光模式正在向休闲度假等综合方向发展，呈现了创意产业与多种旅游方式整合在一起的发展态势；候鸟式的养老养生等形态开始出现，将推动旅居生活方式在域内展开，不断提升了丹东观光休闲旅游的发展层次。

3. 形成了全域旅游创新发展局面

一是旅游产品创新发展体系开始形成。旅游开发推动了产品开发从观光体验向休闲康养转变，已建设成为国内赴朝边境旅游首要集散地、辽宁省生态山水观光休闲度假复合型旅游目的地，形成了鸭绿江为核心的边境旅游产品品牌、爱国主义为核心的红色旅游产品品牌、自然生态为核心的乡村旅游产品品牌、温泉康体为核心的养生旅游产品品牌及休闲体验为核心的滨海旅游产品品牌。

二是旅游产品品牌创建有序进行。推进天桥沟 5A 级景区，花脖山及老石山创建 3A 级景区创建；獐岛、大鹿岛、北黄海温泉度假村申报省级旅游特色小镇和省级旅游度假区创建，形成了以精品景区为核心的品牌，依托景区及通达景区交通干线创建省级精品民宿；通过举办具有地方特色的鸭绿江国际旅游节、桃花节、枫叶节、银杏节，开展丹东十大特色餐饮名店、十大特色地方名菜、十大特色名小吃、十大特色纪念品评选，推进了旅游品牌的打造；加快智慧旅游建设进程，三星级以上酒店实现 WiFi 全覆盖网上预订，4A 级以上景区实现 WiFi 全覆盖、语音导游、电子门票业务；积极引导培育安东老街、丹东金街、宝山女人街、欧尚广场等特色商业街区的创意开发。

三是全域旅游创新体系形成。智慧农业（大梨树村七彩田园）、创意旅游（绿江花海，徐坨子村）、赴朝旅游（赴朝商务考察）实现了创新发展；众创空间形成，吸引创客，推动全域旅游创新人才的培养。“辽宁机电职业技术学院创新创业学院”“创 e 园”“丹东云创空间”和“宽甸创客空间咖啡馆”。乡村创新基地推动了全域旅游发展。大梨树村成为全国的“绿水青山就是金山银山”实践创新基地（国家生态环境部），大梨树村为全国第二批“中国乡村旅游创客示范基地”，并且和獐岛村和大鹿岛村被评为全国乡村旅游重点村，塑造了丹东市乡村旅游发展的系列品牌。

4. 全域空间创新发展格局

一是空间优化。丹东市旅游业已形成“一核一带，三轴三心，六大组团”的空间发展结构。一核：以丹东市为核心的城市文化休闲核；一带：依托鸭绿江及北黄海，分段分区域，按照资源主题特色，打造由北向南的大鸭绿江—北黄海精品旅游带。以高铁、高速和国道连通的丹大交通轴、丹沈交通轴和丹通交通轴为骨架，形成市、县互动发展格局，打通丹东面向辽宁中部城市群及辽宁沿海经济带城市群的内外交通通道；以凤城市、宽甸县、东港市为丹东旅游辐射中心。六大组团：北部山林生态旅游组团、凤凰山文化体验组团、大梨树乡村休闲旅游组团、近郊温泉康体养生组团、大孤山宗教祈福朝拜体验组团、南部海洋休闲度假组团。

二是集群优化：目前丹东市已形成五大旅游精品集群，即：以鸭绿江为核心的界江旅游精品集群；以爱国主义精神为核心的红色旅游精品集群；以自然生态为核心的乡村、山地旅游精品集群；以温泉开发为核心的康体养生旅游精品集群；以滨海休闲体验为核心的北黄海旅游精品集群。

（二）丹东市全域旅游发展存在的问题

1. 产业整合能力较低

一是产业整合力量不足，对其他产业发展的驱动作用不强，缺乏具有国内一定影响力的旅游企业。全域旅游“六个转变”的水平不高，新型业态发展的稳定格局尚未形成，产业融合创新能力还难以适应现代服务业发展的目标需求，组建文旅集团是一种尝试。围绕丹东文旅集团的组建，发挥国有资产的最大效益。通过整合、优化的形式，以文化为核心，以江海为主体，以项目为重点，以边境、民族为特色，推动区域内综合性的项目开发，构建丹东全域旅游的大空间格局。

二是产业空间整合有限。从全域旅游示范区的建设来看，宽甸县全域旅游示范区的建设①，有助于营造“全域、全年、全民”的旅游产业发展氛围，提升生旅联动、商旅联动、农旅联动、工旅联动、交旅联动、文旅联动的扩散强度；以

① 由于宽甸县和凤城市的示范区创建验收尚未获得通过，其未来的建设任务将更加艰巨。

生态旅游实验区建设为平台，打好“生态、民族、边境”三张牌的组合效应还有待于放大。凤城市刘家河镇积极发展“飞地经济”，大力发展循环经济和低碳经济，积极治理环境，刘家河镇住建部评为“美丽宜居乡镇”，是辽宁省第一批省级特色乡镇“生态宜居小镇”。如何通过生态宜居小镇，将其文旅资源开发与美丽宜居乡镇建设还需要进一步挖掘其文旅资源内涵，走绿色发展的创新路径。

三是产业整合能力较低。从整体来看，全域旅游发展处于初级阶段（1.0版）。若按照旅游发展从景区旅游（1.0）到园区综合体（2.0）再到全域旅游（3.0）的发展阶段划分的话，丹东尚处于全域旅游发展的初级阶段（1.0版），旅游产品开发处于“创意化的体验产品、文化的实用产品、旅游化的土特产品”的初级阶段，市场影响力及产业关联度都非常有限。从整合效率来看。“小马拉大车”问题仍然比较明显，文化旅游广电局缺乏宏观调控能力及综合协调能力。整合能力较弱来自于管理体制不顺：如青山沟国家级风景名胜区管理局、鸭绿江山水旅游公司等景区分属不同的管理部门。景区众多，产业规模大而不强，产品同质化严重，单纯靠市场的力量来整合需要有一个周期，旅游景区仍然以“门票经济”为主导，文旅综合效益不高。景区主导的拓展能力有待于提升。以景区为核心的全域旅游发展仍是主导力量，城乡特色街区、社会风情资源、公园体系、绿道体系、夜经济体系等也是重要的旅游空间，而景区之外的“圈外”亟待需要地方政府及社区通力合作，塑造与景区协同发展的“景区”边缘（内）新型社区空间（特色风情园区），实现“景区”内外共享空间，如景区服务与社区服务实现共享。旅游吸引物始终是全域旅游发展的核心，但要使得全域旅游成为区域发展“动能转换器”，发挥其优势的引领作用，就要构建以产业（农林渔业＋工贸）发展为核心的产业体系，依托产业链条中的文化及过程空间推动全域旅游发展，仍未成为全域转换的重要方式，也使得产业发展形成的文化转化成文旅开发的资本，发挥其文旅的真正价值。

四是“互联网＋全域旅游”整合程度较低。以“互联网＋”为主的智慧化发展整合水平较低。很多部门都在使用互联网，但彼此的整合程度较低，其功能发挥就更低。目前，全域旅游发展还存在一些认识上的偏差，认为互联网只是信息化建设的内容，与其他领域关联度不大。推进广电网与电信网、互联网三网融合是目前的基础性工作，要借助国内5G、AI等技术的优势，创新“互联网＋”孵化文旅项目新模式，促进全域旅游从1.0版向2.0版升级。

2. 创新动力不足

一是链条联结松散。鸭绿江八大精品项目的“点”空间关联性较弱，由这些“点”空间构成的“生态体验场”产业链接和空间连接的能力非常有限，其观光休闲、文创共享等深度融合还处于初级发展阶段；精品项目内部创新形成的新型业态链条简单，供给与需求难以平衡。由于精品民宿、特色小镇、田园综合体、专业性博物馆、产业过程型休闲体验空间等形式的新型业态发展动力不足，智慧旅游发展水平较低，推动新型业态发展形成全域旅游体系的力量有待于进一步提升。

二是交通融合不紧密。城乡一体化的推动力量不足，城乡融合的人流推动基本是单向为主，农村青壮劳动力人口大量流入城市，农村“空心化”现象严重；从沈阳到丹东不过 1 小时 20 分钟，但由于缺少畅通市内外（郊区）的公交线路，或旅游专线（或公交车隔时间较长）难以满足游客的需要；蓝（水路）绿道体系尚未构成体系，绿道（步行道及自行车道）与蓝色（水路）公路与公路交通（机动车道）难以匹配。

3. 空间协调不足

一是城乡间的协调程度较低。丹东市周边的小城镇尚难以承担旅游集散的功能，城乡之间的双向吸引功能较弱；乡村旅游电商以“物”服务为主，对人的旅游体验性服务供给不足；智慧生产、智慧营销、智慧服务及智慧管理尚处于初级阶段，自动采集汇总上报旅游人流数据等功能还不完善，自动调节及报警等功能还有很大的发展空间。城市农业、垂直农业、智慧农业等新型农业发展迟缓，对其产业过程及其产业链的休闲属性认识不足，导致“三水”的休闲体验空间开发不足。如水稻过程开发还只停留在“稻田画”、花卉生长还停留在“花海”景观的初级观光阶段，未能将稻田中的稻米生产及加工等过程细化，也难以实现“从泥巴到嘴巴”的食农教育飞跃。辽宁沿海经济带的“三水”产业发达，以“三水”产品销售为主的电商平台营销体系（O2O 等新型业态显现）已经建立起来，但都局限在“物”的生产与营销方面，如何将“物的销售”与“人的服务”结合起来，提升区域内文旅特色产品的实用价值与体验价值整合还有待于进一步完善。

二是供给不均衡。丹东仍处于观光、休闲体验、度假等旅游产品并存的初级阶段，观光产品及初级体验产品比重较大的产品结构，使得旅游的淡旺季较为明显。城市夜经济满足市场新型需求（研学、康养、专项）的供给能力不足，如运动建设、森林度假、亲子教育等产品的供给不足。

三是产业—空间转化动力不足。由于特色小镇、田园综合体、康养院（园）等新型实体较少，其他传统景区形式的实体与产业相互转化并形成文旅创新的能力较弱，空间优势难以形成产业优势；从旅游投资来看，文旅低效投资仍然过热：即观光居多，休闲匮乏；硬产品居多，软产品很少；美景很多，文化稀薄等现象。空间与产业转化能力不足的原因主要在于：只考虑观光的关联效应，而对休闲养生等新型的业态重视不足。

四是优势难以正常发挥。中朝边境赴朝旅游集散地的优势，受制于国际环境的影响，经常受制于季节性、突发事件的影响而难以充分发挥出来，赴朝集散地的作用也只是一个空间节点而已。随着“一带一路”倡议的实施，边境旅游及赴朝旅游模式亟待新的创新形式，提升丹东市作为“一带一路”节点城市的功能，其全域旅游的发展应成为兴边富民的重要驱动力。

三、丹东市“十四五”时期全域旅游发展思路

（一）旅游发展总体定位

1. 总体思路

其指导思想是围绕核心吸引物的精品打造，以旅游业供给侧结构性改革为主线、以国家全域旅游示范区创建及验收为抓手，促进文旅产业向广大旅游地的社区延伸，实现“景”“社”一体、社区宜居宜游，推进“景区旅游”向全域旅游的转变，实现从单一景区建设管理到综合目的地的统筹发展转变，推动产业链整合与生态圈培育的和谐发展。

2. 工作方针

一是优势发挥。以丹东的区域优势、资源优势、产业优势、文化优势以及社会优势，以全域旅游示范区验收标准为指南，推动文旅融合的创新发展；以美丽乡村建设为依托，助推“第六产业”发展，提升产业过程型休闲空间营造水平；围绕文旅新业态发展，提升城乡公共基础设施建设与整合的水平。

二是品牌塑造。着力抓区位特色文旅项目和品牌建设，丰富赴朝旅游、山岳

旅游及江海旅游等文旅产品强主体，通过文旅产品的主体化、休闲化、智慧化及精品化发展，推动全域旅游的优质化发展。

3. 发展定位

一是把丹东建设成国内赴朝边境旅游第一集散地，辽宁省生态山水观光休闲度假复合型旅游目的地。这个定位依据与“十三五”旅游规划并没有多大变化，但其重点建设的内容有调整：继续强化鸭绿江—北黄海旅游精品带（增加了北黄海）、赴朝边境旅游、山水（增加了山水）田园生态康养度假区、温泉康养（增加了康养）度假区的建设（如图 6 – 4 所示），推动全域旅游发展的空间实体（景观旅游）多样化。以鸭绿江—北黄海精品旅游带、赴朝旅游集聚区、海洋生态文化旅游集聚区（可以将其并入到鸭绿江—北黄海精品旅游带）、温泉休闲旅游集聚区为重点，推动沟域绿色旅游和乡村旅游综合开发，提升城乡公共基础设施的一体化建设水平，提升旅游公共服务设施的便捷度，丰富域内特色旅游和新兴旅游产品体系。

二是产业发展定位。文旅引领的智慧型新型产业集群，打造共享共荣的产业联动格局。通过农旅联动机制及其他产业联动机制，推进具有城乡融合特色的重点旅游休闲项目（如温泉康养型特色小镇、山水田园综合体）；以 5G 网络等高科技应用为切入点，培育智慧型新业态，培育区内空间实体构成的网络节点（生长极），推动共享型文旅产品体系发展。通过精品街区（安东老街等）和夜经济项目一体化等项目建设，推动“传统节庆 + 非遗传承 + 活动策划 + 节事运营”等休闲活动的开展，创新地域文化旅游主题节事形态，实现从项目策划、规划、设计、产品，到业态植入、空间开发建设和项目运营的联动发展的高质量目标。

三是主导产业定位。乡村旅游成为乡村振兴战略实施的重要推动力。通过乡村旅游的优质化发展，推动美丽乡村建设上新台阶，丰富新型城镇化新型空间，提升新型城镇化过程中的城乡融合水平。其产业振兴不再仅限于传统农业，而是要聚焦一、二、三产融合，形成第六产业，推动生产、生活、生态和谐共荣的生态型社区建设，成为城乡共享经济发展的重要空间依托。通过跨境边境旅游的创新发展，推动互市贸易区和跨境电商平台的建立，提升丹东综合保税区的建设水平。

4. 产业目标

“全”线推进，建设覆盖全域的绿色基础设施网络，打造城乡便捷的旅游交通（高速公路、高等级公路、绿道、蓝道）格局，有效地连接各类景区、度假区、乡村旅游点。具体来讲，就是依托“三高（铁路、公路）两航（航空航海）一绿（绿道网络）”，构建全域畅通的立体交通网络。

旅游公共服务中心的商业化创新模式。导入优秀商业机构与模式，突出个性化特征，构建“标识丹东”智慧体系。打造集信息查询、在线导览、咨询投诉、在线消费、互动娱乐、养生养老、远程医疗、在线教育等多种功能于一体的公共服务平台，使其成为全域旅游发展中的智慧旅游组成部分。通过产业—空间整合，注重将产业过程转换成休闲体验空间，推动产业—空间的有效融合，促进土特名产的开发与创新营销，以“旅游后备箱工程”为引导，促进土特名产的创新引领，打造丹东鸭绿江旅游新型业态[①]；共享经济发展。发展共享旅游经济并使其成为区域协同发展的动能转换器，促进全域旅游业态的纵深发展，实现全域旅游从1.0版到2.0版的跨越。

5. 重点产业

一是乡村旅游优质化发展。以东港獐岛（全国重点乡村旅游村）、大鹿岛、渔家文化、设施渔业、海鲜美食、妈祖文化为依托的深度滨海体验旅游，建设一批具有历史、区域、民族特色的旅游村镇和休闲产品；拓展农业功能，传承农耕文化，推动乡村旅游综合体、田园综合体、特色康养小镇以及特色民宿的建设，促进乡村旅游新型业态的发展。

二是红色旅游深层次开发。围绕丹东地区五大历史战争（甲午战争、日俄战争、抗日战争、解放战争、抗美援朝战争）文化板块推动文旅载体创新开发，提升丹东抗联、抗美援朝和甲午海战等历史文化旅游的发展水平；以研学旅游发展为驱动，推动研学产品体系建设，打造丹东特色研学产品品牌（如图6-1所示）。

三是温泉文化挖掘。积极发展以东汤、五龙背、金山、椅圈北黄海温泉、北井子镇温泉为主的温泉度假旅游，丰富温泉文化的载体形式（如温泉博物馆），提升温泉的多元价值。依据《中国温泉之城辽宁丹东发展建设规划（2014~2020年）》和《丹东市温泉旅游发展专项规划》，通过温泉综合体的开发建设，将温泉文化与其相关产业的发展整合起来，共同打造丹东“中国温泉之城”的品牌。

---

① 郑辽吉．土特名产与乡村振兴［M］．沈阳：东北大学出版社，2020。

全域旅游发展的要素动能转换

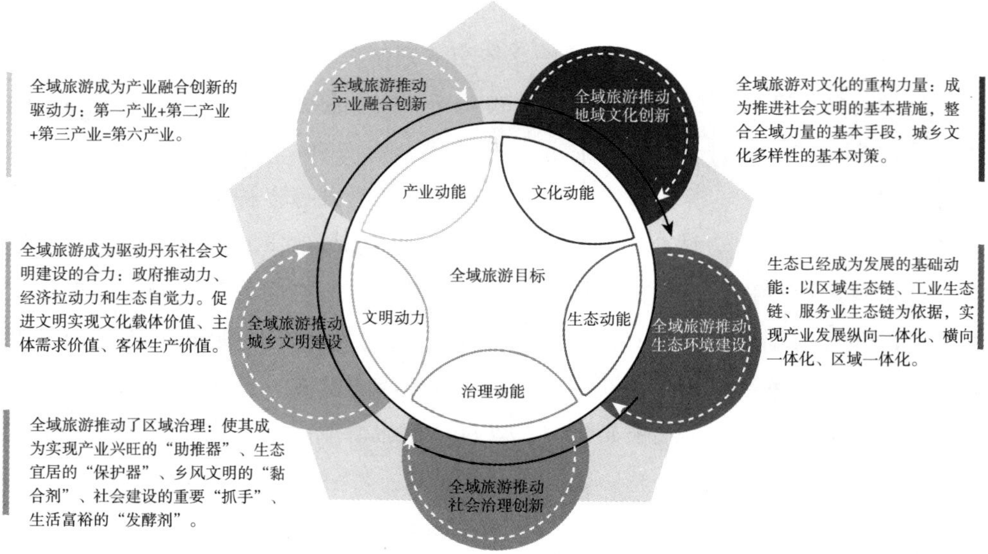

图 6－1　丹东市全域旅游发展的要素动能转化

四是自驾游产品体系（包括绿道体系）。按照《全国生态旅游发展规划（2016～2025 年）》[①]，建设一批适应旅游度假、健身疗养、休闲体验的自驾游线路及慢游体验空间体系，服务于城乡之间的自驾游。鼓励生态旅游宣教中心、生态停车场、生态厕所、绿色饭店、生态绿道等生态设施建设，促进智慧型停车场、智能导游导览、智慧停车、互动体验、客流监控、旅游数据可视化、智能跑道、智慧管理/服务等。

（二）聚焦产业域、空间域、管理域

1. 产业域

一是文旅融合。以文旅为核心，就是要通过智慧化与创意化的方式推动地域文化的旅游转化。政策引导、法律保障。通过相关政策引导和法律保障，积极是培育文旅市场主体。目前无论是文化领域还是旅游领域，都没有专门的产业促进

① 全国生态旅游发展规划（2016～2025 年），发展改革委、旅游局关于印发全国生态旅游发展规划（2016～2025 年）的通知，国务院公报 2017 年第 14 号，中国政府网，http://www.gov.cn/gongbao/content/2017/content_5194900.htm

法。按照《中华人民共和国文化产业促进法（草案送审稿）》①，从国家层面上来看，是将促进文化产业发展纳入国民经济和社会发展规划之中，促进文化产业结构调整和布局优化。通过示范引领。拓展丹东市的国家重点乡村旅游村（大梨树村、獐岛村和大鹿岛村）的示范效应，开展“创意进景区”“创意下乡”等行动，让文化创意成为推动文旅业创新发展的原动力，还要继续开展全域旅游示范区创建，进一步推动丹东的全域旅游向深度和广度发展。通过标准规范。文旅产业的标准化体系建设、标准化治理机制建设是未来的发展方向。新型业态及非标化的休闲实体开始出现（如民宿），其标准化（地方性的）的制定将更加紧迫和复杂。要以标准化体系建设和标准化治理机制建设为切入点（这也是创建验收标准中创新得分的重要内容）。

二是业态创新。以文旅融合为核心，开展重大项目建设，推动文化体验到休闲养生的全面转型，扩大文旅融合的广度和深度，提升文旅产品的品牌效应，构建全域旅游文旅融合发展模式。第六产业休闲空间。第六产业以“三水”特色产业为基础构建的特色农业休闲体系，实现了产业与文化融合，产业与景观融合，文化与生态融合，形成了产业价值链上不同类型的“过程型”休闲体验空间。

2. 空间域

一是空间模式。以空间创新营造为依托，构建“旅游景区—旅游廊道—全域场域”为主体的多维空间发展模式；以“地＋水＋气＋文”地域文化载体的多元化开发方式，构建了多领域多产业参与的发展格局。2020 年中央一号文件破解了文化旅游产业发展用地难题。用地缺、用地难、用地不规范、用地政策多变抑制休闲农业、乡村旅游、设施农业发展的主要瓶颈。具体来讲主要有两大突破：提出了在省级的土地利用年度计划中，至少应安排 5% 的新增建设用地指标，保障乡村重点产业和项目用地；而新编得县乡级国土空间规划种，应安排不少于 10% 的乡村建设用地指标，保障乡村产业发展用地。

二是文旅融合模式。文旅融合的前提是挖掘城乡间的文化资本，丰富其载体形式，促进其文旅综合转化。以“景区”内创新与“景区”外的协调互动，构建共享创新发展新格局，推动治理创新与空间共享协调发展，促进以文旅为核心

① 《中华人民共和国文化产业促进法（草案送审稿）》，2019 - 12 - 13 09：00，司法部政府网，http：//www. moj. gov. cn/government_public/content/2019 - 12/13/657_3237728. html

的新旧动能转换，实现域内新型业态与传统旅游发展并重的新格局。

3. 管理域

一是部门综合。围绕着国家创建全域旅游示范区的验收标准，研究文旅部的“国家全域旅游示范区验收认定文件”，部署创建工作细则，突出创建工作的创新点，内容准备要齐全，突出本地创建工作的亮点，达到国家验收标准的要求。在实施全域旅游示范区的建设过程中，要强调“规划质量提高、规划理念创新、规划务实管用”。全域旅游规划必须与地方社会经济发展规划、城乡规划、土地利用规划、道路等相关规划相互关联，实现“行业管理”向“党政统筹”转变。依法进行旅游管理、旅游监管、旅游社会化管理等方面的体制机制创新，构建现代旅游治理体系，促进旅游发展成为创建美好生活的重要方式。

二是协同机制建立。建立多部门共同参与旅游管理与发展的平台与载体，形成多部门“共管、共建、共享”的协调机制和旅游发展合力，提高旅游业综合执法或联合执法的能力。建立以全域旅游示范区验收标准为核心的评价指标体系作为考核指标体系，形成以“1＋3＋N”为核心的旅游综合管理机制。

四、丹东市全域旅游融合创新的重点领域

（一）“水文化”景观拓展体系

1. 水文化景观的多维构成

一是滨水景观文化。“山海江田、灵秀丹东”是丹东市精心打造的旅游形象口号。丰富的山海江田空间，是人与自然共生的和谐共同体，人的命脉在田，田的命脉在水，水的命脉在山，山的命脉在土，土的命脉在树，这一切都与水文化密切相连。在鸭绿江水文化的开发实践中，除了已有的水利工程和景区外，宽甸县绿江村和浑江村的油菜花与汛期、稻田耕作与季节变化、渔业养殖捕捞的季节变化等，具有广泛的社会性、历史渊源的悠久性、内容丰富的精博性，丰富了丹东木都的历史文化内涵与未来发展的特点（如图 6－2 所示）。

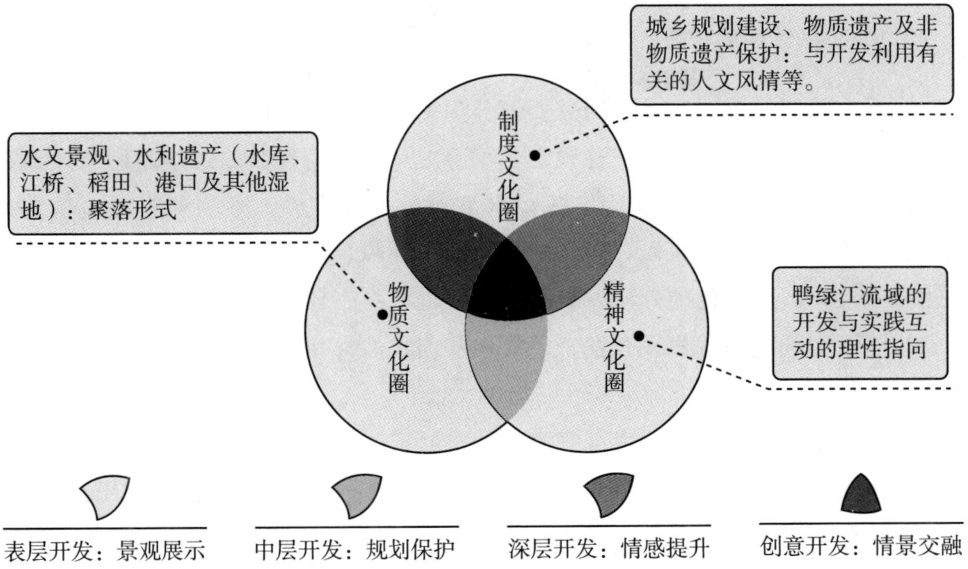

图 6－2　鸭绿江水景观文化构成及功能

二是水文化景观类型。工程性水文化景观、水体文化景观、水景观文化遗产资源等水景观相关的地域文化载体，可以筹建以鸭绿江为主题的水景观文化博物馆①等新型文旅场所，拓展丹东水景观文化的对外影响力。通过相关载体的形式，可以将水体景观文化实现多层次、多样性的开发，提升水体景观开发的综合价值（如图 6－3 所示）。

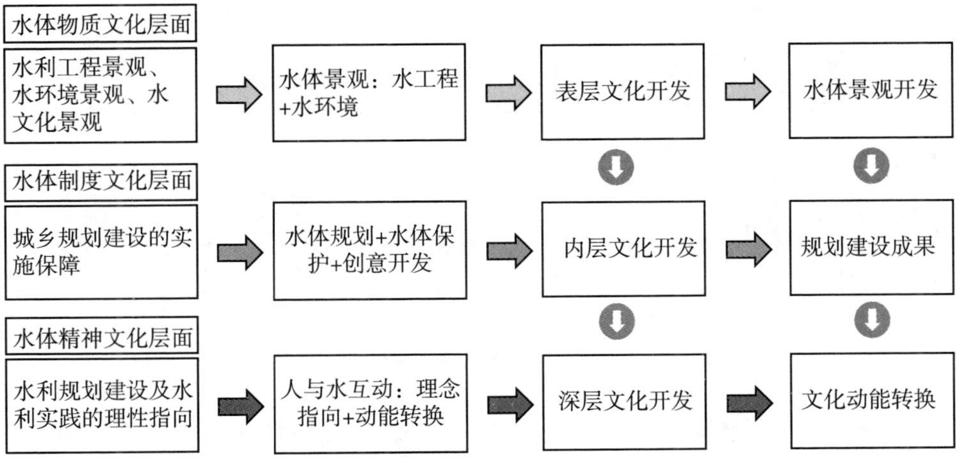

图 6－3　鸭绿江水文化多功能开发

① 如英国滨江博物馆和扬州水文化博物馆。

2. 水文化景观的构成

一是水景观类型。滨水空间主要划分为滨水景观、河道景观、临水景观（多达 26 种类型）。滨水空间开发建设覆盖城乡之间的旅游慢步绿道空间网络，提升区域内“快进慢游”的交通网络建设水平。目前的滨水旅游活动主要包括观光旅游、度假疗养、休闲娱乐、运动健身、科考探险、研学教育等形式，正朝着多元化、个性化、体验化的方向发展。鸭绿江流域生态体验旅游的主要构成及开发对象。除了传统的旅游景观开发，还要一些创意的景观开发及体验活动开发（如图 6 –4 所示）。

二是滨水创意景观。营造富有韵律的水域景观空间。通过强调边境水文化文化，注重水景与周边山体、建筑桥梁等的和谐统一，营造城市“水”景观带，构建以“鸭绿江水体”为主要核心的景观长廊；通过水体景观功能开发为主体，通过多种公共空间的展示，如滨水休闲空间、水上运动、文化艺术展示等多元功能的“水”空间组合，利用多元化的水功能，使其成为丹东市发展的活力源泉；结合鸭绿江的边境河流特色，将水景观文化的地域性、民族性和多样性通过与中朝边境城市进行文化的融合与交流，充分体现城市水文化的独特人文魅力。

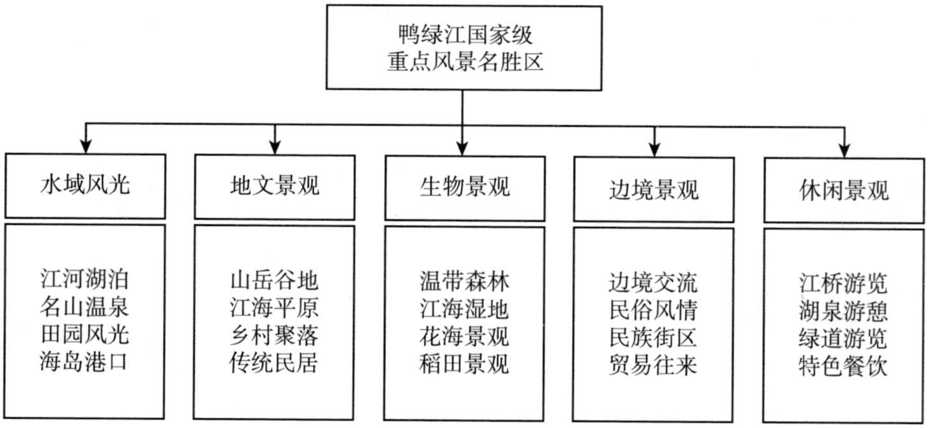

图 6 –4　鸭绿江风景名胜区的景观类型

充分展示丹东水景观文化的哲学内涵：“灵”水。通过山水“灵秀”内涵的挖掘，进一步提升丹东水文化的内涵及其新时代的新型功能。通过对水文化的挖掘与展示，形成独居一格的文化哲学展示区。农业观光休闲的“活水”。以农业（传统农业、养殖捕捞业等）为载体，构建集观光、休闲、体验、康养等多功能为一体的多功能农业网络，提升水体多功能景观的多元价值；人居环境的“亲水”，水象征着人居环境的灵动与生机。

丹东素有江城之称，人居环境早已与鸭绿江干流及支流（大沙河、爱河、五道河等）密切相关，充分体现了人与江河海的人地关系；“乐水”，围绕鸭绿江下游（中朝两国交往最密切的地段），营造集商业、观光、休闲、康养等为一体的核心休闲度假区。以“居于水、乐于水”为主题，在沿江休闲体验康养带中打造服务于市民及旅游者的中心；“生命源”水，以城市及下游的湿地公园建设为载体，形成主题不一，形式多样的湿地休闲区，将水文化和湿地设计相融合，形成一个集城市湿地、农耕湿地（稻田景观）于一体的湿地休闲观光体验区①。

（二）康养研学创新体系建设

1. 康养产业体系

一是产业前景。据《2015 年辽宁省老年人口信息和老龄事业发展状况报告》，辽宁省人口老龄化程度较高，60 周岁及以上户籍老年人口 837.3 万人，占全省总人口的 19.6%，远远高于全国平均数 16.1%。沈阳、大连、鞍山、本溪和丹东 5 市人口的老龄化程度均超过了 20%，而且高龄化、空巢化、失能化也呈现加剧的态势。

二是发展模式。以智慧型远程医疗服务体系建设为切入点，构建以“专业化托管”为康养产业的主要运营模式。以“生态养生度假”为发展脉络，围绕生态养生度假旅游市场，紧扣“养生”主题，开发休闲度假、物理疗养、绿色膳食、生态康复、运动养生等系列功能型产品，打造山地生态养生、温泉生态养生、乡村生态养生等度假品牌，推动旅居养老型村镇建设，形成特色旅居养老模式。

2. 研学产业体系

一是研学园区。以景区为依托，建设研学基地。2016 年 11 月 30 日发布了《教育部等 11 部门关于推进中小学生研学旅行的意见》，明确要求中小学要开展研学旅行，推动全面实施素质教育，创新人才培养模式。而本次疫情的发生也恰

① 郑辽吉．乡村旅游转型升级与多功能景观网络构建［M］．沈阳：东北大学出版社，2021.

恰证明，人对自然的敬畏与尊重应该成为中小学乃至整个社会的必修课。研学旅游将削减淡旺季的差异。研学所产生的消费市场需求，将高效解决文旅地产周一到周五的客流、资金流问题。

二是研学类型。研学园区。以景区为依托，建设研学基地。中小学要开展研学旅行，不仅有利于促进学生培育和践行社会主义核心价值观，而且有利于推动全面实施素质教育，创新人才培养模式。研学旅游将削减淡旺季的差异。研学所产生的消费市场需求，将高效解决文旅地产周一到周五的客流、资金流问题。

五、丹东市全域旅游发展的政策体系

（一）完善全域旅游融合创新的机制

建设“旅游 +”和“ + 旅游”机制。引导相关部门工作向全域旅游发展靠拢，逐渐改变现有文旅部门“小马拉大车”的困境，改变文旅投入与运营中的重视程度，推动相关产业发展向旅游融合，使得相关项目、产品开发和经营过程能够充分体现文旅旅游的带动功能。通过文旅发展的动能传递作用，推动区域其他产业的发展，使得文旅产业成为“美丽丹东”的重要驱动力。

一是“旅游 +”的表现形式呈现多样化。以“旅游 + N”为主导的多样化主要有：全域旅游 + 美食；全域旅游 + 美宿；全域旅游 + 美景；全域旅游 + 美物；全域旅游 + 文化；全域旅游 + 村镇建设；全域旅游 + 市场；全域旅游 + 新业态。

以“空间 + N”构建“1 + 1 + N”的旅游空间格局：构建“森林公园 + 风景名胜区 + 特色旅游基地（点）”的旅游发展格局，打造旅游特色小镇（智慧型康养小镇为主）；丹东森林（健身）步道体系建设，与未来国家东北东部森林步道体系的有效连接，标识、服务点等绿道服务体系将成为丹东绿道[①]体系建设的创新点。

以“治理 + N”——构建“1 + 1 + 1 + 1 + N”的文旅治理格局：在文旅局的引导下，推动各个部门（尤其是与农业、水利、城建等部门的协调）联动，以产业和空间建设为切入点，通过旅游公共基础设施建设，如全域旅游图、绿道标

① 丹东的健身步道从鸭绿江边到城市周边公园，再延伸到郊区，长达百公里。未来可以通过连接山体、森林、隔离绿带、滨海地区等，形成通畅的长达数百公里的绿道，为城乡居民提供健身休闲娱乐的绿色空间。

识、乡村驿站等形式，提升全面参与文旅发展的共识，实现多部门综合治理的格局。

二是“+旅游”的表现形式。以资源转化为主导的城市公共资源→旅游资源；空间+创意+旅游；产业+创意+旅游（如青岛啤酒厂博物馆）；地域文化资源的转化已经成为文旅产业发展的重要内容。其重点就是在现有的诸多公共项目上进行更新和再创造，在不影响原有功能的基础上，把公共产品直接转化为文化和旅游紧密融合的文旅产品。以主客共享主导的“+旅游”形式。以住宿共享、知识共享、体验共享、资源共享、品牌共享等共享经济模式的形成，有助于推动主客共享旅游服务设施建设（游客中心、公共厕所、无线网络等）。通过共享农庄到共享交通工具，从宠物寄养共享、车位共享到专家共享、社区服务共享及导游共享，甚至移动互联强需求的 WiFi 共享，从而为丹东其他区建设国家全域旅游示范区树立典范。基于自然博物教育与亲子休闲度假、虚拟现实与户外体育休闲、线上教育与线下亲子活动、传统文化融合研学度假、休闲主题综合体度假区等方向，都是满足中等收入群体的细分赛道、细分项目的类型。在全域旅游开发过程中，要构建“政府引导、企业投资、市场调节、社会参与”的整合模式。

三是旅游金融投融资机制创新。把握文旅金融创新的五大趋势——资产经营价值、投贷结合模式、产业链融资、多层次资本市场、互联网金融创新，推动丹东地区旅游房地产时代向旅游资本时代转型。与金融机构密切联系，推动金融进入文旅发展领域之中，促进文旅融合的多样性。设立丹东市文旅产业投资基金，加强财政手段和金融手段的协调配合，大力支持符合服务业产业导向目录的新建、扩建、改建文旅项目，对商业性开发景区可以开办依托景区经营权和门票收入等的质押贷款业务；加大对小型微型文旅企业和乡村旅游的信贷支持。扩大直接融资渠道，探索和运用发行企业债券、私募基金、资产证券化及股权融资等多种投融资方式，开拓多元化融资渠道。健全公益性文旅项目的商业化运作机制，对投资规模大、回报期长或不直接产生收益的文旅项目，采取政府采购、回购方式进行商业化运作。

四是扩大投融资领域。公共交通、公共信息、公共安全、公共救助和公共环境五个方面的服务是以投融资拓展来实现的。旅游基础设施建设要围绕“市场化思维、产品化思维、供给侧改革思维、全域化思维、主客共享思维”的五大思维导向，从区域的“大交通”到景区内“小交通”，都是“道路+节点”的构成体系，提升区域内拥有更为普遍的公共性和基础性的旅游产品与服务。

（二）丰富“旅游+”产品的供给形式

1.“旅游+”的产品供给

一是特色载体供给。通过“旅游+”来丰富旅游产品供给，旅游（温泉+康养）小镇、现代（共享）农庄、健康（满药基地）旅游等；以温泉养生度假为核心功能，做优做强温泉旅游产品，做特做亮乡村旅游产品，发展一批山地（或滨水）智慧型康养度假基地，打造国内一流的山地（或滨水）休闲养生度假胜地。

二是新型载体开发。培育新型农业经营主体，调度全域内各种利益主体的参与性，增加文旅产品供给能力，丰富文旅产品的形式。乡村旅游合作社是在农旅深度融合发展中成长起来的新型农业经营主体，有助于推进乡村旅游的规模经营。

2.“+旅游”的产品供给

一是创意+旅游。在旅游项目中注入更多文化、创意、科技和绿色要素（服务+实物+智慧+），从而提升旅游产品品质。如：依托丰富的温泉资源，设计多样化温泉产品，打造集温泉养生、温泉理疗、运动、饮食、文化、情志、景观、生态等一体的温泉风情小镇。

二是实体+旅游。植入区域文化，开发“五行养生温泉”，实现温泉与旅游地产结合，开发产权式度假汤院、产权式酒店公寓、风情水街等适于休闲体验的创新实体，提升新型景观体验的综合价值。

三是拓展参与领域。全社会参与不再局限于政府及开发商等社会组织，而是各种社会文化等团体都可能成为旅游行为的主体。以丹东市宜居城市建设为主导，构建全新的旅居生活方式，实现主客共享的发展态势，但靠经济维度是无法实现全域旅游发展目标的，“人民群众更加满意”是旅游业发展的根本目标。通过宣传教育和产业引导，让当地居民认识旅游业，享受到旅游发展带来的益处。通过旅游发展形成的新型城镇化，能够推动乡村地区的综合发展，使得田园变成公园、果园变成公园、家园变成公园、校园变成公园，促进景观空间的多元化发展，实现其多功能价值。旅游产业发展过程也变成了休闲体验空间、研学教育空间、康养服务空间的重要组成部分。

四是维护空间正义。文旅发展要充分考虑程序正义和社会公平，化解市场风险和防范道德风险，将各利益相关者都纳入文旅发展之中，使得空间的价值追求正在转向所有利益相关者正当利益的实现，实现全域旅游所追求的综合性效率。鼓励私营企业、民营资本与政府进行合作，解决文化部门参与旅游发展的正当性，提升文化利益主体参与文旅基础服务设施建设的积极性，推动文化载体的创意表达，形成投资主体的多元化态势。

| 专题报告七 |

锦州市“十四五”期间全域转身向海　加快海洋经济发展研究

一、引　　言

海洋资源是锦州的优势，向海发展是锦州的出路，大力发展海洋经济是当前推进锦州振兴的突破口。2019 年 11 月 14 日，锦州市委十二届十三次全会提出：“启动实施‘双凌协同’‘两港联动’‘松太南越’‘北义闾山会师’‘古太凌黑与高铁同行’五大工程，推动海陆统筹城乡统筹、打造区域协同发展新优势。积极融入‘一带一路’和辽宁沿海经济带建设，全域转身向海，加快锡赤朝锦陆海新通道建设，以高水平开放引领高质量发展。”《2020 年锦州市政府工作报告》也提出要“加强陆海统筹，大力发展沿海经济”。

渤海大学辽宁沿海经济带发展研究院承担了锦州“十四五”发展规划编制重大课题“全域转身向海，加快海洋经济发展研究”。课题组利用 1 个月时间，深入到全市 9 个县区、20 家企业开展调研，出席 5 次由企业家、县（市）区和市直部门领导参加的座谈会，就锦州市海洋资源及利用、临港产业与海洋产业发展、县域与沿海互动发展等情况开展调研，获取了大量宝贵资料。在此，对各部门、企业的相关领导和专家表示衷心感谢！

本报告主要内容包括四个部分：一是分析了锦州市向海发展的现状和问题；二是探讨了“十四五”期间锦州发展面临的新形势；三是描述了“十四五”期间锦州市全域转身向海、加快海洋经济发展的构想；四是提出发展建议。

二、锦州市向海发展的现状及存在的主要问题

（一）发展现状

1. 重视港口资源及沿海区位优势利用

近年来，市委市政府一直在努力研究利用锦州市的沿海区位优势和港口资源推动经济发展。目前，锦州港全面对外开放，运输航线达我国南北方各个港口，已同100多个国家和地区建立通航关系，货种覆盖粮食、石油、天然气及制品、煤炭、金属矿石等大宗散货与集装箱；深度融入“一带一路”建设，同时开通“俄罗斯经满洲里—锦州港”“锦州—俄罗斯”“俄罗斯经满洲里—锦州港—广州”3条中欧集装箱海铁联运班列。2019年，锦州港货物吞吐量1.13亿吨[①]，集装箱吞吐量187.9万标箱[②]。港口对锦州全域发展的牵引和辐射效应越来越明显。

2. 沿海经济带建设取得积极进展

锦州市委、市政府引领全市积极融入辽宁沿海经济带发展战略，强化“2+1”沿海发展格局，成效显著。滨海新区，重点发展石油化工、新能源汽车及汽车零部件、光伏、装备制造、农产品深加工等制造业和临港物流、信息、电子商务、金融、旅游等服务业。2019年，地区生产总值70.8亿元，进出口总额178.65亿元，实际利用外资1492.25万美元，引进域外资金37.98亿元[③]。松山新区（国家级高新技术产业园区），以生物医药、汽车零部件、电子信息、新材料四大主导产业集群已经形成，以科技金融、会展商务等六个中心为基础的金融示范区已经初具规模。大有经济开发区，重点发展农副产品深加工、生态文化旅游、特种金属材料和新能源等产业，2019年，固定资产投资完成102023万元，主导产业增加值完成268823万元[④]。

---

① 在全国沿海港口吞吐量排名第23位。

②④ 调研数据。

③ 锦州滨海新区官网：http：//www.jzbhxq.gov.cn。

3. 海洋经济发展初具规模①

（1）总体情况。锦州市海岸线长 124 公里，海域面积约为 1185 平方公里。如图 7 - 1 所示，2015 ~ 2019 年锦州市海洋生产总值总体呈上升趋势，2019 年达到 424. 02 亿元。从产业结构来看，主要包括滨海旅游业、海洋交通运输业、海洋渔业、海洋油气业及其他产业（如图 7 - 2 所示）。

图 7 - 1　2015 ~ 2019 年锦州市海洋生产总值

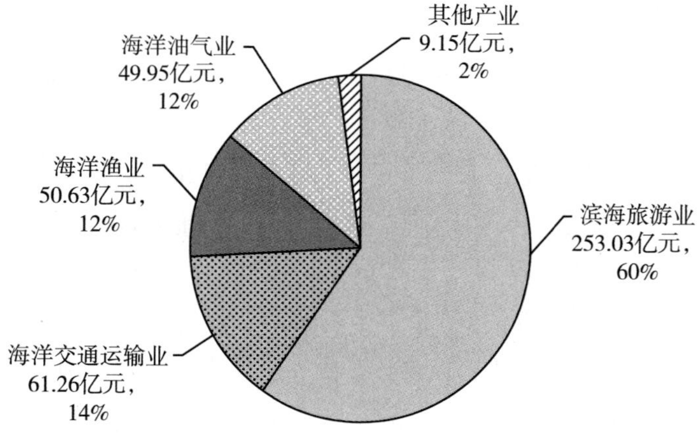

图 7 - 2　2019 年锦州市海洋生产总值构成

（2）主要产业发展概况。本报告主要介绍滨海旅游业、海洋交通运输业、海洋渔业和海洋设备制造业②的发展情况。

① 内容所涉数据来自调研。

② 目前海洋设备制造业并未单独统计。

①海洋渔业。锦州市海洋渔业主要包括海洋捕捞、海水养殖和海洋水产品加工三个细分产业。其中：

海洋捕捞业。主要捕捞品种为鱼类（鱿鱼、鲐鱼、鲅鱼等）、甲壳类（虾、蟹）贝类、头足类（鱿鱼、章鱼、海蜇）。2019 年，海洋捕捞量为 3.78 万吨，经济总产值 8.05 亿元。

海水养殖业。全市规划养殖区面积 75654.5 公顷，主要类型为淡水池塘、水库、稻田、海水池塘和浅海养殖区。其中，海水池塘主要集中在凌海，面积为 16645.1 公顷，主要养殖刺参、海蜇、中国明对虾、日本囊对虾、三疣梭子蟹、斑节对虾等优势品种。其中，海参（刺参）占全市海水池塘养殖面积 80% 以上，是省内最大的集中连片养殖区，年产量达 1.08 万吨、产值 10.8 亿元。浅海养殖区面积 17846.9 公顷，主要底播菲律宾哈仔、四角蛤蜊、中国蛤蜊、脉红螺、毛蚶、魁蚶等。2016 年，锦州市获批“国家级海洋牧场示范区”项目。2019 年，全市海水养殖产量 12.11 万吨，经济总产值 17.82 亿元。

海洋水产品加工业。全市水产品加工能力 23 万吨，水产品冷冻和加工企业达到 27 家。在笔架山食品有限公司及达莲海珍品养殖有限责任公司两家省级龙头企业带领下，锦州市水产品加工能力迈上新台阶，拥有“锦上堂”“凌熙堂”“笔架山食品”等加工知名品牌。

②海洋交通运输业。锦州港是环渤海重要港口之一，近 5 年来，锦州港货物吞吐量、集装箱吞吐量连年增长，发展态势良好（如图 7－3、图 7－4 所示）。目前，锦州港与辽宁港口集团整合工作已经完成，为进一步发展创造了有利条件。

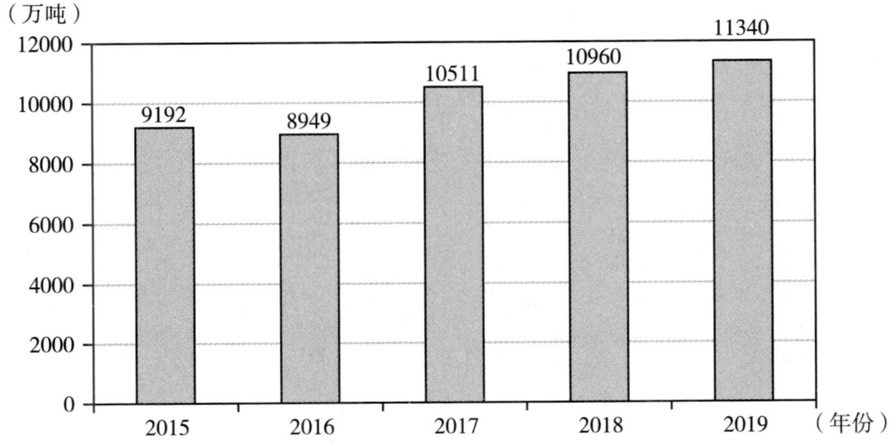

图 7－3　近 5 年锦州港吞吐量

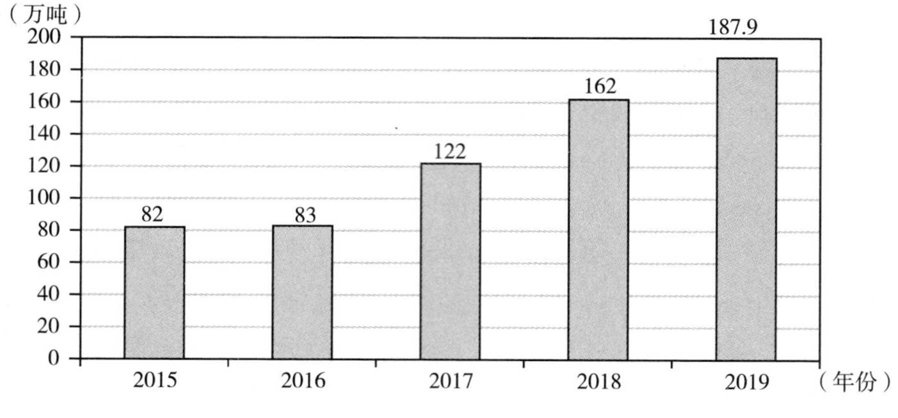

图 7-4　近 5 年锦州港集装箱吞吐量

2017 年，锦州港港口吞吐量首次突破亿吨大关，集装箱也首次突破百万 TEU。近年来，锦州港积极建设“一带一路”新的“桥头堡”，已成为“辽满欧”“辽蒙欧”综合交通运输大通道建设的重要节点。目前，锦州港正在积极推进 30 万吨级航道疏浚及国家保税物流中心（B 型）建设工程，同时积极推动中蒙俄铁路出海新通道建设。

此外，龙栖湾港项目也在推进当中。目前正在积极建设港口作业面各项基础设施，力争年内完成港内道路、水、电和防护堤配套，年底实现 3 万吨级货物码头简易通航。

③滨海旅游业。锦州历史悠久，文化底蕴深厚，旅游资源丰富。全市有星级饭店 20 家（五星级旅游饭店 2 家）、旅行社 41 家、旅行社分社 20 家、旅行社网点 69 家。全市 A 级旅游景区有 31 个（4A 级景区 13 个）。其中，滨海地区有景区景点 6 个，其中，国家 4A 级景区 2 个（笔架山、世博园）、3A 级景区 2 个（东方欢乐王国、东方华地城）、景点 2 个（龙海广场、海滨浴场），拥有辽宁省体育产业示范基地 1 个（锦州帆船帆板训练基地），形成了以山海旅游、温泉度假、室内海洋娱乐、湿地游览和海洋体育为特色的滨海旅游带。

2019 年，全市旅游总收入 253.0 亿元。其中，国内旅游收入 244.8 亿元、入境旅游收入 11871.0 万美元。全年接待国内外旅游者 3385.0 万人次①。其中，滨海新区旅游总收入 30.42 亿元，国内旅游人数 405.78 万元，入境旅游收入 1422.62 万元，入境旅游人数达 1.18 万人次。

---

① 2019 年锦州国民经济和社会发展统计公报。

④海洋设备制造业。海洋第二产业是锦州市海洋经济发展的短板，目前相关企业主要有两家。辽宁航星实业集团有限公司是省市政府重点支持的军工配套企业、锦州市军民融合发展战略实施牵动单位、市装备制造业重点企业、市混合所有制试点单位，核心经营领域是船舶配套产品，尤其在导航操控、电气自动化、计量仪表等方面具有领先的技术优势和生产能力。东方国际集装箱（锦州）有限公司产品覆盖海运、陆运、铁路运输产品，是中国北方最大的集装箱生产企业，产品技术领先，型号齐全，年生产能力达 18 万标箱。此外，还有部分企业可以提供海工装备配套产品。

（3）海洋科技创新情况。近年来，锦州市委、市政府充分发挥科技的支撑和引领作用，积极推进海洋产业发展。

①深化与域外院校科技合作。市政府先后与中国农业科学院、大连海事大学、大连海洋大学、辽宁省农科院等高校院所建立全面科技合作关系，在海洋经济发展规划、海岸带开发建设、海洋生态环境保护及海洋渔业发展等方面开展务实合作。连续 23 年举办农展会、农博会和农业科技成果对接会，邀请中科院青岛海洋研究所、辽宁省海洋水产科学研究院、大连海洋大学等高校院所的海洋渔业领域知名专家携带最新科技成果参会参展，促成“刺参病害预警及防治技术”“南美白对虾高效养殖技术应用与示范”“浅海滩涂贝类资源修复及增养殖技术示范”和“贝类种质资源保护技术应用”等 10 余项科技成果在锦落地转化。此外，推动航星集团、辽宁利达自动化设备等企业分别与中科院声学所、大连海事大学等高校院所联合开展了“舰船综合船桥系统”“自容式声学多普勒流速剖面仪”“无人船智能驾驶系统”等高端海洋装备的研发。

②充分发挥驻锦高校资源优势。发挥高校在教学、科研、人才和设施设备方面的优势，围绕锦州沿海经济带建设发展，开展学科建设、产学研合作、人才培养和平台建设。2015 年，渤海大学获国家教育部批准成立了航运学院，成为辽西地区的航运人才培养基地。以渤海大学励建荣教授团队为依托，先后组建生鲜农产品贮藏加工及安全控制技术国家地方联合工程研究中心、国家鱼糜及鱼糜制品加工技术研发专业中心等科研平台，并向企业免费或按成本收费开放；2017 年，励建荣教授的“鱿鱼贮藏加工与质量安全控制关键技术及应用”成果荣获得国家科技进步二等奖。渤海大学牵头组建了辽宁省生鲜食品产业技术创新战略联盟；渤海大学、辽宁工业大学与锦州笔架山食品有限公司、凌海市达莲海珍品养殖有限责任公司等企业联合开展“毛虾高值化加工关键技术及产业化”“解决鱿鱼丝甲醛含量超标技术”“辽宁西海岸生物技术 CIS 系统开发”和“笔架山风

景区智能化广场技术开发”等项目研发。

③积极推动科技园区建设。2015 年，为促进现代渔业提质增效，实现现代渔业技术链与产业链深度融合，锦州市政府推动锦州龙海馨港科技有限公司组建了海河生物研究院、中科院成果转化凌海分院和龙海馨港郑绵平院士工作站，并以大有经济区为载体组建以现代海洋渔业为主导产业的“辽宁锦州农业科技园区”。同年，被国家科技部认定为第七批国家级农业科技园区。2018 年，科技部等国家 9 部委联合印发《振兴东北科技成果转移转化专项行动实施方案的通知》，将“支持锦州市以国家农业科技园为依托，建设海珍品产业特色小镇”纳入行动方案。目前，锦州市拥有涉海高新技术企业 3 家、国家农业科技示范园 1 个。

（4）海洋生态保护。按照国家、省海洋环境监测方案要求，锦州完成了近岸海域环境质量、入海排污口、海水增养殖区、江河入海污染物、重点排污口邻近海域、海水入侵和土壤盐渍比、海上垃圾、海上溢油及赤潮 8 项监视监测任务。目前，锦州市海域海水水质状况向好发展。第二类水质海域面积约为锦州所辖海域总面积的 80%。海水养殖区及近岸海域海水水质基本满足各海域功能区标准要求。2019 年 6 月，《锦州市渤海综合治理攻坚战实施方案》印发，将重点任务分解到各个责任单位，并推动实施。

（二）存在的问题

1. 在理念上并未真正实现转身向海

多年来，锦州市发展关注焦点仍然停留在“港口本身”和“沿海区域”方面，而对利用港口以远的“海洋”驱动经济发展重视不够，措施不足，这也是辽宁省沿海城市的共性问题。2017 年《辽宁省海洋主体功能区规划》指出：“辽宁省 60% 以上的海域开发利用，集中于近岸 10 米等深线以浅海域，海洋空间资源开发利用不均衡问题表现突出。海岸和近岸海域空间的高密度、高强度开发，导致近岸海域开发利用潜力、可持续发展能力明显降低。”因此，把“海洋”利用作为重点，全域转身向海发展迫在眉睫。

2. 海洋经济发展还存在诸多问题

当前，锦州市海洋经济与国内其他沿海城市相比还有差距：一是发展规划滞后，产业定位有待明确；二是产业结构以传统的海洋渔业、海洋交通运输业和滨海旅游业为主，海洋第二产业、新兴产业比重极低，产业布局除了滨海新区和凌海市，其他地区基本处于空白状态；三是产学研合作创新力度不够，海洋科技人才、金融、平台、企业、载体等创新要素配置有待优化；四是海洋污染物控制、海水水质改善、围填海历史遗留问题处置、岸线和湿地资源修复等工作都需要继续加强。

3. 内陆与沿海区域发展协同度不高

整体来看，腹地产业与临港产业、海洋产业关联度不高，产业链缺少衔接；地方政府和企业发展合作力度不够；城市功能分割，融合发展不足，七里河工业园区距市内仅 20 公里，但无法开通到市区的公交线路，个别企业医疗保险存在县域和城市差异，影响员工积极性。

4. 滨海新区建设亟待提档升级

目前，滨海新区城市综合配套层级不高，对人口、高端人才和产业的集聚能力不强。一是没有高质量的教育机构（从小学到高中）和医疗资源；二是缺少大型生活商贸物流设施，生活消费供给能力不强。城区商品房入住率不高，人气不足，产业不旺。2019 年，锦州市“2 +1”沿海经济板块完成地区生产总值 303 亿元，仅占全市 28.2%，表明沿海地区的引领和集聚作用没有得到充分体现。滨海新区要成为全市创新驱动发展先导区和示范区，城市配套建设必须提速。

5. 对外开放与合作需要进一步加强

2019 年全市进出口总额 236 亿元，进出口额过亿元企业仅有 16 家，对比营口进出口总额 473 亿元、进出口额过亿元企业有 60 家差距很大；全市实际利用外资 6400 万美元，对外投资仅 55 万美元。外贸进出口主要以石化产品、光伏材料、工业机械和农副产品为主，品种单一。外贸企业主要集中在沿海，腹地较少。企业出口产品经天津港和大连港装船，对企业运营成本和效率产生负面影响。

6. 经济发展的管理体制机制需要完善

表现在三方面：一是海洋经济管理分散在发改、自然资源、工信、交通运输、文旅广电等多部门，未形成合力，政策措施缺乏系统性、全局性和针对性。二是县域开发区管委会经济管理权限不足，影响项目引进、用地等审批效率。三是辽宁全省、各市还没有建立起统一口径、完善的海洋产业统计公报制度，相关部门对海洋经济“家底”掌握不实，决策证据不足。

7. 营商环境有待进一步优化

锦州市营商环境还存在以下问题：一是企业的财政补贴不能及时发放到位。义县、黑山都存在这一问题。二是企业贷款难。由于抵押物用尽，企业不能从银行再次融资，对于资金周转期较长的企业，影响较大。三是县域企业人才招聘难。高校毕业生和高端技术人才不愿意到县域企业就业，对企业可持续发展不利。四是黑山庞河经济开发区号称“九高环绕”，但园区距离每个高速路口都在40 分钟以上，增加了企业物流成本，影响了招商引资。

三、“十四五”期间锦州市发展面临的新形势

习近平总书记指出：“放眼世界，我们面对的是百年未有之大变局。当前我国发展既面临前所未有的机遇，也面临前所未有的挑战。①”

（一）发展机遇

1. 全球人口和产业不断向沿海聚集、向海发展的大趋势使得海洋经济在世界经济体系中的地位越来越重要，极大地促进了涉海产品开发和国际贸易的发展。

2. 新一轮科技革命和产业变革正在兴起，生产要素的重组和流动进一步加快，为加速海洋经济转型升级提供了更多资源和强劲动力。

3. 党的十八大以来以习近平同志为核心的党中央着力推进海洋强国战略，将“海洋强国”转化为“海洋强省”“海洋强市”理应成为沿海省市政府管理者的使命担当。

4. 2019 年 8 月，中共中央印发《中共中央、国务院关于支持东北地区深化改革创新推动高质量发展的意见》，提出加快中蒙俄经济走廊出海新通道建设（锦州港是出海口），为锦州市进一步融入国家“一带一路”建设提供重大机遇。

5. 辽宁省加快构建“一体两翼”对外开放新格局②，为锦州市全域转身向

---

① 中国新闻网 http://www.chinanews.com/gn/2017/12-29/8412268.shtml。

② 建设辽宁“一带一路”综合试验区，向西打造中国—中东欧“17+1”经贸合作示范区，向东创建东北亚经贸合作先行区。

海，在更广范围、更深层次上参与国际竞争合作拓展了新空间，为企业“走出去”提供了重要支撑。

6. 省委省政府已经把发展海洋经济纳入工作重点，省政府有关部门已经启动辽宁省“十四五”海洋经济战略规划工作，上位规划引领是我市发展海洋经济的直接依据。

（二）压力和挑战

1. 向海发展，发展海洋经济早就成为普遍共识。广东、上海、山东、福建等沿海省份从“十三五”时期就已经开始通过发展海洋经济推动质量变革、效率变革、动力变革，培育壮大新动能，构筑发展新优势，成效显著。

2. 辽宁省海洋经济发展与辽宁全面振兴全方位振兴的要求和目标还存在差距。2019 年，辽宁省海洋生产总值为 3465 亿元，占地区生产总值的比重仅为 13.91%，在沿海省份仅处于中下游水平。

3. 以大连为核心的辽宁沿海经济带各市也在快马加鞭发展海洋经济。大连市已经把海洋强市提升到战略高度，提出到 2025 年，建成中国北方重要的海洋中心城市。丹东、营口、盘锦、葫芦岛等其他省内沿海城市也都在推动海洋经济发展。

4. 新冠肺炎疫情对全球经济产生较大影响，美国对我国经济实施无理打压，给我市招商引资、对外合作带来不确定性。

总之，锦州市聚焦沿海经济已经多年，具备向海发展基础，未来以“海洋强市”战略引领全市经济新一轮增长面临着良好的机遇。转身向海，优化海洋经济结构和布局，推动临港产业与海洋产业融合发展，打造产业新优势，培育经济新动能，理应成为锦州市“十四五”期间的工作重点。

四、“十四五”期间锦州市全域转身向海　加快海洋经济发展的构想

（一）转变理念：变“沿海意识”为“海洋意识”，把“海洋资源”和“海洋空间”用好用足

“全域”是指强化陆海统筹，推动腹地与沿海实现产业协同、园区联动和城

区联通，形成大协作、大产业、大集群、大物流和大通关的融合发展新局面。而“转身向海”的关键之意在于改变偏重陆地和港口发展的传统思维，有效综合利用“海岸带”“陆海通道”“海洋交通”“海洋资源”“海洋空间”和“海洋利益相关者”等要素，深化对外开放与合作，推进产业发展，尤其是通过做强做大海洋经济，带动全市经济转型升级。

（二）转变战略：由“以港兴市”、重视“临港产业”转为“海洋强市”、壮大“海洋经济”

提出“海洋强市”发展战略，作为“以港兴市”战略的升级版。把发展海洋经济作为“十四五”期间全市经济发展的新动能和增长极。在全市“十四五”规划“海洋强市”战略约束下，编制我市海洋经济发展专项规划，提出海洋经济发展总体要求、发展目标、发展重点和保障措施等，推动海洋经济高质量发展，构建现代化海洋经济体系。

（三）转变模式：由侧重“沿海”开发开放转向沿海、城区和县域三大板块协同向海发展

以锦州经济技术开发区作为全域转身向海发展的核心区，以包括滨海新区、松山新区和大有开发区在内的沿海经济带为先导区，以古塔区、凌河区及太和区的城区经济板块为承启区，以包括黑山、北镇、凌海和义县在内的县域经济板块为联动区，通过增加海洋贸易、强化产业链协同、扩大对外开放合作、推进飞地园区建设、发展海洋经济等路径纽带，形成一核引领、三区协同、全域转身向海发展新格局。

五、“十四五”期间锦州市全域转身向海　加快海洋经济发展的建议

（一）做强做大海洋经济，构建现代海洋产业体系

1. 海洋渔业：以生态、优质、安全、高效、可持续发展为目标，加强产业链建设，统筹开发利用域内外资源，推动产业融合发展，提质增效。

（1）海水养殖业。加快发展海洋牧场，推动养殖技术和模式升级，推进与

旅游业融合发展。

一是推进国家级海洋牧场建设。学习山东海洋牧场发展经验，选择适宜海域和养殖品种，通过浅海底播增殖、增值放流和人工鱼礁建设，早日建成规范的海洋牧场并发挥示范效应。

二是推广采用生态养殖技术和模式。发展健康苗种生态繁育技术，加强滩涂养殖和池塘养殖生态管理，推动凌海对虾、海参养殖技术升级。推广工厂化养殖和多品种综合立体养殖，发展浅海浮筏养殖、深水抗风浪网箱养殖，探索尝试远海养殖。

三是依托海水养殖设施开展休闲旅游，拓展形成科普宣传、餐饮、娱乐和观光等系列渔业延伸旅游项目。

（2）海洋捕捞业。严格落实渔业捕捞“双控”制度。积极参与开发新的公海渔业资源，拓展远洋渔业发展空间。实施渔船更新改造工程，提高渔船智能化、自动化水平，增强远洋捕捞能力。

（3）海洋水产品加工业。致力于建设中国北方海洋水产品加工基地、海参及冷冻海鲜贸易集散交易中心和电子商务交易平台。一是依托大有国家级农业科技园区的达莲集团和正通冷链仓储物流项目，以现有海参养殖基地为基础，做好海参加工的大文章，开发生产即食海参、干海参、冻干海参等系列产品，打造中国名牌；二是强化招商引资，发展壮大海洋水产品冷冻加工、海洋鱼糜制品及水产品干腌制加工项目，引进海洋水产饲料制造、海洋鱼油提取及制品制造、海洋水产品罐头制造、海水珍珠加工等项目，打造海洋水产品加工产业集群。

2. 海洋交通运输业：以深度融入共建“一带一路”为契机，加快锦州港口改扩建、新建工程，提升港口智能化水平；加强国内国际合作，拉长和拓宽港口供应链，完善多式联运体系，扩大辐射范围。

（1）加快港口改扩建、新建工程。一是加快锦州港能级提升项目，推进30万吨航道疏浚工程、保税物流中心（B型）建设和智能化建设，实现港口功能升级，提高港口运营效率；二是推进龙栖湾港建设项目，力争年内实现3万吨级货物码头简易通航。

（2）推动中蒙俄经济走廊陆海新通道建设。推进锦州、朝阳、阜新、赤峰、通辽、锡林郭勒盟六市（盟）建立常态化沟通机制，开辟锡（林郭勒）赤（峰）朝（阳）锦（州）中蒙俄经济走廊陆海新通道。

一是要积极协调国家有关部门和内蒙古自治区相关城市，尽快打通待建路段，推进大板铁路枢纽建设，实现陆海通道的互联互通。

二是协助锦州港在齐齐哈尔、大庆、朝阳、赤峰、通辽、锡林郭勒等主要货源地和陆海通道节点地区设立内陆港，有效吸附货源，形成支撑陆海通道的物流集散带。

三是发挥港口保税物流中心（B型）功能作用，为进出口企业提供保税仓储、出口退税、国际物流配送、进出口贸易和转口贸易等便利服务，引导进出口企业在港区开展简单加工和增值服务。

四是推动开通锦州港到日本、韩国及东南亚等地外贸航线，扩展完善多式联运网络，为企业海上贸易提供便利。

3. 滨海旅游业：优化产业布局，创新旅游产品，重构旅游线路，开发海岸带工业旅游、滨海特色旅游、海洋休闲游和体育健身体验游，以“旅游＋渔业＋工业＋文化＋体育”融合发展推动转型升级。

（1）开发海岸带工业旅游。依托汉拿电机、东方集装箱、东方雨虹、天工集团、道光廿五集团等企业资源，开发产品展览、科技普及、生产线参观等工业旅游。

（2）开发滨海特色旅游项目。一是依托海上世博园创建海洋文化旅游项目，以锦州红色文化基团为基础，融合海岛文化、航海文化、海洋文学、海洋旅游文化、海洋经济文化、海洋环保文化、海洋军事文化、港口文化、海岸民俗文化、饮食文化等，向外传播滨海锦州的“精彩故事”；二是依托凌海红海滩资源，开发近岸红海滩观光旅游；三是依托省体育产业示范基地，开展帆船帆板运动体验旅游；四是依托东方华地城冰雪大世界和御源马术俱乐部滑雪场，开发冰雪、冰雕等系列旅游产品。

（3）开发海洋旅游。建造游艇码头，推动旅游从滨海、海岛向海上延伸。一是开发近远海游艇海上观光、海钓、游泳、海鲜餐饮、住宿和娱乐等旅游产品；二是依托离岸海洋牧场，开发水箱养殖观赏、潜海“采摘”等旅游项目。

4. 海洋设备制造业：在做强现有企业和主导产品基础上，引进战略投资者，实施创新驱动发展，开发新产品，引进新项目，延伸产业链，不断扩大产业规模。

（1）发展海洋船舶配套产业。一是支持航星集团引进战略投资者，加大资金投入，强化协同创新，推动船舶配电系统、导航操纵系统、专用仪器及电力电子产品、水声产品等升级换代，扩大规模，提高市场占有率；二是引进中国动力、湘电股份、瑞特股份、国睿科技、海兰信、金信诺等船舶配套上市公司到锦投资，在船舶动力设备、电气设备、电子设备等领域设立新企业。

(2) 发展集装箱及配套产业。在锦州经济技术开发区以东方集装箱集团为依托，加强技术研发，拓展产品线，开发集装箱房屋系列，同时吸引集装箱配件和集装箱运营等上下游企业入驻，扩大产业规模。

(3) 培育发展其他涉海设备制造业。一是依托锦州帆船帆板赛事活动，加快帆船帆板制造基地选址建设，引进企业生产经营帆船帆板及附属产品；二是推动黑山农机行业开发生产工厂化水产养殖循环水系统、海水养殖净化设备、废水处理设备和饲料生产设备等产品；三是依托海洋渔业和服务业，发展钓具、渔具、泳具等产业。

(4) 建立海洋设备制造协同创新平台。依托辽宁工业大学、大连理工大学、东北大学、沈阳工业大学、哈尔滨工程大学、哈尔滨工业大学、中科院大连物化所、中科院沈阳金属研究所等学研机构，在滨海新区或松山新区创建产业共性技术研究院或协同创新中心。支持航星集团、东方集装箱集团等龙头企业产品提档升级，推动黑山等县域机械制造企业向海洋设备转型发展。

5. 海洋生物医药业：以锦州市 7 家规模以上药品生产企业及大有国家农业科技园区为基础，通过产学研合作和招商引资推动企业集聚发展，打造渤海北岸海洋生物医药基地。

(1) 发展壮大海洋保健品产业。一是加快海参保健品开发生产。依托大有国家农业科技园区，以达莲集团海洋生态活性肽项目、海洋生物资源高值化研究中心项目、海参标准化生产基地项目为基础，吸引山东青岛、烟台和威海等沿海城市企业落户，生产经营海参多糖口服液、海参肽、其他海参保健品等系列产品；二是推进海洋保健品科技平台建设。依托海水养殖产业及外部原料市场，与渤海大学、大连海洋大学、大连工业大学等高校合作，建设产业研究院或协同创新中心，开发海洋水产品高值化利用技术，研发市场潜力大、高附加值的海洋保健营养品、海洋功能食品和海洋化妆品等产品，通过科研成果本地转化，吸引创业投资。

(2) 培育发展海洋药品制造业。以现有 7 家规模以上药品生产企业为基础，依托锦州医科大学、辽宁师范大学、沈阳药科大学等高校资源，在滨海新区或松山新区建设海洋生物医药产业研究院或协同创新中心。重点开展海洋生物药品、海洋化学药品制剂、海洋中药饮片、海洋中成药、海洋渔用疫苗、海洋医用辅料系列产品等领域开展教学（研究生培养）、基础研究、产品开发、中试及成果转化、创业孵化等工作。支持企业集聚发展，培育一批龙头企业和区域特色品牌，把海洋生物医药产业打造成我市支柱产业。

6. 涉海产品及材料制造业。适当发展海洋生物肥料、海洋功能材料、海洋水产养殖饲料、海洋水产养殖药品、海洋方便食品和调味品等产业。

7. 培育发展涉海服务业：大力发展涉海金融服务业和海洋信息服务业。

（1）发展涉海金融服务业。一是推动金融企业成立涉海分支机构，专门为企业涉海业务提供信贷支持；二是引导金融机构创新涉海产品，鼓励发展以海域使用权、岸线使用权、在建船舶、船网工具指标、海产品仓单等为抵质押担保的贷款产品，开展海洋“科技贷”业务；三是发展海洋保险等非银行金融机构，开发服务海洋经济的保险产品；四是创建海洋产业投资基金，引进风险投资，支持海洋新兴产业发展；五是引进培育涉海融资担保机构，鼓励其开展船舶租赁、海洋工程装备融资租赁等金融服务；六是发展转贷过桥基金，推动订单抵押，缓解企业贷款难问题。

（2）培育发展海洋信息服务业。加快推进互联网、云计算、大数据等信息技术向海洋产业渗透，培育发展海洋信息服务业，推进海洋导航、通信、气象、应急响应、航运管理、海陆空联运、海洋物联网、产业数据平台等信息系统建设，为海洋项目建设和产业集群发展提供数据和信息支持。

（二）推动县域、城区板块与沿海经济带协同发展

1. 沿海经济带：作为全域转身向海发展的“先导区”，以“两港联动＋临港产业＋海洋经济＋飞地园区＋深化对外开放＋完善城市服务功能”组合拳，发挥引领、示范、支撑和服务作用。

（1）推动两港联动，提升全域转身向海的支撑能力。滨海新区与凌海市要通过实施“两港联动”工程，加速实现“双海齐飞”，带动腹地产业转身向海。一是错位发展。两港对外采取统一的费率和政策，根据产业布局实现特色发展、互补发展；二是通道联通。推动建设从锦州港到龙栖湾港铁路支线，完善公铁联运体系，开通两港之间驳船运输，加强两港在物流产业通道建设方面的合作；三是海空联通。加强锦州湾国际机场产业物流建设，构筑“海陆空互联互通”协同发展新格局。

（2）做强做大临港产业，发挥全域转身向海的引领作用。一是重点推动汽车及零部件、装备制造业、光伏及半导体、精细化工、农产品深加工、呼叫中心、电子商务、大数据及港口物流等产业发展；二是大力发展“四新经济”。积极发展新产业，应用新技术、新业态和新模式对传统产业转型升级，对企业使用

华为大数据业务的费用给予补助，对智能制造产品研发项目优先给予政府融资平台支持；三是实施临港产业集聚工程。围绕现有产业建设上、中、下游全产业链，培育产业集群，加快推进中国有机颜料生产基地项目、光电产业园项目；四是推动松山新区大岭村工业园区规划与建设，打造新的经济增长极。

(3) 发展海洋经济，构筑全域转身向海发展的新动能。推动海洋经济高质量发展，构建现代化海洋经济体系是锦州市海洋经济发展的主要目标。

①构建“3（转型）+2（壮大）+2（培育）”海洋产业体系。锦州市在“十四五”期间要着力发展七大海洋产业：一是推动海洋渔业、海洋交通运输业、滨海旅游业转型升级；二是壮大发展海洋设备制造业、海洋生物医药业；三是培育发展涉海产品及材料制造业、涉海服务业（具体内容见“做强做大海洋经济，构建现代海洋产业体系”部分）。

②完善海洋产业支撑体系。推进海洋基础设施体系、科技创新体系、生态保护体系和综合管理体系建设。

(4) 建设飞地园区，为域内外企业向海集聚搭建跳板。在龙栖湾产业园区、大有经济开发区创建飞地园区，龙栖湾飞地园区主要承接京津冀、长三角、珠三角等地产业转移项目；大有飞地园区主要承接黑山、北镇、义县、凌海等县域经济或乡村“飞地”项目，发挥联动踏板作用。

(5) 深化对外开放，扩大全域转身向海的窗口。一是在滨海新区融入辽宁自贸区营口片区，复制运行规则，深化机制改革，扩大对外开放，为全域转身向海提供新动能；二是在辽宁省建设“一带一路”综合试验区、中国——中东欧“17+1”经贸合作示范区和东北亚经贸合作先行区的“一体两翼”对外开放新格局中寻求机遇，与中东欧、俄罗斯、日本和韩国等地区和国家的企业，在海洋经济及科技创新领域开展合作，在龙栖湾产业园区或松山新区建设合作产业园或协同创新平台。

(6) 完善城市服务功能，把锦州经济技术开发区建设成为锦州全域转身向海发展的核心区。主要措施是实施“4+1”工程，即实施4个迁建项目和1个新建项目，以公共服务向海前置牵引企业和人口加速向海集聚：一是推进锦州医科大学、锦州师专、辽宁理工学院、锦州医科大学医疗学院等迁建进度，壮大滨海大学城规模；二是考虑将市内辽西小商品批发市场和烧锅大坑建材市场迁入开发区；三是考虑适时将市委市政府及选择市内有影响的小学、初中和高中各1所迁入锦州经济技术开发区；四是将市内的一所大型公办医院或其分院迁入开发区，同时推进北医三院医养结合中心项目落实；五是在开发区建设工业产品汇展中心和线上交易平台，立足辽西，面向东北，辐射东北亚（市场广场汇展中心定位为生活消费品汇展）。

（7）松山新区作为国家级先导区和主城区与滨海新区之间的连接地，主要在培育外向型经济方面发力，培育外向型经济增长点。一是以华为大数据中心项目为依托，借力 2019 年举办大数据峰会契机，引进合作项目，培育大数据电子信息产业；二是推动奥鸿药业收购国外专利的转化投产，强化产学研合作，开发海洋生产医药；三是依托大学科技孵化园成果，推动终试基地高效运作。

2. 城区经济板块：作为全域转身向海发展的“承启区”，衔接县域板块和沿海区域，在做强做大原有产业基础上，应该积极开展与沿海和县域企业合作，并涉足海洋业务。

（1）古塔区。实施“开放活区、二产强区、三产兴区、北展扩区、转身向海”的发展战略。一是强化产业优势。巩固传统实体商业辐射能力，加快新零售业态发展；推动锦州石化公司产业链向下游延伸，开展靶向招商，与沿海及县域化工企业合作，做大做强我市石油及精细化工产业集群；推动现有 6 户装备制造企业与渤海大学、辽宁工业大学、大连海洋大学等校科研团队合作，开发生产海洋设备，做大装备制造业；二是依托“古太凌黑与高铁同行”工程，加快电子产业园规划建设和招商引资工作，打造高铁北站的辐射集聚效应，盘活周边地块，带动产业成长，实现与太和、凌海、黑山融合发展；三是在龙栖湾设立飞地园区，破除地处城市中心的土地制约问题，打造企业转身向海“桥头堡”。

（2）凌河区。要转变发展观念，推动思想向海发展，借路出海，借港出海，借船出海，与滨海新区互动并进，错位发展。一是推动产业项目向海发展，依托作为主城区和交通枢纽地位，吸引海外项目入驻；二是推动发展要素向海发展，为沿海区域发展提供人居、物流、餐饮等后勤保障；三是推进紫荆产业园规划和建设工作；四是与滨海新区共建“松凌飞地经济”产业园区，打造转身向海发展前哨站。

（3）太和区。发挥近海优势，打造沿海经济带产业配套区。一是依托“古太凌黑与高铁同行”工程，做好高铁锦州北站周边的产业规划和道路建设，强化招商引资，促进产业集聚；二是加快“松太南越”工程，实施超前规划，完善交通体系，分步开发小凌河以南地区；三是推动中国东北汽车城及物流枢纽中心项目建设，加强与锦州港和华为云合作，实现转身向海。

3. 县域经济板块：作为全域转身向海发展的“联动区”，要依托本地区资源优势和产业基础做强壮大现有支柱产业、特色产业，完善物流集疏运体系，扩大产品出口，拓展产业链，向海洋经济进军。

（1）黑山县。立足区域特色，加快农业转型升级，构建向海发展物流网络，提高产品出口效益。一是以农业重点企业和重点项目为引领，发展精深加工业，做好品牌，形成特色，扩大产品对外贸易；二是构建公路、铁路、港口物流的集疏运体系，为企业向海发展提供高效的物流支撑，推动黑山产业区连通高速公路项目纳入国家相关规划，为转向向海打造路网新优势；三是庞河经济开发区实施“一区多园”发展模式，要找准定位，形成特色，转身向海，扩大出口，打造对外开放新平台；四是黑山农机产业要借助渤海大学、辽宁工业大学等高校科技力量加快转型升级，提高产品附加值，同时研发海洋养殖设备，增加新动能。

（2）义县。以“转身向海，全域振兴”战略为指引，发展特色产业，加强区域合作，扩展海洋贸易，融入全市产业链和产业集群建设。一是依托七里河经济开发区，构建现代产业体系。做强健康食品、机电装备、冶金材料、再生资源、新能源五大优势产业，加强与城区和沿海经济板块的供应链合作，加强校企合作创新，涉足海洋健康食品、海洋设备和材料等领域，打造锦北向海发展制造业基地；二是实施“辽西内陆港”建设计划。利用中蒙俄经济走廊出海新通道建设契机，建设辽西内陆港，集疏运粮食、煤炭、矿粉、固废等物品。其中，尤其要加快锦州港辽宁粮食物流内陆港项目，建成北粮向海输送的集散中心、质量检验检测中心、销售中心和电子交易平台；三是实施“北义闾山会师”对接计划。要加强对古城历史文化挖掘工作，与北镇密切合作，建设医巫闾山环山大通道，带动沿线旅游产业和其他产业发展。

（3）北镇市。打破内陆农业县惯性思维，融入转身向海发展布局。一是强化项目建设，打造向海发展优势产业。围绕农产品精深加工、装备制造、石化及化肥、休闲养生旅游等重点企业，主动与国际国内相关企业对接，引进关联度高、转型升级带动强的项目，实现招商引资的有效突破；二是加快沟帮子经济开发区建设，建设飞地经济项目；三是扶持重点规模企业，以天晟重工等企业为示范，加快科技平台建设，提升对外开放水平，融入“一带一路”建设，打造国际知名企业；四是引进农产品精加工项目，打造水果加工基地。加强与国内外知名企业合作，加工生产葡萄酒、水果汁等特色产品，推动产品出口；五是深入实施“北义闾山会师”工程，推动与义县、凌海及滨海新区旅游一体化发展，加快旅游产业提档升级。

（4）凌海市。围绕“转身向海、锦凌同城”总体谋划，狠抓产业转型，加快发展海洋经济，扎实推进区域合作，打造滨海“新凌海”。一是实施“两港联动”工程，加快推进龙栖湾港建设，打造沿海、交通和空间新优势，促进凌海市与滨海新区融合发展；二是积极推进与上海石油天然气交易中心、中国兵器集团、锦州港签约项目早日落地，发展石化产品储运交易及精细化工产业；三是发挥新华龙金属冶炼、雄安金属熔炼牵动作用，引进上下游产业链项目，建设京津冀、六市联盟飞地园区，发展临港产业；四是以大有经济开发区为依托，加强产学研合作，加快招商引资，大力发展滨海旅游业、海水养殖业、海洋水产品加工业和海洋生物制药业；五是实施“双凌协同”工程，优化“双凌”协同示范区功能布局，抓好项目推进，逐步实现与锦州城区设施联通、产业协作、资源共享；六是提升区域合作水平；七是加强与宁波甬商商会、江苏辽宁商会互联互通，吸引会员企业到凌海投资兴业；八是加强与上海自贸区临港新片区、宁波大榭开发区、吉林抚松县区域合作，加大招商引资力度。

（三）改革管理体制机制，构建向海发展的有利环境

1. 推动机制建设：重在提高产业园区运营效率及转身向海、发展海洋经济的领导和协调。

建立全市发展海洋经济的协调会议制度，负责确定海洋经济发展重大决策和解决协调衔接问题；落实省级产业园区经济管理权限，提高园区招商引资和土地审批效率；建立海洋经济统计和公报制度，为科学决策提供数据支撑。

2. 强化人才保障：重在充分利用驻锦高校资源，推动校企合作，留住毕业生，引进创新人才。

深化校企合作，实施高校与企业结对子工程，推动企业生产经营活动与高校人才培养深度融合，采用订单模式培养海洋科技人才；瞄准产业定位引进人才，根据产业链设计人才链，把引进海洋产业人才纳入市人才引进专项规划；提高人才待遇政策，引进吸引优秀技术人才在锦就业创业。

3. 优化营商服务：重在提高政府服务质量，推动企业落户便捷高效，政府及时兑现承诺，解决企业燃眉之急。

践行政府服务企业发展的“店小二”理念，降低企业落户和投资运营成本。认真落实各级政府制定的一系列扶持企业发展的政策措施，开展政策措施实施效果第三方评估，让政策措施切实发挥应有作用。对政府未兑现的承诺进行分类梳理，有条件兑现的应及时兑现，树立诚信政府形象。针对特定企业遇到的现实问题，要成立专门小组，帮企业解决燃眉之急，渡过难关。

| 专题报告八 |

锦州市冰雪经济发展优势研究

摘　要

发展锦州市冰雪经济产业，是全面贯彻习近平总书记关于“冰天雪地也是金山银山”和“三亿人参与冰雪运动”重要指示精神的具体举措。以锦州冰雪产业为突破口，大力发展冰雪体育产业，可以不断扩大锦州冰雪运动制造业规模和服务供给，全力推动“冰雪产业＋旅游”等多产业融合发展，打造锦州经济的新增长点。

发展锦州市冰雪经济产业要进一步加大财政扶持力度，做好锦州市财政政策顶层设计，提供必要且持续的财力保障，保障各项财税政策落实落地；加强锦州冰雪产业专门人才队伍建设；构建推动融合发展的锦州现代冰雪产业体系，提升锦州冰雪经济消费宣传推介，发挥锦州东方华地城冰雪大世界的优势作用。

一、引　　言

为全面贯彻习近平总书记关于“冰天雪地也是金山银山”和“三亿人参与冰雪运动”重要指示精神，依托锦州市较为丰富的冰雪资源，努力营造冰雪旅游营销氛围，持续推进锦州市冰雪产业的快速发展；抢抓国家冰雪产业快速启动带来市场需求上升的重要窗口期，将“冷资源”变成“热经济”，助力锦州市冰雪经济产业升级和高质量发展，以政府和市场“两只手”合力，助推锦州冰雪经济的起飞。

二、发展锦州市冰雪经济的意义

（一）进一步发展锦州市冰雪经济背景

发展锦州市冰雪经济，落实国家体育总局、国家发展改革委、教育部、国家旅游局四部门联合印发的《冰雪运动发展规划（2016～2025 年）》，中共中央办公厅、国务院办公厅《关于以 2022 年北京冬奥会为契机大力发展冰雪运动的意见》，辽宁省《关于加快推进冰雪运动发展的实施意见》要求。以锦州冰雪产业为突破口，大力发展冰雪体育产业，可以不断扩大锦州冰雪运动制造业规模和服务供给，全力推动“冰雪产业 + 旅游”等多产业融合发展，打造锦州经济的新增长点。冰雪体育文化产业是一个综合性产业，可以有效地带动体育用品、交通运输、食宿服务、商业服务、邮电通讯、建筑、金融等相关产业的联动发展。大力发展冰雪运动、做大做强冰雪经济，是加快补齐经济结构短板，培育新的经济增长点，推动东北老工业基地全面振兴、全方位振兴的重要措施。

（二）进一步发展冰雪经济对锦州市经济和社会发展的积极影响

随着我国小康社会的快速建设，人民生活水平得到了大幅度的提高，家庭收入中用于健身娱乐消费的比重日益上升，人们更加注重健康、更加注重生活的质量，冰雪体育及冰雪旅游将会得到极大的发展，在冰雪体育及冰雪旅游活动过程中的需求可以为冰雪经济相关产业发展，提供一定的机遇，进而带动锦州区域经济文化的快速发展。通过大力开发锦州冰雪体育文化产业，可以有效地加强对锦州冰雪民族传统体育文化传承与发展的研究和保护，营造适合锦州民族冰雪传统体育文化生存的环境，培育锦州民族冰雪传统体育文化参与人群，是实现锦州民族冰雪传统体育文化传承与发展的保障，对提高人民健康水平、丰富人民精神文化生活、促进锦州市各民族之间的团结，实现社会和谐发展具有重要的现实意义。

三、锦州市冰雪经济发展的优势

（一）具有较为丰富的冰雪资源

锦州市冰雪资源包括大、小凌河及女儿河为代表的河冰、以黑山县龙湾水库为代表的湖冰等冬季形成的自然冰面，笔架山、白沙湾、龙栖湾为代表的滨海海冰，医巫闾山为代表的山岳冰瀑，东湖公园天然冰上运动场、东方华地城为代表的人工造雪及自然界形成的其他冰雪资源等。天然形成的温泉资源有 10 余处，其中开发利用的有 4 处，有东方华地城、辽西九华山、大朝阳山城温泉度假区和太和区汤河子温泉，还有露天山地温泉和民俗温泉等广受群众喜爱的冰雪娱乐项目。目前，锦州市温泉旅游初具规模，与冰雪产业互为促进，已成为锦州市冬季旅游的一大亮点。

（二）初步构建了多元冰雪产品的体系

锦州依托东方华地城冰雪大世界和锦州御源马术俱乐部滑雪场项目，融合辽西九华山温泉水城、东方华地城温泉度假区、大朝阳山城温泉度假区和太和区锦汤山庄项目等温泉项目，已经推出冰雪风光、冰雪运动等系列冰雪娱乐项目，受到了广大消费者的欢迎。

（三）已经成功举办的冰雪项目赛事及群众基础

自 2016 年起，锦州市每年都举办冰雪温泉节，并将其发展成为锦州市冬季旅游的品牌活动和拳头产品，连续举办两届的义县大石湖攀冰攀岩活动作为锦州市冰雪温泉活动的重要载体，得到全国各地户外运动爱好者的广泛认可。锦州市连续多年加大群众冰雪运动开展力度，每年组织中小学生开展冬令营活动，尤其是自 2018 年以来，锦州市承办了全国青少年体育冬令营（辽宁站）活动，整个冬季都持续开展了冰雪进校园和冬令营活动，以滑冰、滑雪项目为主，并举办雪地足联赛、冰上龙舟赛等赛事活动。以城区大众冰雪俱乐部为主，开展冰雪俱乐部等社团活动；以各大旅行社为主，满足高端滑雪爱好者的出游活动。初步统计，锦州城区有近两万人参与冰雪运动，丰厚的民俗文化底蕴和新兴冰雪业态旅游资源有机融合，火热了锦州整个冬季。

四、制约锦州市冰雪经济发展的主要问题和财政面临的现实挑战

（一）制约锦州市冰雪经济发展的主要问题

1. 顶层设计亟须加强

锦州市冰雪经济发展基础研究严重缺乏，治理体系尚未建立，制定规划和引导扶持政策的主体是政府。目前，辽宁省虽然已启动了冰雪经济发展规划、冰雪装备规划的编制工作，从总体情况看，仍缺乏推动冰雪经济发展的顶层设计，支撑冰雪经济发展的规划政策、产业布局、消费市场、科研供给等未能有效统筹整合，尚未构建起部门联动机制。目前，辽宁省只有一所高校有冰雪专业，培养的还是竞技性人才，冰雪经济专业设置为零，相关课程也都是围绕竞技和教学。基础研究严重缺乏，直接导致冰雪装备科研机构和科研人才短缺。同时，因为体制机制束缚，冰雪专业人才流失严重，冰雪产业经营管理和服务型人才也比较短缺，市场主导、政府引导、社会参与的冰雪产业治理体系尚未真正建立起来。

2. 政策供给缺乏统筹

锦州市冰雪经济发展公共服务配套不全，宣传推介力度不够。目前，辽宁省虽已出台了《关于推进辽宁省冰雪经济发展的实施方案》和《关于加快推进冰雪运动发展的实施意见》，但仍缺少以锦州市委和市政府名义制定的指导意见，发展目标不明，产业布局不清，土地、人才、金融、财税等产业要素政策供给缺失，旅游、体育、教育、科技、文化等相关资金统筹使用不力，尤其是缺乏支撑产业发展的引导基金、创投基金，市场处于自然发展的无序状态。冰雪产业投资需求大、运营成本高、营业时限短、收益风险大等客观现实，既需要政府加大政策供给，更需要完善公共交通、集散中心、技术创新、企业孵化、形象宣传、产品推介、智能信息等公共服务设施和服务体系的建设，加大公共财政的投入力度，创新公共服务产品的供给模式。

3. 冰雪产业链条相对薄弱

锦州市冰雪资源缺乏有机整合，产业有待深度融合。目前，锦州市的冰雪产业主要集中在嬉冰雪的低端消费领域，对装备制造、文旅消费、餐饮服务、温泉度假等周边产业，没有起到产业链条的聚合拉动作用。产业链条较短且不丰厚，产业上游高附加值的冰雪装备产业薄弱，高消费的度假产品因为供给不足，与温泉、文化、旅游等相关资源缺乏有机整合，产业融合不够深入，没有形成有市场号召力的消费集聚区，冰雪产业核心竞争力和综合竞争力不足。亟须构建以冰雪文化为引领，以冰雪旅游为本体，以冰雪体育为基础，以冰雪装备制造、冰雪商贸、智慧冰雪、冰雪交通为配套产业，冰雪人才、冰雪教育、冰雪培训、冰雪研发为支撑产业发展体系。

4. 产品供给结构失衡

锦州市冰雪企业整体规模偏小，市场综合竞争力弱。锦州市冰雪供给主要集中在中低端的滑雪场等冰雪产品，属于大众入门级，整体规模偏小，营收结构以门票为主，结构单一，没有形成冰雪度假集聚，要想助推仍处在起步阶段的冰雪经济起飞，政府这只“看得见的手”必须有所作为。

（二）锦州市财政面临的现实挑战

1. 顶层设计亟须建立

锦州市冰雪经济发展总体规划编制工作刚刚启动，由于冰雪产业发展目标不明确，财政对于冰雪经济发展的政策资金支持体系、对照产业模块发展目标的预算体系和对地方政府的激励机制尚在研究探索阶段。

2. 投入规模总量有限

根据前述财政资金投入总体调查情况，可以看出，近年来受限于各级政府对冰雪经济发展意识不强、重视程度不高，特别是近年来，受经济下行影响，基层财政运行十分困难，“保工资、保基本运转、保补助个人基本民生”支出压力巨大，促进事业发展的资金投入不足，冰雪经济发展财政资金投入总量偏小，增量不大，产业（创业）投资引导母基金投入不足，冰雪产业直投基金没有建立，私募股权投资基金尚未得到有效利用，创投基金及各类投资机构对冰雪产业关注度不高，政府引领和财政资金的引导作用没有得到充分发挥，在关键行业重点领域和瓶颈领域，没有起到足够的示范作用，存在亟须提速问题。

3. 投入结构有待优化

从地方财政资金投入情况看，区域结构失衡。从财政资金投入行业领域情况看，投入领域结构失衡。主要聚焦传统的冰雪旅游、冰雪体育上面，冰雪文化板块投入呈异军突起态势，但冰雪装备、冰雪教育、冰雪森林等其他板块投入依然比例过小、金额过少，板块内部产业发展结构单一，缺乏创新带动。

4. 预算监管体系还需完善

财政一直以来一定程度上存在“重预算、轻绩效”评价的问题。目前，尚未建立科学完善的绩效总体目标和指标体系，对于各冰雪元素在产品或项目中的作用表达没有科学研判，难以实现财政资金效率和效益最大化。以项目为中心，加强内部控制和绩效评价，完善财政资金和政策的预算监管体系，必须尽快提上财政预算日程。

五、进一步推进锦州市冰雪经济发展实施方案

（一）进一步加大财政扶持力度

1. 做好锦州市财政政策顶层设计

辽宁省出台的《关于推进辽宁省冰雪经济发展的实施方案》明确提出：到2025年，初步建成以冰雪体育休闲旅游产业为核心的冰雪全产业链条，形成以“冰雪旅游、冰雪体育、冰雪文化”重点冰雪项目为支撑，冰雪装备制造初具规模，市场活力得到充分释放，基础设施基本完善、产业体系较为完备的冰雪产业发展格局。冰雪旅游收入达到2300亿元，年均增长率不低于15%，努力把辽宁建设成为冰雪经济强省。为此，锦州市财政部门要积极支持做好辽宁省冰雪经济高质量发展的总体规划，以及冰雪装备、冰雪科技、冰雪旅游、冰雪运动以及重点冰雪小镇、产业园区等专题规划，尽快形成“十四五”促进冰雪经济高质量

发展的规划体系，为推进锦州市冰雪经济发展提供正确方向、路径和依据。在此基础上，锦州市财政部门确立支持冰雪经济发展顶层政策设计原则，结合总体规划和专题规划确定的发展目标，科学制定支持锦州市冰雪经济发展的财政指导意见。一是根据近三年财政资金投入情况分析，建立财政资金支持体系，通过科学设定冰雪经济板块财政资源分配，合理规划和控制财政资金流向；借助积极的财政政策引导资本向冰雪关键领域聚焦，突出锦州特色。二是对照产业模块发展目标，建立财政预算体系，处理好“市场与政府”关系，以市场为主导、财政资金为引导，整合现有资金，突出重点，集中力量办大事，充分发挥财政资金引导和带动作用；统筹使用各级各类财政专项资金，优化调整支出结构，科学打造冰雪经济完整的产业链和创新链。三是理清“政府财政”财权与事权责任，建立健全激励机制，充分发挥地方优势，以差异化定位，谋产业特色，增强冰雪产业关键领域创新突破。

2. 提供必要且持续的财力保障

（1）积极争取国家扩大冰雪产业投入专项资金。坚持四个着手：一是坚持从基础设施着手。以辽宁省重点冰雪公共体育设施、国家体育消费试点城市建设为契机打基础，以冰雪运动休闲特色小镇为目标促发展，积极为冰雪产业“一区一带”基础设施建设，积极争取国家相关专项资金支持。二是坚持从壮大产业规模着手。围绕培育骨干文化企业，加速“冰雪 + 文化”产业园区和“冰雪 + 文化”产业示范基地建设，积极争取国家文化产业发展专项资金。三是坚持从区域科技创新着手。以科技创新支撑辽宁省冰雪产业，鼓励冰雪装备制造业科技创新基地建设和科技成果转移转化，积极争取中央引导地方科技发展资金。四是坚持从重点项目建设着手。以辽宁省“方案”中确定的冰雪旅游、冰雪体育、冰雪文化等重点项目为突破，积极争取相关国家专项资金。

（2）激励财政投入持续扩大。建立投入稳定增长的激励约束机制，依照公开事权职权厘清市级投资责任，通过“重强抓”落实任务分解。通过设立旅游先进区域考核目标，引入旅游区域竞争激励机制将各地促进冰雪旅游发展成果作为旅游先进市奖励评审指标，对冰雪经济投入较大、效果明显的地方，给予奖励性补助，市级财政协调配合，共同发力，积极扩大预算规模。

（3）保证财政投资增长持续稳定。锦州市冰雪产业发展尚处于初期阶段，资金不足仍是瓶颈，在不断加大资金投入同时，创新财政投入方式，发挥财政资金引导作用。一是充分利用后疫情时代国家宏观调控政策，“积极的财政政策更加积极有为”，利用地方政府债券发行，“补冰雪产业短板、促冰雪经济消费、扩冰雪投资内需”，保证辽宁省冰雪经济投资总规模持续稳定增长。二是创新用活省产业（创业）投资引导母基金，探索设立冰雪产业创投基金和冰雪产业直投基金，用于冰雪产业融合和冰雪品牌创建。对投资长、见效慢、风险大的产业项目，利用引导基金直接体现政府投资决心，高效引领示范社会投资。此外，合理运用科技直投基金，重点支持冰雪装备制造企业实施科技攻关及成果转化，加速产业结构调整和产业重点升级。三是科学运用政府和社会资金合作。谨慎利用私募股权投资基金和各类投资机构资金，科学适当运用 PPP 模式，引导吸纳社会资本，加大对冰雪运动场馆、冰雪体育休闲旅游设施、冰雪小镇等冰雪项目投资力度。优化结构，在促进冰雪经济产业链延展上精准发力，要善于将锦州市自然资源优势转化为市场发展优势，整合现有专项资金，调整支持方式，优化财政支出结构，促进锦州市冰雪经济高质量、可持续发展。

（4）在优化区域布局上发力。以构建冰雪产业发展新格局为重点，加大财政政策倾斜力度，鼓励锦州各区域创新冰雪经济发展模式，开发具有鲜明特色的冰雪产业，加快区域布局优化。结合锦州的冰雪综合优势，用好财政资金引导，丰富冰雪旅游产品的种类和内涵，打造冰雪运动休闲旅游区建设进程；开发冰雪休闲旅游重点项目。

（5）在冰雪业态创新上发力。一是聚焦产业，谋划释放优势冰雪项目。结合冰雪项目投资规模及类别，扶持重点冰雪项目，促进冰雪项目提质升级。统筹使用旅游、体育、文化、科技、教育等相关专项资金，通过项目补助、贷款贴息、奖励补助等方式，对重大冰雪旅游项目、冰雪新业态项目、冰雪融合项目、冰雪装备器材产业化项目等给予补助，在同等条件下给予优先支持或给予提高补助标准的优惠政策。二是立足优势，开发特色鲜明冰雪活动。深挖辽宁省满族区域传统文化优势，走差异化和创新型发展道路，发挥区域经济后发优势，避免同质化竞争，实现弯道超车。以旅游为平台，体育文化为载体，持续支持举办“冰上芭蕾”“满族剪纸”“雪地秧歌”“皮影戏”“传统工艺品大展销”等地方特色的冰雪文化活动。三是找准方向，培育市场主体，实现政企共赢。以打造冰雪体育示范基地为载体，鼓励重点企业联姻高端冰雪赛事，通过财政贴息奖补等方式，加大对冰雪项目、冰雪活动的研发和包装力度，通过企业参与举办大型冰雪赛事，提升域内冰雪认知和城市形象识别，打造城市特色冰雪文化名片，实现创建赛事精品、冰雪经济增收、企业做大做强的多方共赢目标。

3. 保障各项财税政策落实落地

（1）加强资金监督和管理。健全完善绩效目标和指标体系，全程实施财政绩效考评。所有财政扶持的项目均要编制绩效目标，全部开展绩效监控和自评，要将项目绩效管理延伸至基层单位和资金使用终端。根据财政扶持项目的资金规模，选择重点项目开展绩效评价。结合绩效评价结果，逐个项目研究提高资金使用效益的具体措施。

（2）改进预算和管理控制。建立跨年度预算平衡机制，着力解决冰雪产业建设周期长、效益回收慢、财税优惠政策落实困难的问题，提高财政资金政策的连续性，加强结转结余资金管理，避免资金闲置或浪费，提高财政资金使用效益。

（3）积极落实税费价格政策。对符合条件的冰雪旅游、冰雪体育、冰雪文化等非营利组织的收入，可按税法有关规定，享受企业所得税相关优惠政策。冰雪类文化旅游体育企业发生的符合条件的广告、创意和设计费用支出，符合税法规定的可在税前扣除。冰雪类文化旅游体育企业缴纳房产税、城镇土地使用税确有困难的，可按照国家有关税收政策及管理权限报经批准后定期给予减免。科技和体育部门要根据产业发展特点制定冰雪产业领域高新技术企业认定标准，对经认定为高新技术企业的文化旅游体育企业，减按 15% 的税率征收企业所得税。冰雪体育场地（馆）水、电、气、热价格按不高于一般工业价格执行，位于居民区内的非经营性冰雪体育场地（馆）水、电、气、热价格按居民价格执行。

（二）加强锦州冰雪产业专门人才队伍建设

到 2025 年前，以“优先培育产业精英、扩充专业队伍建设、储备社会辅导人才”为阶段目标，统筹使用教育和体育专项资金，强化人才队伍建设。依托高校体育院系、中高职业院校以及社会专业机构，探索产学研用相结合的人才培养与第三方培训模式，培训冰雪体育专业人员，建立完善冰雪教练和师资培训体系，大力实施冰雪类社会体育指导员和教练员培训工程；加强冰雪方面学历教育，鼓励举办各类培训班，加速培养一批冰雪产业骨干，加大冰雪人才培养力度，扩大生源，培养冰雪各类中高级管理人员。到 2025 年力争建立一支体系较为完备的包括教练员、裁判员、社会体育指导员及各类中高级管理人员等冰雪产业人才队伍。

（三）推动融合发展的锦州现代冰雪产业体系

1. 推动锦州冰雪产业融合发展的新业态

推进“冰雪 + 旅游”“冰雪 + 装备”“冰雪 + 农业”等发展，冰雪项目经济发展初期，财政政策的扶持涉及培育市场主体，构建现代冰雪产业体系，打造冰雪产业链条，搭建服务平台，推广群众冰雪运动，加强冰雪经济的人才队伍建设等财政的政策支持。结合锦州市区域优势，结合冰雪项目的特点，推动符合锦州市的冰雪产业布局规划，在推动项目建设、培育赛事活动、开发冰雪装备，扩大开放合作、与冰雪相融合经济领域发展等方面。培育市场主体，完善现代冰雪产业体系。建立健全以冰雪旅游休闲为牵动、冰雪文化艺术培育为突破、冰雪体育运动为动力、冰雪科研教育培训为补充，注重消费者参与和体验有机结合，拓展服务领域，加强冰雪产业项目招商，丰富冰雪经济业态，促进高质量发展。搭建服务平台，搭建集冰雪产业信息传播、营销促销、网络预订、产品推介等为一体的互联网服务平台，实现客源共享、组团营销、统一培训等有效连接，服务涉冰雪企业、冰雪产业教育机构等，促进全产业链上下游交流，发挥优质企业对冰雪经济全产业的带动引领作用。

2. 有序错位打造锦州冰雪活动精品

整合优势资源。开展全市冰雪资源评估，整合锦州市冰雪资源，依托独特资源禀赋、地理区位优势，统筹规划冰雪发展，重点建设以大小凌河为核心，辐射海滨、民俗地、温泉地的冰雪休闲旅游区；梯次打造滨海、山岳温泉等冰雪体育休闲带；合力打造“北方滨海冰雪休闲地”。推进锦州市各地温泉与冰雪产业的融合发展作为“十四五”期间的重要工作，迎合市场需求，突出项目支撑作用，着力培育冰雪温泉休闲项目、医巫闾山攀冰攀岩冰雪运动项目、南山滑雪休闲体育项目等。逐步建成综合性、多元化四季旅游休闲综合体，引领、带动锦州市冰雪经济发展。鼓励锦州市各地依托气候、地貌、生态、民俗、文化艺术等资源因时制宜、因地制宜开发冰雕、冰灯、冰瀑、雪雕、冰挂、雾凇等冰雪文艺项目，建设辽西地区冰雪民俗文化博物馆、展览馆，策划举办冰雪竞技挑战赛、冰雕雪雕展览、冰雪音乐节会、冬季龙舟赛等冰雪休闲体验项目，推出冰雪民俗文化游、冰雪温泉实地游、冬季登山祈福游等多种冬季冰雪休闲项目。

培育赛事活动为依托的相关产业互动融合。以北京 2022 年冬奥会为契机，营造“比赛在北京，体验来锦州”的体验旅游环境，积极争取引进、承办各级各类冰雪、水上运动类比赛项目；鼓励锦州市各地因地制宜地开展冰雪嘉年华、雪橇大赛、雪地足球、冰钓、攀冰攀岩、海滨冰雪等冰雪运动休闲类趣味赛事；推动冰雪运动与文化、旅游、体育、康养、研学等相关产业互动融合，利用锦州市冬日冰雪环境，融合推出赏银装素裹雪原美景，睡火炕、打雪仗、吃烧烤、涮火锅、尝冰天雪地的冻梨、冻柿子、粘豆包、糖葫芦等美食，乘冰雪爬犁、泡温泉，远离都市喧嚣酣畅淋漓过大年的冰雪民俗活动。

大力普及大众（群众）冰雪运动。健全群众冰雪组织，充分发挥社会组织作用，组织和引导群众广泛参与冰雪运动，扩大锦州市冰雪运动社会体育指导员队伍，支持社会力量兴办锦州市冰雪运动培训机构。大力发展锦州市冰上龙舟运动，通过协会、高校筛选出优秀人才，邀请业内专业人士指导培训，组建高水平的锦州冰上龙舟队伍，参加全国冬运会龙舟比赛。加强锦州群众冰雪设施建设，充分利用小凌河水域，立足锦州市文化旅游体育服务中心专业教练团队的人力资源，开展锦州市的冰上龙舟、冰上帆船等赛事活动。大力开展群众冰雪运动相关活动，发展形式多样、群众喜闻乐见的冰雪健身项目，推广东北民族民俗冰雪项目。以锦州市冰雪俱乐部、轮滑俱乐部为试点，发展大众滑冰、青少年滑冰运动，大力发展锦州市冰雪运动项目，让锦州市民近距离就能体验到户外的冰上运动，更多的人参加特色冰雪体育项目，充分发挥公园的多元化个性魅力，体验体育与文化、体育与旅游深度融合的成果。着力打造锦州市本土群众性冰雪赛事，推动冰雪运动向四季拓展，达到更多锦州市群众参与冰雪体育运动的目标。满足锦州人民对冰雪运动需求，加快形成市场主导、协会引领、全民参与的冰雪运动发展态势，鼓励冰雪资源有优势的锦州市县、区因地制宜，优化存量、培养增量，完善冰雪项目基础设施和配套服务功能，挖掘民间民俗冰雪项目，策划“冰雪嘉年华”“冰雪运动会”“冰雪文化艺术节”等多种形式的全民冰雪体育运动项目。

3. 加强提升锦州冰雪经济消费宣传推介

在宣传推介和开放合作上发力。一是加大旅游宣传推介，提升冰雪旅游产品知名度。将冰雪主题宣传纳入市级旅游形象宣传推广范围，制作冰雪专题宣传片，并带动具有发展冰雪优势地区，共同发力，叫响锦州冰雪知名品牌，培育消费市场主体，提高冰雪项目美誉度。二是增强冰雪休闲服务能力，做好冰雪软环境建设。通过市级智慧旅游平台增加冰雪休闲服务功能，以互联网为载体，综合宣传、营销、推介于一体的高质量服务平台，为冰雪开放、区域合作、产业链接打好基础。三是建立冰雪经济互盈体系，推动省内外开放联动。坚持以开放联动为目标，推动省内冰雪资源整合，增强与域外冰雪旅游休闲一体化开发战略合作。通过发放优惠联票或相互送客等方式进行深度合作，对引客入锦，带动消费的优秀旅游企业给予奖励性补助，扩大锦州市冰雪项目的品牌市场效应。通过线上、线下方式，举办锦州市冬季冰雪旅游启动仪式、冬季冰雪旅游产品推广周和冬季冰雪旅游产品线上推广季活动，扩大锦州市冬季冰雪旅游品牌市场效应。利用大数据资源，指导发布群众喜爱的冬季冰雪旅游品牌，积极引导锦州的冬季冰雪旅游消费，拓展宣传推广渠道。充分发挥锦州市旅游行业协会、旅游推广联盟、旅行社、OTA 等机构的作用，联合做好锦州市冰雪项目的宣传推广工作，做好以互联网技术为支撑的锦州市冰雪项目互动推广与营销，充分借助锦州通等互联网（移动）平台，创新锦州市冰雪项目微信公众号、网络短视频等推广手段，融合 IP、跨界等元素，提高锦州市冰雪项目冬季旅游产品的知名度。

4. 发挥锦州东方华地城冰雪大世界的优势作用

（1）继续办好锦州国际冰雪温泉节。东方华地城通过冰雪大世界以及养生温泉体验区等特色景点，结合“2019 第四届中国・锦州国际冰雪温泉节”举办的特色活动，打造冬季旅游的精品之地，进一步扩大我市冰雪旅游知名度，满足广大市民冬季休闲生活的需要，积极推广以“冰雪 +”“温泉 +”为主题的冬季旅游品牌，推动锦州市全民健身，促进冰雪运动在广大青少年中普及和开展，助力 2022 北京冬奥会，扩大锦城冬季旅游的影响力。

（2）推广冰雪健身休闲项目。以东方华地城冰雪大世界为基地，以校园冰雪计划为抓手。将锦州市青少年作为重点，全力引导大众参与冰雪运动，丰富冰雪赛事活动，满足大众多层次、多样化的参与冰雪运动需求。培养青少年冰雪运动技能，与各级教育、体育部门积极配合，共同推进冰雪运动进校园，倡导锦州市中小学应将冰雪运动项目列入冬季体育课教学内容；开设冰雪体育课程；推行“青少年上冰雪”和“校园冰雪计划”，促进青少年冰雪运动的普及发展；支持社会力量在东方华地城冰雪大世界兴办冰雪运动俱乐部或冰雪运动培训学校，开展大众冰雪运动健身培训服务。

（3）拓展冰雪游乐项目。扩大东方华地城冰雪大世界冰面场地，丰富冰上娱乐项目，添加驯鹿拉冰车、冰上大陀螺、冰上急速雪圈等新颖游戏项目满足多样化；小冰场区域增加儿童创意园可用于小朋友娱乐、创造、打雪仗，满足大人、小孩参与互动需求。优化项目布局，并促进二消售卖；增加网红项目，如七彩滑道、人体网红弹弓、儿童城堡等，打造锦州市网红打卡点。随着抖音快手等短视频、朋友圈、小红书等网络平台的传播，“网红景点”走入大家的视野，被“种草”的观众想要“到此一游”，随之催生打卡经济，真正“爆红”的景点并不是一蹴而就，是一个长期与“新生代”旅游相磨合、碰撞的结果，要有清晰的转变维度和重要节点；进一步加强雪地游乐场建设，推出雪地坦克对抗大战、雪地转转、冰上碰碰车、雪地滚筒、雪地悠波球、雪橇、爬犁、雪地摩托、冰上自行车、雪圈、雪滑梯、雪地迷宫等项目。

专题报告九

“数字锦州”建设研究

一、引　　言

（一）数字城市建设的政策背景

当今世界，信息技术创新日新月异，数字化、网络化、智能化深入发展，在推动经济社会发展、促进国家治理体系和治理能力现代化、满足人民日益增长的美好生活需要方面发挥着越来越重要的作用。信息革命正从技术产业革命向经济社会变革加速演进。

2000 年，习近平总书记在福建工作期间，率先提出建设“数字福建”的战略构想，掀开中国数字化进程的序幕。2018 年 4 月，首届数字中国建设峰会在福建举行，习近平总书记发出贺信“加快数字中国建设，就是要适应我国发展新的历史方位，全面贯彻新发展理念，以信息化培育新动能，用新动能推动新发展，以新发展创造新辉煌”。

2020 年 10 月 29 日中国共产党第十九届中央委员会第五次全体会议通过《中共中央关于制定国民经济和社会发展第十四个五年规划和二〇三五年远景目标的建议》明确提出“坚定不移建设制造强国、质量强国、网络强国、数字中国，推进产业基础高级化、产业链现代化，提高经济质量效益和核心竞争力”和“发展数字经济，推进数字产业化和产业数字化，推动数字经济和实体经济深度融合，加强数字社会、数字政府建设，提升公共服务、社会治理等数字化智能化水平，推动数据资源开发利用，扩大基础公共信息数据有序开放，保障数据安全”。

2020年11月，省委、省政府深入贯彻习近平新时代中国特色社会主义思想和党的十九大以及十九届二中、三中、四中、五中全会精神，抢抓新一轮科技革命和产业革命机遇，加快数字化发展，构建现代化经济体系，推动全省经济高质量发展，制定了《数字辽宁发展规划》。

数字中国、数字辽宁的根本是数字城市建设。数字城市是将城市所拥有的各种资源、基础设施、人文、经济等要素，以数据形式获取，并通过大数据、云计算、人工智能等多种技术。对城市数据进行综合分析和有效利用，有效提升政府管理和服务水平，提高城市管理效率、节约资源，促进城市可持续发展。

为响应省委、省政府战略布局，锦州市委、市政府第一时间把“数字锦州”建设作为落实数字辽宁战略的重要任务，以推动“数字产业化、产业数字化”为主线，通过推进“数字锦州”基础设施和各领域智慧应用建设，提升社会治理、民生服务、政务服务、产业服务数字化水平，以加快新一代信息技术与实体经济深入融合为重点，突出工业、农业和服务业的数字化、网络化、智能化建设，增强全市数字经济核心竞争力，将锦州打造成为具有核心竞争力和国内知名的“辽宁数字新城”。

（二）面临的形势

从国际看，世界经济正处于加速向以数字经济为重要内容的经济活动转变的过程中，国内外数字经济正处于密集创新期和高速增长期，发展迅速，创新活跃、辐射广泛。数据资源的爆发式、指数化增长及分析应用水平的持续提升，大数据、云计算、物联网、人工智能、虚拟现实等新兴数字技术的迅猛发展及与实体经济各行业领域的深度融合，正成为推动经济实现快速增长和可持续增长的强大驱动力量。

从全国看，自2018年数字经济发展战略上升为国家战略，国家层面、省级层面、市级层面积极推动政策制订。截至目前，已有20余个省份出台了省级数字经济战略，当前社会各界对数字经济发展的重要性取得了高度认同，省级层面战略部署已基本完成。

从省内看，经过多年发展积累，辽宁数字基础设施支撑能力显著增强，信息基础设施指数居全国前10位。“十四五”期间，辽宁省将全面推动数字经济创新发展，数字经济将作为引领全省经济转型发展的重要引擎，为着力打造产业链、供应链竞争新优势，加快形成“双循环”发展格局，构建现代化经济体系重要支撑。

从市里看，经过多年积累，锦州市现有数字化基础设施、政府服务、社会治理、惠民服务、产业服务数字化方面取得了一定的成效，明确了智慧城市的组织机构，制定发布了锦州信息化项目管理办法等管理制度，为“数字锦州”建设奠定了基础，锦州华为云大数据中心、锦州城市综合运行指挥中心已建成并投入使用，锦州市政务外网已经进行全面整合，市级大数据共享交换平台初步建成，一体化政务服务平台、网格化管理、锦州通、智慧教育、智慧医疗、智慧养老、智慧交通等领域智慧应用初见成效，获得了中国智慧城市建设领军城市称号，但与杭州、贵州等数字城市建设先进地区相比，仍有较大差距。主要存在缺乏数字经济发展“土壤”、数字经济基础产业薄弱、产业融合程度不高、政务服务、惠民服务、社会治理、产业服务数字化水平有待进一步提高等问题。“十四五”是锦州市经济和社会发展的关键时期，加快“数字锦州”建设已成为解决以上问题的重要举措。

二、“数字锦州”建设总体要求

（一）指导思想

以习近平新时代中国特色社会主义思想为指导，全面贯彻党的十九大和十九届二中、三中、四中、五中全会精神，深入落实习近平总书记关于东北、辽宁振兴发展重要讲话和指示批示精神，坚持以供给侧结构性改革为主线，充分发挥数据作为数字经济关键生产要素的重要作用，加快布局信息网络基础设施，大力发展新一代信息技术产业，促进互联网、大数据、人工智能与实体经济深度融合，培育新产业新业态新模式，提升城市治理能力和治理水平，实现锦州市“精治、惠民、善政、兴业”的总目标。

（二）基本原则

——坚持统筹规划原则，“数字锦州”建设实施一把手工程，明确责任、有效组织、严格考核，建立“六统一”工作机制，实行“数字锦州”建设项目统一规划、统一采购、统一建设、统一监理、统一验收和统一付款。优先推进民生类及产业服务类系统建设，鼓励各业务领域开展信息化应用创新，实现智慧应用开枝散叶。

——坚持四新驱动，即以新要素、新技术、新业态、新机制激发创新活力。依托人工智能、大数据、云计算和区块链等新技术，发展智慧产业、数字经济、共享经济等新业态。发挥数据作为关键要素作用，培植数据资源机制、大数据辅助决策机制和社会治理机制，推动社会治理、惠民服务、政务服务、产业服务数字化发展。

——坚持两化协同，即以“数字产业化、产业数字化”为主线，加快一二三产业数字化转型升级，积极发展新一代信息技术产业，以产业数字化融合，促进数字化产业发展。

——坚持场景赋能，以应用为牵引，聚焦产业发展、民生服务、数字政府、社会治理等建设需求，不断拓展信息技术应用场景，促进数字化赋能与管理创新。

——坚持多域并进，即布局新型基础设施，发展数字经济产业，推进产业数字化转型，培育新型消费市场，建设新型智慧城市，打造数字政府，提升数字化社会治理能力，实现各领域数字化协同发展。

（三）发展目标

以推动“数字产业化、产业数字化”为主线，以做大做强新型基础设施为基础，通过推进各领域智慧应用建设，提升政务服务、民生服务、产业服务、社会治理数字化水平，以加快新一代信息技术与实体经济深入融合为重点，突出工业、农业和服务业的数字化、网络化、智能化建设，壮大新一代信息技术产业升级，促进数据资源开发利用，逐步推动经济社会各领域数字化转型发展，加强网络和数据安全保护，增强全市数字经济核心竞争力，将锦州打造成为具有核心竞争力和国内知名的“辽宁数字新城”。

三、“数字锦州”总体架构

如图9-1所示，建议“数字锦州”建设基于一个体系架构，以基础设施平台（通信网、物联网和锦州华为云计算中心）、数据中台、业务中台、智能中台

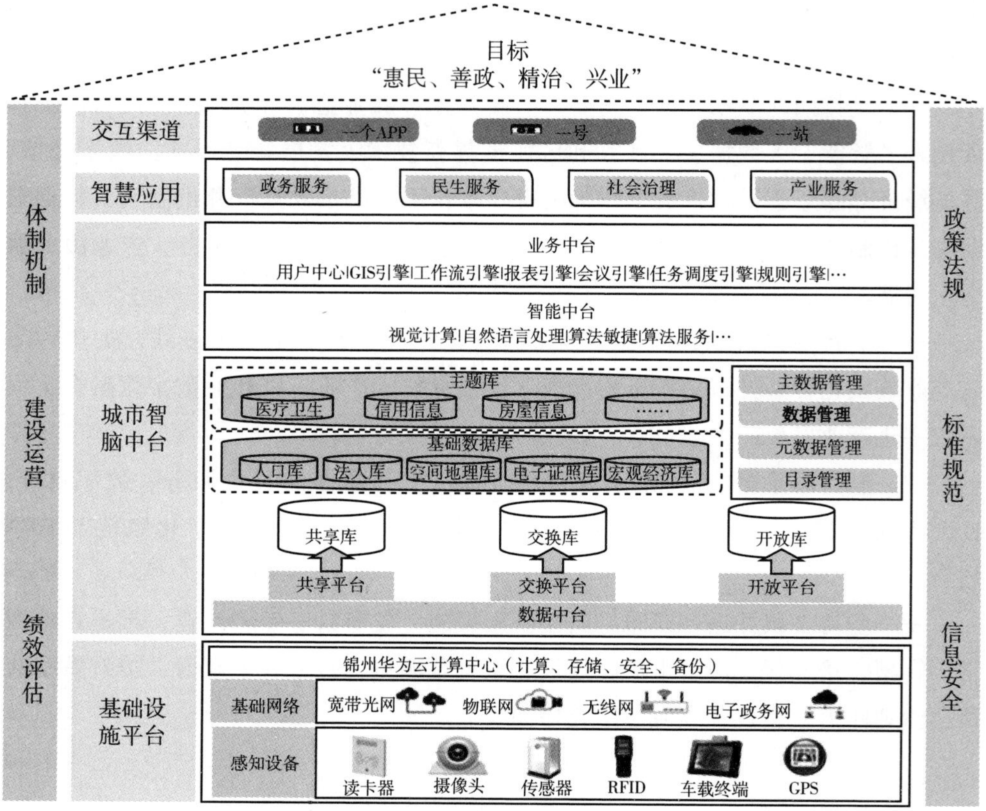

图 9－1 “数字锦州”总体架构

为基础，聚焦民生服务、政务服务、社会治理、产业服务四大领域智慧应用，构建一个 APP（锦州通）、一号（12345 市民服务热线）、一站（政务服务网）三大综合服务渠道，打造“443”“数字锦州”信息化体系，实现锦州市“惠民、善政、精治、兴业”的愿景目标。

1 个基础设施平台：提升城市宽带网络性能，整合优化政务外网，集约整合政务云服务能力，统一建设云计算数据中心，实现网络互联互通。统筹规划部署物联感知部件，实现市政综合设施数据资源可视化。

3 个城市智脑中台：建设“数字锦州”智脑三中台（数据中台、业务中台、智能中台）实现向上支持应用的快速开发、灵活部署，使各行业业务敏捷创新；向下通过连接，做到“云网端”协同优化，从而实现底层数据与顶层应用的打通。

数据中台提供集数据采集、清洗、质量控制、计算、存储、加工、共享、交换为一体的大数据操作开发套件。业务中台提炼、抽象、封装各行业通用的应用，形成智能通用组件资源（如：统一认证、地图、工作流、报表、会议、定位等），为上层行业应用提供通用功能支撑，减少重复投资建设。智能中台提供算法库、AI智能模型，提供算法服务及机器学习能力，实现自动进化。

4个领域智慧应用：面向民生服务、政务服务、社会治理和产业服务四个业务领域，构建各具特色的智慧化应用。

3类交互渠道：将各类智慧应用，通过一个APP（城市通）、一号（12345市民服务热线）、一站（一体化政务服务平台）三大综合服务渠道，面向企业和公众提供各领域相关智慧服务。

四、加快“数字锦州”建设的主要任务

（一）加快“数字锦州”基础设施建设

1. 充分利用锦州华为云中心

锦州华为云中心已经正式投入使用运行，锦州市各部门政务应用系统（不包括锦州市人社局及锦州市公安局部分业务系统）、锦州市市属医院信息系统已迁移至锦州华为云计算中心，实现计算、存储等各类资源统筹利用、动态调配。建议下一步应鼓励和带动社会信息系统迁移至锦州华为云计算中心，大力实施“企业上云”工程，以数据交换共享为指引，着力打通现有系统平台间的“信息孤岛”，新建中台及智慧化应用平台、系统基于华为云进行安装部署，确保系统、平台互联互通，积累沉淀城市级数据资源，发掘数据的价值。

2. 完善电子政务外网建设

锦州市政务外网建设初具规模，接下来应进一步提升锦州市政务外网承载能力和服务质量，扩大服务范围。建设覆盖市、县（区）、乡镇（街道）、村（社区）的四级政务外网，提高基层使用率。推进部门非涉密业务专网整合，各业务专网与电子政务外网对接，提升网络运行保障水平，形成跨层级、跨地域、跨系统、跨部门、跨业务的“全市一张网”服务支撑能力。

3. 统一建设物联网感知平台

全市统筹规划部署水质监测、空气监测、应急防汛、地质监测、照明监测、管网监测、城市部件、特种设备及气、水、电、暖等物联网感知终端，通过统一的智慧城市物联网管理平台实现运维协同、管理协同与服务协同，实现各类感知设施管理及感知数据汇集，为感知数据展示及各类智慧应用提供物联服务、数联服务及智联服务。

推动窄带物联网（NB－IoT）在城市治理、公用事业、物流仓储、生产制造、生活服务等方面的部署和应用。积极整合交通、安全、环境、气象等智慧城市系统，努力打造一体化的城市智能感知、运行监控、智能预警、智能决策和联动调控体系。深化应用场景建设，以城市治理相关工作为切入点，推动在交通、应急、公安等领域开展先行先试，并逐步向政法、民政、环保等领域拓展延伸。探索性推动地上建筑物、构筑物、市政公用设施，园林绿化、环境卫生、地下管线、综合管廊等城市设施数字化展示、可视化管理。

推动传统设施数字化改造，充分运用现代通信技术，物联网、人工智能等新技术，对传统基础设施进行改造，加大传感设备、无线通信模块、控制模块和摄像头等数据采集终端部署，提高城市公共基础设施的信息化、网络化、智能化水平，推动交通、水利、环保、市政等传统基础设施升级。

4. 推进5G 移动通信网络建设

全面推进第五代移动通信技术网络建设，提升网络覆盖水平，加快推进5G 网络建设和商用进程，推动4G、5G 多网络协同发展。5G 等信息基础设施建设规划与市政建设、国土空间规划“多规合一”，统筹部署。2025 年年底前，基本形成4G 网络全覆盖，5G 网络市内主城区连续深度覆盖、县（市）区主城区连续覆盖和部分重点乡镇重点区域覆盖。

（二）“数字锦州”智脑中台建设

1. 数据中台建设

以锦州市大数据数据共享交换平台为基础打造数据中台，为政府及各部门应用提供一整套集数据采集、清洗、质量控制、计算、存储、加工、共享、交换为一体的大数据操作开发套件，进一步打通信息壁垒，推动政务信息跨地区、跨层级、跨部门共享，构建“横向联动，纵向畅通”的信息资源共享体系。以实际业务需求为导向，实现业务协同、资源共享、提升业务办理效率。巩固锦州市政务信息系统整合共享成果，逐步扩大政务信息资源共享交换覆盖范围，实现政府部门全部接入，主要公共服务企事业单位按需接入。

优化基础数据库，加快推动数据共享交换。完善政务信息资源目录，完善人口、法人单位、自然资源地理信息等基础数据库，建设主题信息资源库。形成全市统一、标准规范、动态更新的政务信息资源目录体系。加强政务大数据汇聚管理，进一步完善全市人口、法人单位、电子证照、空间地理和宏观经济5大基础信息资源库，健全“一数一源”的数据更新维护机制。推动公共信用、医疗等重点领域主题信息资源库建设。

2. 业务中台建设

业务中台突破独立分散重复建设、打破烟囱式架构，对智慧应用信息化系统的通用性、基础性和复用率较高的功能模块按照集约化模式统一开发建设。同时将后台技术进行组件式模块化抽象及组装，并提供统一、开放、共享、灵活调用的技术接口，满足各部门快速搭建上层应用系统，从而沉淀核心技术能力、驱动科技创新、降低智慧城市建设开发成本，提升项目研发交付效率。

3. 智能中台建设

智能中台能够围绕感知、数据、事件来构建，提供统一的算法库，还可以针对不同厂家的算法进行统一管理、统一调度；通过引擎提供的AI智能模型的分析能力，快速精准地识别出可能存在的风险等相关事件，并实时的进行告警并实行联动处置；基于高效稳定的事件感知引擎，结合各业务的实际业务场景，实现业务与技术一体化，降低城市事件解析成本和准确度，提升能力，并能够提供机器学习能力，实现自动进化。

（三）政务服务数字化

1. 持续改进一体化政务服务平台

持续改进一体化政务服务平台，推动统一身份认证服务，深化电子证照服务应用，完善认证功能，不断提升服务支撑能力。进一步完善一体化在线政务服务平台功能，2022 年年底前，除法律法规另有规定或涉密内容外，政务服务事项全部纳入市级一体化平台管理。建立覆盖市、县（区）、乡镇（街道）、村（社区）的四级政务服务体系，以政务服务大厅为依托，网上办事大厅、手机移动端、自助终端为支撑，形成多种办事渠道，更大力度的减时限、减材料、减环节，通过掌上办、网上办、就近办、帮着办、辅导办、承诺办等形式，让数据多跑路、让群众少跑腿，让企业、群众体验感、满意度、获得感得到更大幅度地提升。

2. 打造政务服务“12345”总客服

加快“12345”政务服务便民热线平台与各类业务系统全面对接，提供“7 × 24 小时”全天候人工服务，优化流程和资源配置，实现热线受理与后台办理服务紧密衔接，确保企业和群众反映的问题和合理诉求及时得到处置和办理，使政务服务便民热线接得更快、分得更准、办得更实，打造便捷、高效、规范、智慧的政务服务“总客服”。

（四）社会治理数字化

通过开展城市运行指挥中心、空间地理信息服务平台、网格化管理平台、云视频会议平台、视频融合赋能平台、智慧生态系统、信用平台、森林防火智能监测、智慧交通、应急指挥平台、危化品管理系统以及城市电脑建设，构建锦州社会治理数字化体系，全方位提高城市治理水平。

1. 城市运行综合指挥中心

进一步完善、优化锦州市城市运行综合指挥中心的系统功能，包括指挥调度系统、视频综合管理平台、会议控制系统、值班座席等，整合应急指挥、公安交警、自然资源、城管、水务、气象、消防等与防汛抗旱、抢险抗灾、应急处突、应急保障密切相关的各部门数据，针对地质灾害、城市内涝、森林火灾、地震、极端天气等情况，依托智能中台，提升以信息为核心、以事件为驱动，集运行感知，信息资源统筹协调、决策指挥于一体的监测分析和预警决策能力，实现“一块屏展示、一张图指挥、一句话响应”，做到指令通达、责任清晰、凡事必果。

2. 空间地理信息服务平台

建设空间地理信息服务平台，建立全市的基础地理信息数据库，在电子地图、影像地图等数据的基础上，增加街景、三维模型等基础地理数据，提升数据覆盖度和精度。扩充地理信息基础平台的内容和功能，融合各类行业专题信息和系统业务信息，实现二维三维一体化、地上地下一体化的地理信息综合应用，支持各部门对空间信息数据、服务资源的检索和调用，实现多尺度地理信息数据资源集成应用，对地理信息进一步整合加工，提取与政务应用和社会化应用紧密相关的要素内容，进行面向信息化要求和各部门需求的数据重组，构建唯一的、权威的、通用的地理信息公共平台。

3. 网格化管理平台

持续完善锦州市网格化管理平台，实现市、县（区）、乡镇（街道）、村（社区）四级社会治安综合治理全覆盖，基层网格信息数据与综治信息平台互联互通，不断提升基层网格化服务管理信息化水平。建成市域社会治理综合管控平台，打造集资源配置、决策支持、融合应用、展示交流、宣传普及、线上线下于一体数据大厅，实现城市治理数字化、网络化、可视化、智慧化。

4. 视频融合赋能平台

打造示范社区或街道视频融合应用，充分利用现有监控资源，搭建视频融合赋能平台（智能中台重要组件），组建算法仓库，对监控视频进行汇聚、共享、分析、整理，实现 AI 识别，包括但不限于对车辆违停、占道经营、店外经营、游摊小贩、沿街晾晒、户外广告、垃圾暴露等情况进行预警，将违规事件信息自动、实时推送给相关部门，帮助城市管理者快速发现问题，节省城市管理人员投入，提升城市管理水平。

5. 智慧生态系统

建设智慧生态系统，建立完善涵盖生态环境全要素的主题数据库，依托智能中台，加强生态环境质量、污染源、污染物、环境承载力等数据关联分析和综合研判。建立环境质量、污染源、生态状况全覆盖的监测业务网络，打造自动化、智能化、天地一体化的监测装备体系。建立基于环境容量的水环境、污染源排放、环境监管动态实时监控系统，全方位提高水环境管理水平。加快生态环境数据数字化采集，以业务应用平台为主体，构建生态环境数字监测网络。重点推进重点污染源监控系统、地表水国控和省控断面环境质量预测预警系统。

6. 信用信息服务系统

完善现有市级信用信息系统和信用监管机制，充分利用大数据、云计算等技术，通过对接企业及个人的工商信息、财务信息、税收信息、社保数据、司法记录、偿贷记录等数据源，通过发布“双公示”“联合惩戒”信息，提供信用信息开放查询及信用监管评价功能，打造信用信息的“一站式”查询平台，作为政府褒扬诚信、惩戒失信的总窗口，助力信用服务市场健康有序发展，鼓励引导信用信息产品在重点行业、行政管理和公共服务等领域广泛应用。

7. 森林防火智能监测系统

通过建立多位一体的综合预警管控系统，在高空、地面监控、智能卡口、地面巡护四个层次上，依托智能中台，构建高频次、全覆盖、全天候、立体化的森林防火智能监测网络，实现“空地”多维度监测预警。通过智能化的森林防火预警手段，让林区火点无处遁形，实现早发现早处理，确保森林资源的安全，推动森林管护工作向人防和技防结合、以技防为主的改革，进一步减轻林区工作人员的工作强度，提高森林管护成效。

8. 智慧交通

建设智慧交通平台，构建交通数据数字化采集机制，通过采集出租车、公交、校车、长途客（货）运车辆、特种车辆的车内信息、音视频信号、报警信号、车辆实时 GPS 信息、车辆行驶状况、载重等信息，依托锦州城市运行综合指挥中心交通分指挥中心，实现全市交通实时采集、实时监控、调度指挥、辅助决策等功能，对道路运输干线、公路重要路线、重点路口、自动化交通观测站、综合客运枢纽、客运站场、公交站场、火车站场力争达到全覆盖，强化信息资源内部整合，加持人工智能手段，实现人员、车辆、安全、通行、计量、支付、执法等方面的智能管控。

9. 完善应急指挥体系

基于 GIS 地理信息、物联网、大数据分析、云计算、5G 等技术手段，优化整合各类科技资源，加大先进适用装备的配备力度，完善应急管理信息平台建设，升级改造应急指挥信息网等骨干网络，深度集成应急管理信息化网络，协同自然灾害监测预警等关键业务应用，提高突发事件响应和处置能力，建成全面覆盖锦州市的应急指挥网络。

10. 城市大脑建设

通过先进的大数据、人工智能、算法模型、物联网等技术、依托锦州华为云大数据中心、锦州城市综合运行指挥中心等现有资源，通过对海量数据的整合、关联、挖掘和分析，以数据大集中推进业务大协同，为城市运行管理提供更科学的监测分析和预警决策能力、更高水平的智能化执行能力、更协调的跨部门、多层级和异地合作能力，推动城市管理行为向跨部门协同模式转变，逐步建立起以信息为核心、以事件为驱动的锦州城市大脑，实现城市状态的实时监测、城市异常的智能预警、关键问题的智慧决策、重大事件的协同处置，通过数据整合，构建政府治理和公共服务运行监测指标体系，通过立体化、可视化、动态化展示支撑领导决策，建成全数据、全系统、全网络的一体化指挥中心，实现跨部门、跨层级一体化指挥，实现城市治理体系现代化和治理能力提升。

（五）惠民服务数字化

推进民生数字应用建设，建设管理高效的便捷惠民的服务体系。基于互联网的智慧化医疗、教育、养老等基本覆盖全体市民，公众获取基本公共服务更加便捷、高效。集约建设通用基础设施和平台，促进系统集成、平台共用、数据融合、业务协同，进一步推进民生领域智慧应用建设。

1. 智慧医疗

深入推进锦州市智慧医疗项目实施，依托全民健康信息平台，建立健全覆盖全市医疗卫生机构的疾病预防控制信息网络体系，增强预警机制。建立涵盖数据、应用、管理、安全等领域的疾病预防控制救治信息标准体系。基于大数据和锦州全民健康信息平台，汇集和管理全市各类公共卫生数据，推进“互联网＋医疗救治＋公共卫生服务”，构建全方位疾病预防和医疗救治防控系统，提升锦州市应对突发公共卫生事件的应急处理能力，规范“互联网＋医疗健康”质量监管。服务数据做到全程留痕，可查询、可追溯，满足行业监管需求。积极探索家庭医生电子化签约制度。

加快市级全民健康信息平台落地实施，实现市、县、乡、村医疗机构信息互联互通，完善居民电子健康档案，建设电子病历库，推进有条件的地区基层医务人员签约家庭医生，实现远程医疗、分级诊疗、双向转诊信息服务体系基本覆盖全部医疗卫生机构。构建全方位疾病预防和医疗救治系统，加快推进智慧医院建设，鼓励实体医院运用互联网技术提供安全适宜的互联网医疗服务。通过开展远程诊断、远程会诊等互联网医疗服务应用。

2. 智慧教育

全面贯彻“智慧教育”理念，以推进信息技术与教育深度融合为突破口，全面改善教育信息化基础条件。结合 5G 基础设施建设，升级教育局域网，完善数字化校园建设，打造信息化教学试点学校。加快推进锦州智慧教育云平台的推广应用，为学生提供各学科学习情况分析报告，并根据考试数据生成个性化错题本，学生可有针对性点播名师云课和微课资源，减轻孩子补课压力。学生可借助平台完成各种虚拟仿真实验，解决死记硬背、不能实际操作的烦恼。通过平台预置的优质资源以及教师共享本地资源，让农村的孩子享受到与城市同样的教育资源，促进教育公平。

3. 智慧健康养老服务

建议围绕康养设施数字化建设，打造具有品牌影响力的锦州康养小镇。推广锦州智慧居家养老服务平台，整合对接本地资源，有偿为居家老人提供生活服务、生活照料、医疗保健等服务，实现起居情况、燃气、烟雾实时监测，异常时自动通知联系人和平台呼叫中心，提供一键紧急呼叫、活动轨迹分析及走失定位等服务。丰富远程医疗服务模式，提升养老现代化水平。

（六）产业服务数字化

加快发展数字产业化和产业数字化进程，推动数字经济与实体经济深度融合，拓展经济发展新空间、培育经济发展新动能、推动经济高质量发展。

1. 开展工业互联网建设

建议打造锦州区域“工业互联网平台”，以工业互联网、云计算、大数据等新一代信息技术为手段，结合锦州市“8 + 3”产业布局，在设计协同、制造协同、资源协同等多方面实现企业从产品研发设计、原料采购、生产制造、仓储物流到服务回收全生命周期管理，为中小企业提供生产智慧化、产品智能化、监测精准化、设计柔性化等云服务解决方案，形成新的生产方式、服务方式、商业模式和产业生态。鼓励万得集团、阳光能源等龙头企业搭建行业特色鲜明的工业互联网平台，为行业提供研发设计、数据管理、工程服务、协同营销、信息共享和数据开放等工业云服务。

加快锦州工业互联网标识解析二级节点项目建设和推广应用，推动行业级节点建设。推动标识解析系统与工业企业信息化系统的集成，实现核心生产物料和工业产品的标识化数字化，满足企业内部生产和管理环节的数据高效、准确传输，实现供应链和企业生产精准对接，以及跨企业、跨区域的产品全生命周期管理和关键产品追溯，促进数据资源集成共享。

培育“5G+工业互联网”应用生态，加快各类研发资源在线汇聚和共享，开展生产装备和产品5G接入、5G网络应用开发验证等服务，为深化“5G+工业互联网”应用提供支撑。支持有条件的企业、园区与高等院校、科研机构、系统集成商、电信运营企业等开展合作，建设“5G+工业互联网”示范工厂、示范园区，挖掘提炼可复制、可推广的典型工业应用场景，形成示范引领效应。

加快建设工业互联网企业研发中心，深化新一代信息技术在传统产业中的集成应用，提高研发、生产、管理、服务等环节信息化管控水平，推动传统产业转型升级；大力实施“企业上云”工程，推进企业“上云用数赋智”行动，加快实现业务、数据和设备上云上平台，带动5G、工业互联网发展，促进形成以平台为核心，基于“数据+模型”的制造业发展新模式。

2. 发展智慧农业

建设锦州智慧农业平台，对接辽宁省农业大数据平台，实现农业数据资源实时共享。促进新一代信息技术与农业生产的全面深度融合应用；推动无人机在植保技术的应用，物联网技术在保护地耕作等方面的应用，智能管理在设施农业上的应用，农机作业自动驾驶技术应用；提倡畜牧精细化养殖，促进数字智能化养殖业发展；推动智能化农产品加工业发展，打造智能农产品深加工示范基地。加快互联网与特色农业深度融合。

发展创意农业、认养农业、观光农业、休闲农业等新业态，促进游憩休闲、健康养生、创意民宿等新产业发展，规范有序发展乡村共享经济。

运用物联网技术，促进工厂化育苗、作物生长、成品处理等方面的数字技术推广，重点加强在智能水肥一体化、温室数字化自动放风、电脑调控水肥一体化自动灌溉、数字化调温冷藏库、物联网基础设施铺设和产品质量二维码追踪等相关数字化方面的应用。

借助区块链技术，推进农业物联网和农产品质量安全可追溯体系建设。农产品追溯体系贯穿于生产加工、包装流通、直达卖场全过程中，切实保障消费者对农产品相关信息的知情权，进一步提升对农产品物流系统的监管和农产品品牌的系统建设。实施“互联网 + 农产品出村进城工程”，打造县、乡、村三级试点，强化农业信息化服务。

3. 引领电商产业发展

推进数字技术与服务业融合渗透，围绕数字经济时代消费特点、消费习惯、支付方式等特点，引领锦州电商产业发展。打造锦州市电商直播孵化基地、示范基地，打造省级电商示范县，推进农村电子商务发展，加强农村电子商务服务网点建设，打造具有特色的电商村。

建议市、县财政每年安排电商发展引导资金，用于电商创业扶持和相关服务支撑体系建设。组织电商培训，鼓励电商从业者参加培训并通过电商专业考试和认证，提升电商从业者的专业技能。对接、组织专业团队进行网红培训、包装和营销，通过直播带货、微商、社区团购、拼购等社交电商模式，发展网红经济，带动实体经济快速发展。

打造锦州市网红选品基地，每个县（市）建成一个具有本地产品特色的网红选品中心，加大道光廿五、锦州小菜、锦州豆制品、沟帮子熏鸡、北镇猪蹄、寒富苹果、玛瑙雕刻、黑山花生、黑山锦丰梨等锦州特色产品电商直播推广力度。

4. 推进金融服务数字化

发展智慧金融、区块链金融、消费金融等新业态，开发面向中小企业的金融服务方案，创新金融产品，加快建设一站式金融综合服务平台。为金融机构快速放贷提供不动产、公积金、信用、缴税情况等数据服务。为有金融服务需求的小微企业及个人提供适当的、有效的互联网金融服务，使小微企业及个人可获得平等的金融服务，扩展金融服务的惠及范围，提升互联网金融服务效率，用互联网金融服务助力锦州经济发展。

5. 开展智慧旅游建设

整合全市公共数字文化服务项目资源，加强传统文化、非遗文化、红色文化等文化资源线上推广和展示，强化智慧景区建设，打造辽沈战役纪念馆、北普陀山、医巫闾山、笔架山、世博园、东方华地城等一批高品质旅游景区、重点线路和特色旅游目的地。整合全市各类旅游资源，建设集对外宣传、景区门票预约、酒店民宿预定、特色产品销售、观光安全、客流疏导等多种功能的全市智慧旅游一体化平台，努力探索VR旅游等新游玩模式。

（七）交互渠道建设

面向政府、企业和公众，将各类智慧应用，以一个APP（锦州通）、一号（12345市民服务热线）、一站（一体化政务服务平台）建设三位一体化的“数字锦州”服务交互渠道。

1. 一个APP（锦州通APP）

持续改进优化锦州通APP，作为“数字锦州”智慧应用的集成平台，深度对接集成政务服务、便民服务以及商务服务相关系统，实现政务服务事项掌上办；提供在线挂号、诊间支付、电子病历查询、检验报告查询、医保电子凭证等医疗服务；为学校、班级、学生提供集教学、互动、错题本、缴费、资讯为一体的教育服务；提供社保、医保、公积金、不动产、路况、实时公交等查询服务；提供水、电、气、暖等生活缴费服务。将锦州通APP打造成一站通全城的“数字锦州”移动门户平台，全面助力“数字锦州”建设。

2. 一号（12345市民服务热线）

打造政务服务“总客服”，加快“12345”政务服务及便民热线与其他服务热线的整合，实现与各类业务系统全面对接，确保企业和群众反映的问题和合理诉求及时得到解决。

3. 一站（一体化政务服务平台）

推动统一身份认证服务，深化电子证照服务应用，完善认证功能，不断提升服务支撑能力，进一步完善一体化在线政务服务平台功能。

（八）网络和数据安全保护

安全是发展的前提，推动数字化发展必须打造网络安全保障体系，整体提升数据安全防护水平，进一步增强数据安全预警和溯源能力，提升全天候全方位安全态势感知和持续防护水平。

1. 完善安全管理机制

建立权责清晰的安全管理体系，落实主体责任和监督责任。落实“同步规划、同步建设、同步实施”要求，加强政务领域云、网、平台、数据、系统等关键基础设施安全保护，提高系统访问、技术应用、运维服务、数据流动等方面安全管理能力。建立跨部门、跨地区条块融合的安全管理工作联动机制，加强日常监测预警，确保安全工作协同共治。

2. 强化安全技术支撑

健全集智能监测、威胁预测和态势感知于一体的安全态势分析机制，建设基于大数据的安全监测体系，为全市统一的网络安全态势感知和指挥平台提供数据支持。推动安全可靠技术和产品在重要领域的应用，保障数字政府建设自主可控。按照国家密码管理政策要求和相关技术标准，规范和深化密码在数字政府各领域应用。落实国家网络安全等级保护制度，构建网络空间安全保障体系，推动网络安全先进防护技术应用，构建工业互联网安全保障体系。充分优化网络安全技术保障队伍，完善技术保障手段，为数据安全管理提供支撑。

五、加快“数字锦州”建设的保障措施

（一）建立促进数字化发展的体制机制

1. 组建“数字锦州”建设领导小组

建议按照“全市一盘棋”原则，构建职责明确、统筹推进的“数字锦州”工作格局。健全组织实施机制，建议成立“数字锦州”建设领导小组，组长实

施“一把手”工程。市委书记、市长任组长，采用双组长制，副组长由主管副市长担任。组员由锦州市信息中心、市发改委、营商局、审批局、工业和信息化局、农业农村局、教育局、人社局、卫健委、医保局、人社局、民政局等单位一把手组成，在“数字锦州”建设领导小组下设办公室，负责承上启下、执行落实“数字锦州”建设领导小组的相关决议，沟通协调专家委员会及各委办局等部门，落实、推进“数字锦州”建设各项工作。

“数字锦州”建设领导小组下设多个专项应用推进小组，由一个牵头部门和若干配合部门组成，根据“数字锦州”建设要求，负责提出各领域专项应用的功能要求和服务内容，经专家论证及领导小组批准后，按照“六统一原则”组织实施，明确各专项推进组的任务，各专项推进组要根据任务分工，细化目标与任务，明确牵头单位及配合单位，确保各项工作落实到位。

2. 建立“数字锦州”统计监测和评估制度

建立“数字锦州”建设统计监测制度，从企业、行业、政府三个层次评估“数字锦州”运行状况，监测全市数字经济、数字惠民、数字政府、数字治理发展状况，准确把握各行业数字技术融合程度，深入研究推进数字化转型的重点领域。建立目标责任制和责任考核制，强化对实施执行进度和质量的跟踪分析和监督检查。明确各部门、各专项推进小组的职责和分工，按年度分解智慧城市建设目标和内容。制定“数字锦州”建设绩效考评和结果通报、约谈制度，将考核结果纳入对部门领导、项目负责人的考核内容范畴，作为评价部门工作的重要依据，作为领导班子和领导干部综合考评的重要内容，逐步探索绩效问责机制，保障规划贯彻落实。引入第三方机构进行工程咨询、设计、监理、验收测试和成效评价等工程建设全过程的质量跟踪，加强对规划执行和绩效管理的实时更新和动态跟踪，建立综合评估、规划制定、规划执行、绩效考评的全周期管控体系。

（二）加强财税和要素保障

1. 强化资金支持

设立“数字锦州”建设专项，并积极争取上级资金，集中支持电子政务、数字经济、大数据应用等数字化发展重点领域、重大项目和应用示范工程。对“数字锦州”相关创新成果优先纳入政府采购目录。强化“数字锦州”建设的资金保障，在积极建设资金支持基础上，加快建立稳定的“数字锦州”财政资金保障机制，重点支持“数字锦州”基础性项目和公共组件建设。

拓宽投融资渠道，逐步建立以政府投资为引导、以企业投资为主体、金融机构积极支持、民间资本广泛参与的“数字锦州”建设投融资模式，形成可持续发展模式。资金来源方面，需要探索多元的投融资渠道，主要可分为四种：政府投资企业建设，政府与企业合资建设，政府统筹规划、企业投资建设，企业建设运营、政府购买服务。根据不同项目的具体特点，充分发挥资本市场作用，创新投融资模式，逐步建立以政府为主导、企业为主体、社会广泛参与的多元化投融资体系。主要方式包括：一是强化“数字锦州”建设项目的资金管理，统筹安排全市信息化项目建设，优先支持基础性、示范性、战略性的重点项目。二是积极争取国家、辽宁省等上级部门与“数字锦州”建设相关的专项资金支持。争取“数字锦州”相关信息化试点、示范或配套项目，加快相关领域建设进度。三是加大财政产业资金支持力度。探索形成多元化的“数字锦州”建设资金保障体系，发挥优惠、补贴等政策措施的杠杆作用，吸引社会资本参与智慧城市建设。四是探索市场化运作的智慧城市建设及运营模式。引导国有资本积极与国内知名互联网企业、IT 企业和大数据企业合作，通过组建运营公司、研究院、投资基金等，稳步推进项目外包和政府购买服务，形成政府、市场共同参与智慧城市建设的良好局面。重视项目后续运营，严格把握项目经济效益和社会效益，保证新建项目可持续发展。

2. 落实税收优惠政策

落实高新技术企业和创业投资企业税收优惠、研发费用加计扣除、集成电路和软件企业所得税优惠、股权激励税收优惠以及科技企业孵化器、固定资产加速折旧等创新激励税收优惠政策。经认定为高新技术企业的，按优惠税率征收企业所得税。比如对大数据及软件企业，实行以下税收优惠政策：

①所得税“两免三减半”优惠；

②国内外经济组织的投资者，以其在境内取得的缴纳企业所得税后的利润，作为资本投资于开办软件产品生产企业，经营期不少于 5 年的，按 80% 的比例退还其再投资部分已缴纳的企业所得税税款；

③增值税即征即退优惠；

④软件生产企业的工资和培训费用，可按实际发生额在计算应纳税所得额时扣除；

⑤免征关税和进口环节增值税；

⑥所得税减半优惠。

3. 优先安排建设用地

加强土地指标保障，对落户我市的重点数字化项目，用地指标由市统一优先调配。鼓励企业用地采取租赁、先租后让、租让结合和差别化年期出让等多种方式供地。

建议相关部门在编制土地利用总体规划时，要统筹考虑“数字锦州”建设用地需要，在安排土地利用年度计划时，要优先安排数字产业园区建设和重点项目用地指标。凡符合产业园区规划，且满足地区产业要求的用地项目，要尽快履行土地出让程序。

（三）加快发展数字化产业

建议依托锦州华为云中心，培育壮大大数据、软件服务、区块链及通信等数字产业，统筹布局高水平数字产业园区，推动数字产业形成和发展。

培育大数据产业。鼓励辽宁维森等有基础、有条件的企业探索大数据采集、存储、分析、应用以及数据安全等新型商业模式，提供面向政府、企业、个人的数据服务的解决方案，推动大数据在产业链各环节、产品全生命周期的应用。大力引进大数据企业，积极发展创新型中小微企业。

布局区块链产业。鼓励有基础、有条件的企业加大向区块链产业投入，在金融业、制造业、农业等重点行业加快区块链普及应用，汇聚先进开发者和区块链企业。推动区块链和人工智能、大数据、云计算、物联网、工业互联网、智慧农业、5G 等前沿信息技术的集成创新融合应用。

做大电子信息制造业。紧扣电子信息制造产业关键基础环节的短板，不断延展电子信息制造产业产业链条，加快终端产品种类拓展和档次提升，为锦州神工半导体、七七七微电子、锦州航海仪器厂等电子信息企业赋能，积极引进电子信息制造产业项目落户。

引育软件与信息技术服务业。通过市场开放、资源开发、技术采购、服务外包等方式，吸引优秀软件服务商、平台运营商等为企业数字化转型提供服务。鼓励本地优势企业利用智能化改造过程中积累的先进经验，转型成为智能制造方案提供商，为行业内中小微企业智能升级提供有针对性的服务。积极引进以规划咨询、软件设计与开发、IT 系统集成、信息系统服务、容灾备份、云服务等为主的软件和信息技术服务企业。

（四）推动产业数字化转型

以数字化手段实现与三次产业的深度融合，利用数字技术全方位、全角度、全链条赋能传统产业，提升全要素生产率。

提升工业数字化水平。加快工业企业数字化转型，推动生产过程数字化、产业数字化、企业管理数字化。

深入实施企业智能化改造。支持企业加快数控机床、机器人等数字化设备对原有生产设备的替代，持续提高生产线数字化率和关键工序的数控化率，推动生产设备和工艺的数字化、自动化和智能化。加快工业传感器、射频识别（RFID）、光通信等数据采集工具的部署和应用，推动工业控制系统升级和网络改造，实现对数控机床、行业专用设备、大型机器设备、工厂辅助设备等数字化改造和联网管理，提高设备数据、产品标识数据、工厂环境数据等生产现场数据采集能力。支撑建设具备自感知、自学习、自决策、自执行、自适应等功能的数字化车间和智能工厂。

加快工业转型升级，围绕锦州“8＋3”产业做好“三篇大文章”，运用人工智能、大数据等新一代信息技术，为优势产业赋能。推进中信锦州金属、万得集团等“老字号”企业改造升级，建设“5G＋工业互联网”示范工厂。推进锦州石化、阳光能源、新华龙钼业等“原字号”企业向产业链、价值链中高端发展。培育壮大奥鸿药业、神工半导体、捷通铁路、英冠陶瓷等“新字号”企业，打造一批领军企业和标志产品。

推动企业普及应用企业资源计划（ERP）、制造执行（MES）供应链管理（SCM）、产品全生命周期管理（PLM）、仓储物流管理（WMS）等工业软件。促进信息系统融合，实现研发、设计、采购、生产、销售、物流、库存等业务的全流程数字化管理和分析。引导企业加快导入两化融合管理体系标准，支持重点行业、重点领域开展贯标工作，打造信息化背景下的企业新型竞争能力。

（五）建设新型数字产业园区

建议依托锦州华为云中心，打造锦州数字产业园区，面向特定行业共性需求，推进大数据行业解决方案研发和产业化应用。加快人工智能、云计算、超级计算、移动互联网等生态企业入驻。支持企业研发面向工业、农业、服务业数字化转型升级的大数据应用解决方案。围绕数字产业园区积极推进大数据、云计算等产业发展，加快大数据、人工智能、区块链与智能制造、智慧农业、互联网金融、电子商务等关联产业融合发展。

加大投资促进支持力度，做好项目落地全流程服务。一是进一步简化环评审批、建筑许可、竣工验收等流程，缩短审评周期，优化营商环境。对重点招商项目引进人才，在落户、住房、子女教育方面等予以优先支持。充分发挥企业家、招商能人优势，加大招商引资激励力度。二是以加快重大项目落地为导向，建立重大产业项目制度，从服务机制、要素保障、优化审批等方面，加强项目落地过程中的精准服务，对重大产业项目立项、规土、环保、报建等开展跨前服务。

建议在我市注册的独立法人大数据应用服务企业入驻经认定的数字产业园区的标准厂房和办公用房，政府给予办公场地租金补贴，300 平方米以内免租金，300 平方米至 1000 平方米部分租金减半，补贴期为 3 年。

（六）强化人才智力支持

1. 优化数字人才培养体系

牢固确立人才引领振兴发展的战略地位，加快建设素质高、结构优、多层次的数字人才队伍。围绕数字经济发展和数字政府建设的重点领域，以需求为导向培养数字人才，推动实现基础教育、职业教育普遍开展数字知识和技能教育，建立健全多层次、多类型数字人才培养体系。

2. 打造数字人才集聚生态

瞄准数字产业前沿，打造产业优势、创新生态系统，依托辽宁工业大学、渤海大学等锦州地区高等院校，加快培育一批重量级企业，引进一批高端项目和平台，鼓励各类资本加快与人才、科技成果的耦合，以企业和项目为载体引进数字人才，激发人才创新活力，形成数字人才集聚效应。

3. 营造数字人才发展良好环境

鼓励先行先试，探索实行数字人才服务保障特殊政策，通过引留育用协同促进，支持数字人才发展。大力提升数字化、网络化、智能化就业创业服务能力，不断拓展数字人才就业创业新空间，优化数字人才创新创业综合环境。

（七）建议成立“数字锦州”运营有限公司

建议成立“‘数字锦州’运营有限公司”，“数字锦州”建设是一项长期的、复杂的、渐进的系统工程，本地化的技术支撑以及运营、运维服务是智慧城市建设成败的关键因素之一，国内智慧城市建设先进的城市也基本都有本地化的智慧城市运营公司。为了使“数字锦州”建设能够快速地开展工作，并将各项工作落到实处，建议成立“数字锦州”运营有限公司，解决如下问题：

✧ 引进技术力量解决锦州市智慧城市建设的技术瓶颈问题；

✧ 确保智慧城市项目实施落地及有序推进；

✧ 建立本地化、可持续的智慧城市项目实施、运营及服务体系；

✧ 节省政府“数字锦州”建设项目资金投入；

✧ 运营公司收入可反哺“数字锦州”建设。

“数字锦州”运营有限公司组织形式为国有控股的混合所有制有限责任公司，坚持政府引导、市场主导的原则，建立灵活便捷、专业多样的数字城市推进机制。深化合作机制，通过政企合作、购买服务等方式，在合理合规的前提下由“数字锦州”运营有限公司承担“数字锦州”各类基础平台、重大系统建设和运维任务。“数字锦州”运营有限公司通过承接“数字锦州”项目建设及运行维护获得收入、通过对有市场化前景的项目进行市场化运营并产生回报。

渤海大学辽宁沿海经济带发展研究院简介

（辽宁省高等学校新型智库）

渤海大学辽宁沿海经济带发展研究院成立于2012年7月1日，是专门从事沿海区域开发开放研究的学术机构。2018年12月，研究院被辽宁省教育厅评为辽宁省高等学校新型智库。

组织模式：以渤海大学管理学院为主体，经济学院等相关学院参与，设置若干研究中心，采用矩阵制组织形式，通过独立研究、牵头研究、参与研究等多种方式开展研究活动。

人员构成：邀请国内知名专家作为学术顾问，渤海大学相关学院的教授、博士以及辽宁省政府、沿海各市政府相关部门、兄弟院校的研究人员组成研究团队。

功能定位：（1）服务地方经济社会发展。积极探索经济社会发展的全局性、前瞻性理论问题，跟踪研究辽宁沿海经济带发展的重点、难点和热点问题，推动沿海城市经济转型升级，加速老工业基地振兴，打造新型区域发展智库。（2）服务渤海大学学科建设。根据学校、学院学科建设要求，打造跨学科、高水平、有特色的学科科研平台；加强对外合作，定期召开论坛，打造学术交流平台；组织师生参与辽宁沿海经济带发展社会实践，打造创新创业的教育教学平台。

研究领域：经济发展评价、现代化经济体系构建、高质量发展、产业园区与产业集群、中小企业发展、科技创新、对外开放与贸易、海洋经济、乡村振兴、区域旅游、港口物流、环境保护与生态治理、沿海区域发展比较等理论和实践问题。

研究任务：每年出版《辽宁沿海经济带发展研究报告》；每年召开发展论坛；开展纵向课题研究；接受政府委托完成专题研究报告、制定产业发展规划；向有关领导和部门提交咨政建议；提供企业管理诊断与咨询服务。

研究院网址：http：//210.47.176.3/page/depart/glxy/yhyjy/

办公地址：辽宁省锦州市松山新区科技路19号渤海大学院内

办公电话：0416－3402067、3400067　　传真：0416－3402067

电子邮箱：yanjiuyuan66@163.com

联系人：李庆满

渤海大学海洋研究院简介

渤海大学海洋研究院依托于食品科学与工程、工商管理、物流工程、中国史、应用经济学、环境工程、航海技术等学科和专业，于2019年11月正式成立，励建荣教授担任研究院院长。

海洋研究院下设水产研究所、航运研究所、渤海海岸带研究所、海洋物流研究所和海洋经济文化研究所共5个研究所。

研究院秉承需求导向、全面开放、深度融合、创新引领原则，整合辽西及周边地区海洋产业、高等院校和科研院所的优势创新资源，加快构建开放、协同、高效的海洋科技创新体系。开展陆海统筹、海洋经济、海洋生态保护和海洋历史文化等领域研究，为海洋资源开发、海洋产业发展、海洋生态修复、海洋环境保护和海洋权益维护等方面提供智力支撑；为政府提供咨询建议，协助政府制定产业政策和技术路线图，协助政府和行业组织制定、修订海洋技术与产业标准。

渤海大学海洋研究院是开放平台，吸纳社会各界志同道合的单位和人士的加入。

研究院网址：http：//210. 47. 176. 3/page/depart/spyjs/spxy/Index. asp

办公地址：辽宁省锦州市松山新区科技路19号渤海大学食品学院

办公电话：0416－3400870

传真：0416－3400870

电子邮箱：xuepengli8234@163. com，wangbin0126@163. com，

联系人：李学鹏、王彬